# 编委会

一流高职院校旅游大类创新型人才培养"十三五"规划教材

### 顾 问

郑　焱　湖南师范大学教授、博士生导师
　　　　湖南省旅游首席专家团专家

许春晓　湖南省旅游研究院常务副院长
　　　　湖南师范大学旅游学院副院长，教授、博士生导师

### 总主编

江　波　湖南省职业教育与成人教育学会高职旅游类专业委员会秘书长，教授

### 编　委　（排名不分先后）

陈　朝　　陈晓斌　　韩燕平　　刘韵琴　　李　蓉
皮　晖　　覃业银　　王志凡　　伍　欣　　肖　炜
叶　宏　　余　芳　　翟　丽

一流高职院校旅游大类创新型人才培养"十三五"规划教材

总主编 ⊙ 江　波

# 旅游心理学实务

## Tourism　Psychology　Practice

主　编 ◎ 王志凡　周　婵
副主编 ◎ 卢　霞　湛　杰　曾　艳

中国·武汉

## 内容提要

本教材坚持以就业为导向、突出学生职业能力培养,紧紧围绕21世纪高职高专教育新型人才培养目标,依照"理论讲透,在情境中学习、在情境中实训"的原则,构建旅游心理学的内容结构。本教材是由长期从事旅游专业教学的高校教师和长期从事旅游工作的行业专家与企业专家共同编写的项目-任务式教材。

本教材采用任务驱动教学法,形成项目任务式教学内容。采用情景导入法、任务驱动法、角色训练法,真正融"教、学、做"为一体,激发学生的学习兴趣,深化学生的学习内容,通过课前自主学习、课中教师引导学生训练、课后学生探究,使学生全面了解旅游活动中相关人员的心理活动和旅游行为规律,并熟练掌握相关服务技巧和服务方式。教材中穿插了丰富的知识链接和心理小测试,增加教学的趣味性。在强化学生旅游服务意识和职业素养培养的同时,不断提高学生的旅游服务技能,从而实现高职院校高技能人才培养的目标。

本教材既可作为高等职业院校旅游管理专业及相关专业的教学用书,也可作为旅游业从业人员学习心理学知识的参考用书和培训教材。

**图书在版编目(CIP)数据**

旅游心理学实务/王志凡,周婵主编.—武汉:华中科技大学出版社,2019.5(2023.7重印)
一流高职院校旅游大类创新型人才培养"十三五"规划教材
ISBN 978-7-5680-5173-6

Ⅰ.①旅… Ⅱ.①王… ②周… Ⅲ.①旅游心理学-高等职业教育-教材 Ⅳ.①F590-05

中国版本图书馆CIP数据核字(2019)第074660号

**旅游心理学实务** 　　　　　　　　　　　　王志凡　周　婵　主编
Lüyou Xinlixue Shiwu

策划编辑:李家乐
责任编辑:李家乐
封面设计:廖亚萍
责任校对:曾　婷
责任监印:周治超
出版发行:华中科技大学出版社(中国·武汉)　　电话:(027)81321913
　　　　　武汉市东湖新技术开发区华工科技园　　邮编:430223
录　　排:华中科技大学惠友文印中心
印　　刷:武汉市洪林印务有限公司
开　　本:787mm×1092mm　1/16
印　　张:17.5
字　　数:410千字
版　　次:2023年7月第1版第4次印刷
定　　价:49.80元

本书若有印装质量问题,请向出版社营销中心调换
全国免费服务热线:400-6679-118　竭诚为您服务
版权所有　侵权必究

# 总序

全域旅游时代,旅游业作为国民经济战略性支柱产业与改善民生的幸福产业,对拉动经济增长与满足人民美好生活需要起着重要作用。2016年,我国旅游业总收入达4.69万亿元,旅游业对国民经济综合贡献高达11%,对社会就业综合贡献超过10.26%,成为经济转型升级与全面建成小康社会的重要推动力。"十三五"期间,我国旅游业将迎来新一轮黄金发展期,旅游业消费大众化、需求品质化、竞争国际化、发展全域化、产业现代化等发展趋势将对旅游从业人员的数量与质量提出更高的要求。因此,如何培养更多适合行业发展需要的高素质旅游人才成为旅游职业教育亟待解决的问题。

2015年,国家旅游局联合教育部发布《加快发展现代旅游职业教育的指导意见》,提出要"加快构建现代旅游职业教育体系,培养适应旅游产业发展需求的高素质技术技能和管理服务人才",标志着我国旅游职业教育进入了重要战略机遇期。同年,教育部新一轮的职业教育目录调整,为全国旅游职业教育专业群发展提供了切实指引。高职院校专业群建设有利于优化专业结构、促进资源整合、形成育人特色。随着高职教学改革的逐渐深入,专业群建设已成为高职院校迈向"一流"的必经之路。教材建设是高职院校的一项基础性工作,也是衡量学校办学水平的重要标志。正是基于旅游大类职业教育变革转型的大背景以及高职院校"争创一流"的时机,出版一套"一流高职院校旅游大类创新型人才培养'十三五'规划教材"成为当前旅游职业教育发展的现实需要。

为此,我们集中了一大批高水平的旅游职业院校的学科专业带头人和骨干教师以及资深业界专家等,共同编写了本套教材。

本套教材的编写力争适应性广、实用性强、有所创新和超越,具备以下几方面的特点。

一是定位精准、具备区域特色。教材定位在一流高职培养层次,依托高职旅游专业群,突出实用、适用、够用和创新的"三用一新"的特点。教材编写立足湖南实际,在编写中融入湖南地方特色,以服务于区域旅游大类专业的建设与发展。

二是教材建设系统化。本套教材计划分批推出30本,涵盖目前高等职业院校旅游大类开设的大部分专业课程和院校特色课程。

三是校企合作一体化。教材由各高职院校专业带头人、青年骨干教师、旅游业内专家组成编写团队,他们教学与实践经验丰富,保证了教材的品质。

四是配套资源立体化。本套教材强化纸质教材与数字化资源的有机结合,构建了配套的教学资源库,包括教学课件、案例库、习题集、视频库等教学资源。强调线上线下互为配套,打造独特的立体教材。

希望通过这套以"一流高职院校旅游大类创新型人才培养"为目标的教材的编写与出版,为我国高职高专旅游大类教育的教材建设探索一套"能显点,又盖面;既见树木,又见森林"的教材编写和出版模式,并希望本套教材能成为具有时代性、规范性、示范性和指导性,优化配套的、具有专业针对性和学科应用性的一流高职院校旅游大类教育的教材体系。

湖南省职业教育与成人教育学会
高职旅游类专业委员会秘书长
湖南省教学名师
江波　教授
2017 年 11 月

# 前 言

改革开放以来,我国旅游产业已发展成为国民经济的支柱产业,旅游服务与管理人才的需求日益增多,人才的竞争日趋激烈,对旅游从业人员素质的要求也越来越高。

《旅游心理学实务》是基于旅游产业发展对人才需求而开发的,遵循科学性、实用性、先进性、规范性四项原则,经过周密调研、多次研讨,集合了多家旅游企业、行业协会和旅游高等院校负责人、专家的意见,一改以往教材"重理论、轻实践"的思维习惯,通过大量的典型案例,全面介绍了旅游心理学的理论及实践,主要包括绪论、旅游者的需要和动机、旅游者的情绪、旅游者的人格、旅游者的态度、旅游者群体、旅游工作者的人际关系、旅行社服务技巧、旅游其他服务技巧、旅游管理者心理、旅游企业员工管理心理等11个项目,系统、完整地介绍了旅游心理学实务的基本任务、基础知识和操作流程,具有很强的指导性、实用性和针对性。

本教材由王志凡、周婵主持编写,并负责本书的框架搭建构思、主要内容的确定和统稿、定稿。内容编写由卢霞、湛杰、熊双、刘婉婧、彭灵芝等老师完成。袁琳洁、蔡娟、朱仁梅、易淑慧、罗彩朝老师完成全书的校稿工作。

本教材结构严谨、规范,内容新颖、翔实,案例丰富、真实,文字精练、通俗,既可作为普通高等院校、高职高专旅游类相关专业教材,又可作为自学考试、旅游企业、旅游管理部门的培训教材。

本教材在编写过程中,参阅了大量有关旅游心理学的书籍和文献资料以及相关案例,在此谨向编著这些著作、资料的专家和学者致以诚挚的感谢!

由于时间仓促和编者水平有限,书中难免存在不足,恳请各位专家和读者不吝指教。

# 目 录

## 模块一 导论

**项目一 绪论** /3
  工作任务一 心理学入门 /4
  工作任务二 旅游心理实务基础知识 /10

## 模块二 旅游者心理

**项目二 旅游者的需要与动机** /23
  工作任务一 旅游者的需要 /24
  工作任务二 旅游者的动机 /35

**项目三 旅游者的情绪** /43
  工作任务一 认识情绪、情感 /44
  工作任务二 旅游者的情绪 /53
  工作任务三 旅游者情绪调节与控制 /60

**项目四 旅游者的人格** /65
  工作任务一 认识人格 /66
  工作任务二 人格特征与旅游行为 /69
  工作任务三 人格结构与旅游行为 /81

**项目五 旅游者的态度** /92
  工作任务一 认识态度 /93
  工作任务二 旅游者的态度与旅游行为 /97
  工作任务三 旅游者态度的改变 /101

**项目六 旅游者群体** /112
  工作任务一 认识群体 /113
  工作任务二 团队与散客旅游者心理 /118
  工作任务三 出境与入境旅游者心理 /128

工作任务四　男性与女性旅游者心理　　/131
　　工作任务五　不同年龄段旅游者心理　　/135

## 模块三　旅游工作者心理

### 项目七　旅游工作者的人际关系　　/151
　　工作任务一　认识人际关系　　/152
　　工作任务二　旅游活动中的客我关系　　/157
　　工作任务三　人际沟通与冲突　　/163

### 项目八　旅行社服务技巧　　/173
　　工作任务一　导游人员服务技巧　　/174
　　工作任务二　接待人员服务技巧　　/182
　　工作任务三　计调人员服务技巧　　/188

### 项目九　旅游其他服务技巧　　/193
　　工作任务一　旅游酒店服务技巧　　/194
　　工作任务二　旅游交通服务技巧　　/200
　　工作任务三　旅游购物服务技巧　　/205
　　工作任务四　旅游投诉处理技巧　　/211

## 模块四　旅游管理心理

### 项目十　旅游管理者心理　　/221
　　工作任务一　旅游企业管理者的心理特质　　/222
　　工作任务二　旅游企业管理者的领导艺术　　/228
　　工作任务三　旅游企业领导者管理能力　　/236

### 项目十一　旅游企业员工管理心理　　/243
　　工作任务一　旅游职业压力与心理倦怠　　/244
　　工作任务二　旅游企业员工激励心理　　/252
　　工作任务三　旅游企业员工心理保健　　/259

**参考文献**

# 模块一 导论

# 项目一
# 绪 论

◇ **知识目标**

了解旅游心理学的研究意义与概况;

了解旅游心理学与相关学科的关系;

理解心理学的基本知识;

掌握旅游心理学的内涵、研究对象和研究方法。

◇ **能力目标**

能认知什么是心理学和旅游心理学;

能熟练运用旅游心理学的研究方法。

◇ **素质目标**

具备在旅游实践活动中开展旅游心理研究的能力。

# 工作任务一　心理学入门

## 任务导入

### 致旅游的情书

亲爱的旅游：

你好！

我不得不很坦率地告诉你，我对你仰慕已久，可以说在刚学会走路时，我就萌发了对你的爱慕。三四岁时曾独行二里，这足以印证我对你的感情。现在我的街坊邻居对这件惊天动地的事件还记忆犹新，因为他们曾敲着锣四处寻找我，幸亏那时没有人贩子。

经过这么多年，这颗爱慕的种子已经发芽长大了，虽然世界各地并没有留下我的太多脚印，可我知道，在我的心里，对你是多么热爱，何况，我们的大文豪鲁迅好像说过，没有面包的爱情是不会长久的，所以我还得烤制"面包"，怎么说我也不能倒在追随你的路上吧，绝不能让你的声名受伤。

旅游，你知道吗，在我半夜醒来的时候，总是有个声音在对我呼唤：拉萨，美丽的布达拉！云南，永远的香格里拉！……我多么希望在黎明的曙光里可以收拾行囊，走在去旅游的路上。

你是我尘世中的梦想，是你让我张开想象的翅膀，让我的灵魂在世界上空飞翔。我知道，世界各地都有你崇拜者的身影，都在倾诉对你的向往，也许他们都像我一样深情，直至今生今世。

现在我要告诉你的是，我已经无法忍受对你的渴望，我要接近你，去亲吻山间的小溪，去拥抱林间的古树，让我把高山的云、低谷的雾全部珍藏，用我的心去安放迟归的小鸟，去迎接初升的太阳，我要去魂牵梦绕的地方，我的西藏，在布达拉宫钟声敲响的时候洗涤灵魂的尘土，在最神圣的佛前倾诉我的梦想。

没有你，我的生活将黯淡无光，今生今世，不离不弃；永远爱你！

一个人的出游行为其实是有着长期的心理原因的，在看似平常的现实生活中，每一个人都会酝酿自己的梦想，形成旅游的期望。

什么是心理呢？心理的实质是什么？

## 任务解析

旅游作为一种社会行为，古代便已存在，我国作为四大文明古国之一，早在 20 世纪以前就有了最初的旅行活动。1841年,英国商人托马斯·库克包租了一列火车,运载了540人去参加"禁酒大会",成为现代旅游业诞生的标志。

旅游心理学作为一门相对独立的应用科学的历史非常短暂。旅游心理学是心理学的分支科学,是心理学成果及一般原理在旅游业领域的应用和发展。

### 相关知识

## 一、心理学的基本概念和流派

### (一)心理学的基本概念

1879年德国心理学家威廉·冯特(Wilhelm Wundt)在莱比锡大学创建世界上第一个心理学实验室,用科学实验的方法来研究人的心理现象,标志着心理学的诞生。因此,冯特被誉为心理学之父。

人的心理现象千姿百态。如何具体认识它呢?这就需要把心理现象做具体的划分,以便分门别类地认识它。现代心理学的一种流行观点是把人的心理现象看作一个复杂的系统。我们采用的是多数心理学家的观点,即把心理现象划分为心理过程和个性心理两大方面。

1. 心理过程

心理过程是指人对客观事物不同的方面及相互关系的反映过程,它是心理现象的动态形式,包括认识过程、情感过程和意志过程。

认识过程是人的最基本的心理过程,是人从感性认识到理性认识的发展过程,包括感觉、知觉、记忆、思维和想象等。我们看到一种颜色、听到一种声音、尝到一种滋味……都属于最简单的认识过程,这些客观事物单一属性在人脑中反映,我们称之为感觉。在感觉的基础上,我们能够辨认出盛开的牡丹、鲜红的苹果、崭新的书桌……是对事物单一属性整合的基础上获取的整体反映,这是知觉。感觉和知觉紧密地联系在一起,不能截然分开,可以统称为感知觉。被感知过的事物能够以经验的形式在头脑中留下痕迹,以后在一定条件下,大脑便可以回忆起它的形象和特征。例如,学过的知识会在大脑中留下印象,这种人脑对过去经历的事物的反映,叫做记忆。人不仅能直接感知事物的表面特征,还能间接地、概括地反映事物的内在的、本质的特征。例如,医生根据"望闻问切"的体征,推断患者体内的疾患,教师根据学生的言行举止,了解学生的内心世界,这些都是思维。人在头脑中不仅能够再现过去事物的形象,而且还能在此基础上创造新事物的形象,如文学艺术家塑造典型艺术形象,我们在头脑中对未来生活和工作情景的勾画等,这类心理活动的过程叫做想象。

人对客观事物的认识并不是呆板的、冷漠的,而是对它表现出鲜明的情感体验,渗透着一种感情色彩。例如,我们对祖国河山的赞美、对侵略者的愤恨、对本职工作的热爱、对取得成绩的喜悦等,这些在认识基础上产生的喜、怒、哀、乐等情感体验,心理学上称为情感过程。人不仅能认识客观事物,并对它产生一定的情感体验,而且还能够自觉地改造客观世界。为了认识和改造客观世界,人总是主动地确定目标,制订计划,并树立信心,坚持不懈地战胜困难和挫折,以达到预期的目的,这种心理活动的过程叫做意志过程。

认识、情感和意志过程是相互联系、相互统一的整体。一般来说,认识过程是情感过程、意志过程的基础。没有认识,人的情感既不能产生,也不能发展,"知之深,爱之切",就是这个道理。同样,只有在认识和情感的基础上,人才能自觉地进行意志行动。反过来,情感过程、意志过程又能巩固和深化人的认识过程。

2. 个性心理

心理过程是人的心理的共性,但在每一个人身体上体现时,由于社会生活环境、教育、先天条件等因素的影响,又会表现出特殊性、差异性,并逐步形成人的心理的个性。个性是一个人在活动中所表现出来的比较稳定的带有倾向性的各种心理特征的总和,它是人的心理现象的静态形式。个性心理包括两个方面:个性倾向性和个性心理特征。

个性倾向性包括需要、动机、兴趣、信念、世界观等,它是人的个性心理结构中最活跃的因素。在个性倾向性的成分中,需要是基础,对其他成分起调节、支配作用;信念、世界观居最高层次,决定着一个人的总的思想倾向。总之,个性倾向性作为个性的潜在力量,使人的个性心理表现出一定的社会倾向性,在阶级社会中还表现出阶级性。

个性心理特征包括能力、气质和性格,这是人的个性心理的具体表现。个性心理特征体现着人的心理的鲜明的差异性。例如,同一个知识点,有人记得快且牢,有人记得慢且遗忘快;有人擅长写作,有人擅长歌舞,这些是能力方面的差异。有人外向活泼,有人深沉内敛,这是气质方面的差异。有人自私虚伪,有人大度诚恳,这是性格方面的差异。"人心之不同,如其面焉",就是指人的个性心理特征方面存在的差异。

### (二) 心理学的基本流派

心理学形成伊始,就存在不同的流派,如以冯特为代表的构造主义学派,以韦特海默为代表的格式塔心理学派和以詹姆士、杜威为代表的机能主义学派。而比较著名和有影响力的流派是形成于20世纪的三大流派。

1. 精神分析学派

精神分析学派的创始人是奥地利精神病医师、心理学家弗洛伊德。弗洛伊德认为,人的心理分为两部分:意识和潜意识。潜意识不能被本人感知,它包括原始的盲目冲动、各种本能以及出生后被压抑的动机与欲望。它强调潜意识的重要性,认为本能是人的心理的基本动力,是摆布个人命运和决定社会发展的永恒力量。精神分析学派重视潜意识和心理治疗,着重研究导致人心理失常的病因,扩大了心理学的研究领域,并获得了某些重要的心理病理规律。

2. 行为主义学派

行为主义学派产生于1913年的美国,创始人是华生。行为主义学派认为心理学是行为的科学,心理学的目的是寻求预测与控制行为的途径。他们认为心理学应当研究"客观观察所能获得的并对所有的人都清楚的东西",也就是人的行为,并提出"刺激—反应"(S—R)的行为公式。行为主义学派主张客观的研究方向,有助于摆脱主观思辨的性质,更多从实验中得出结论,但他们无视行为产生的内部过程,反对研究意识,引起不少的反对。

而后经过发展,形成了新行为主义学派,以托尔曼、赫尔、斯金纳为代表。他们认为有机体不单纯对刺激作出反应,它的行为总是趋向或避开一个目标,在外部刺激和人的行为反应间,必有一个"中介"因素,这就是个体的心理,因此加入一个中介变量"O",使行为主义的模式成为"S—O—R"。同时提出了强化理论,认为人的行为产生不仅取决于刺激这个原因,而且还取决于行为的结果;对行为的结果加以强化会导致这种行为重复的产生,用公式 R—S 表示。新行为主义强调客观的实验操作,冲击了内省心理学,促进了心理学的广泛应用和程序教学的开展,但陷入了还原论和机械论的境地。

3. 人本主义学派

人本主义学派是由美国心理学家马斯洛和罗杰斯于20世纪50年代末60年代初创建的。他们主张研究人的价值和潜能的发展。他们认为人的本质是善良的,人有自我实现的需要和巨大的心理潜能,只要有适当的环境和教育,人们就会完善自己,发挥创造潜能,达到某些积极的生活目的,并形成了著名的马斯洛需求层次理论。

## 二 人的心理的实质

虽然心理活动和心理现象人人都有,与生俱来,但要科学地理解和解释心理现象的实质,不是一件容易的事情。围绕着心理学的两个最基本的问题,即心理与身体的关系(心身关系)、心理与客观现实的关系(心物关系),心理学家形成了不同的观点。

主观唯心主义者认为,心理是一种主观存在的心理或精神现象,是世界的本源。世界的万事万物都是由人的感觉或精神现象决定。离开人的精神现象,世界上任何东西都不存在。客观唯心主义者认为心理是一种"绝对精神"世界,是由某种神秘精神决定的。

唯物主义者认为,心理是物质派生的。在此基础上的辩证唯物主义者认为,心理是大脑的机能,心理的源泉是客观现实,并且人的心理具有主观能动性。

### (一)心理是人脑的机能

心理现象依附于人的大脑器官,并通过人的大脑器官的活动得以实现和反映。没有人脑这块按特殊方式组成的物质的高级产物,就不可能产生人的心理。

## （二）人的心理源泉来自客观世界

人脑本身无法独立产生人的心理，心理的产生离不开外部的客观世界。就像"狼孩"，虽然具备了人的大脑，但脱离了外部客观环境的熏陶，仍未能产生人的心理。所以说，人所生活的外部客观世界是心理的源泉和内容，心理是对客观现实的反映。

## （三）人的心理具有主观能动性

人的心理是客观世界在人脑中形成反映的过程，这种反映并不是消极、被动的，而是对客观现实进行的积极的、能动的反映。它受个人知识经验、实践领域和全部的个性特征制约，并通过完整的心理活动表现出来，这样的心理活动就会带有个体色彩，从而表现出人的心理的主观性。而在人和周围世界的相互作用过程中，人无疑是最积极、活跃的因素，充满着智慧和谋略，并且运用这些智慧和谋略自觉地、创造性地认识和改造周围世界，这是人具有主观能动性最重要的表现。

### 知识拓展

#### "狼孩"的故事

1920年，在印度的一个名叫米德纳波尔的小城，人们常见到有一种"神秘的生物"出没于附近的森林，一到晚上，就有两个用四肢走动的"像人的怪物"尾随在三只大狼后面。后来人们打死了大狼，在狼窝里发现了这两个"怪物"，原来是两个裸体的女孩。大的年约七、八岁，小的约两岁。这两个小女孩被送到米德纳波尔的孤儿院去抚养，孤儿院还给她们取了名字，大的叫卡玛拉，小的叫阿玛拉，到了第二年，阿玛拉去世，卡玛拉一直生活到1929年，这就是曾经轰动一时的"狼孩"故事。

据记载，"狼孩"刚被发现时用四肢行走，慢走时膝盖和手着地，快跑时则手掌、脚掌同时着地，她们总是喜欢单个人活动，白天躲藏起来，夜间潜走。怕火和光，也怕水，不让人们替她们洗澡。不吃素食而要吃肉，吃时不用手拿，而是放在地上用牙齿撕开吃，每天午夜到早上三点钟，她们像狼一样引颈长嚎。她们没有感情，只知道饥时觅食，饱则休息，很长时期内对别人不主动产生兴趣。不过她们很快学会了向主人要食物和水，如同家犬一样。只是一年后，当阿玛拉死的时候，人们看到卡玛拉"流了眼泪"——两眼各流出一滴泪。

据研究，七、八岁的卡玛拉刚被发现时，花了很大气力都不能使她很快地适应人类的生活方式。两年后才会直立，六年后才艰难地学会直立行走，但跑时还得四肢并用。到死也未能真正学会讲话：四年内只学会6个词，听懂几句简单的话，七年后才学会45个词并勉强地学会几句话。在最后的三年中，卡玛拉终于学会在晚上睡觉，也不怕黑暗了。很不幸，就在她开始朝人的方向前进时，去世了。据"狼孩"的喂养者估计，卡玛拉死时已16岁左右，但她的智力只及三四岁的孩子。

问题：狼孩是"人"，为什么没有人的心理？

## 知识链接

### 斯金纳箱子实验

斯金纳箱高约 0.33 米,长方形,一面是单向玻璃,以便于观察动物而不惊扰它,其底部是金属网,可产生电击。箱内有照明小灯,并有一根连接着食物台的杠杆或一块踏板(见图1-1)。将饥饿的动物放到箱里,当它偶尔按压杠杆时,便可得到一点食物,以此建立操作条件反射。实验者通过改变实验程序,就可以改变动物的行为模式。

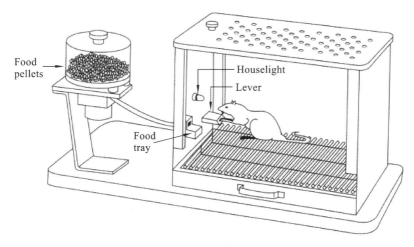

图 1-1 斯金纳箱

**实验 1**

将一只很饿的小白鼠放入一个有按钮的箱中,每次按下按钮,则掉落食物。

结果:小白鼠自发学会了按按钮。

**实验 2**

将一只小白鼠放入一个有按钮的箱中。每次小白鼠不按下按钮,则箱子通电。

结果:小白鼠学会了按按钮。但遗憾的是,一旦箱子不再通电,小白鼠按按钮的行为迅速消失。

**实验 3**

将一只很饿的小白鼠放入斯金纳箱中,由一开始的一直掉落食物,逐渐降低到每 1 分钟后,按下按钮可概率掉落食物。

结果:小白鼠一开始不停按按钮。过一段时间之后,小白鼠学会了间隔 1 分钟按一次按钮。当掉落食物停止时,小白鼠的行为消失,没有培养起小白鼠连续按按钮的行为。

**实验 4**

将一只很饿的小白鼠放入斯金纳箱中,多次按下按钮,概率掉落食物。

结果:小白鼠学会了不停按钮。当不再掉落食物时,小白鼠的学习行为消失速度非常慢。随着概率越来越低,小白鼠按按钮的学习行为没有变化,直至40—60次按按钮掉落一个食物,小白鼠仍然会不停按按钮,持续很长一段时间。

**实验5**

(实质还是实验4)

结果:这些小白鼠中有很多培养出了奇特的行为习惯,比如撞箱子、作揖、转圈、跳舞等。

**实验意义**

斯金纳通过实验发现,动物的学习行为是随着一个起强化作用的刺激而发生的。斯金纳把动物的学习行为推而广之到人类的学习行为上,他认为,虽然人类学习行为的性质比动物复杂得多,但也要通过操作性条件反射。操作性条件反射的特点是:强化刺激既不与反应同时发生,也不先于反应,而是随着反应发生。有机体必须先做出所希望的反应,然后得到"报酬",即强化刺激,使这种反应得到强化,即著名的"操作条件反射理论",也叫"强化理论"。

# 工作任务二 旅游心理实务基础知识

## 任务导入

### 送给西欧女士的礼物

一位有身份、有地位的西欧女士来华访问,下榻于北方一家豪华大酒店。酒店以VIP(重要客人)的规格隆重接待。这位女士很满意。陪同入房的总经理见西欧女士兴致很高,为了表达酒店对她的心意,主动提出送她一件中国旗袍,她欣然同意,并随即让酒店裁缝量了尺寸。总经理很高兴能送给尊敬的西欧女士这样一份有意义的礼品。

几天后,总经理将做好的鲜艳、漂亮的丝绸旗袍送来时,不料这位洋女士却面露愠色,勉强收下。几天后女士离店了,她把这件珍贵的旗袍当作垃圾扔在酒店客房的角落里。总经理不解,经多方打听,才了解到客人在酒店餐厅里看见女服务员多穿旗袍,而在市区大街小巷,时髦女士却无一人穿旗袍,因此她误认为那是侍女特定的服装款式,故生怒气,将旗袍丢弃。总经理听说后啼笑皆非,为自己当初想出这么一个"高明"点子懊悔不已。

请你评析一下是那位西欧女士不讲情理,还是总经理的做法有问题?西欧女士在此过程中心理发生了怎样的变化?讨论研究旅游心理学的意义。

## 任务解析

旅游心理学作为一门交叉学科，对研究旅游者行为及旅游企业管理具有重要意义。

## 相关知识

### 一、旅游心理学的研究对象和任务

#### （一）旅游心理学的定义

对于旅游心理学的定义，目前我国学者的研究有不同的表述：第一种取向认为，旅游心理学是研究旅游者的心理与行为的科学；第二种取向认为，旅游心理学是研究旅游者心理、旅游企业管理和旅游服务心理的科学；第三种取向认为，旅游心理学是研究旅游者心理、旅游服务心理和旅游从业者心理的科学；第四种取向认为，旅游心理学是研究旅游者和旅游从业者的互动心理的科学；第五种取向认为，旅游心理学是研究旅游者心理和旅游业的开发、经营和管理的心理依据的科学。

旅游心理学的定义通常认为，旅游心理学是研究旅游活动中人的心理和行为发生、发展及其变化规律的科学。

#### （二）旅游心理学研究的对象

世界旅游组织认为，旅游是人们为了休闲、商务和其他目的，离开他们惯常的生活环境，到某些地方以及在那些地方停留不超过一年的活动。构成旅游活动的基本要素有旅游主体（旅游者）、旅游客体（旅游资源）和旅游的媒体（旅游业）。这三个要素相互作用，紧密联系。旅游心理学的研究就是以这三个要素在相互作用过程中产生的各种心理现象为研究对象的。

旅游心理学一方面研究旅游者的心理活动及其客观规律，解释旅游行为产生的原因，找出影响旅游决策的因素；另一方面，研究提供旅游服务的从业人员的心理，探讨如何通过调整人际关系、激励动机、提高领导的艺术，增强组织的凝聚力等来提高旅游业的服务水平和管理水平，以最大限度地满足旅游者的心理需求。

因此，旅游心理学研究对象就是旅游活动中人的心理活动和行为规律，具体包括旅游者的心理活动、旅游从业人员的心理活动和旅游服务管理中的心理活动。

1. 旅游者心理

旅游者是旅游活动的主体。旅游心理学运用心理学的分析方法和研究成果，着重研究旅游者在旅游活动中的心理、行为及其规律性，具体包括旅游者的知觉、旅游者的情绪情感、旅游者的个性、旅游者的需要和动机及其旅游团队的心理特点等内容。旅游者是旅游业的服务对象,是旅游业的主体,凡是从事这一行业的工作人员都有必要去熟悉和研究他们。

2. 旅游从业人员心理

这里所说的旅游从业人员是指与食、住、行、游、购、娱相关的旅游业的管理人员和服务人员。如经理、主管以及从事具体工作的人员。其中,工作人员包括旅游饭店的服务人员,旅行社的导游和领队、营销人员,旅游商场的售货员,旅游汽车上的司乘人员,旅游娱乐场所的工作人员等等。服务人员和管理者的情绪、态度关系到服务质量的高低,关系到旅游企业的经营成败。因此,在了解旅游者心理活动规律的基础上,旅游心理学还必须分析和研究旅游从业人员的心理。

3. 旅游管理心理

旅游企业管理的成败是关系到能否向旅游者最终提供优质旅游服务的重要基础与前提,旅游服务质量提高和工作成效的关键在于科学的管理,管理最重要的职能是调动员工的工作积极性,使员工愉快地、积极主动地、创造性地做好服务工作,而这一切都需要以了解员工的心理活动特点、心理需求的特点为前提。因此,旅游企业领导心理、员工激励心理、心理保健也成为这部分学习的重要内容。

总而言之,旅游心理学是一门新兴的应用学科,是心理学的一个分支。它是应社会发展和旅游学科发展的需要而产生的,是旅游学科体系中重要的一门学科。旅游心理学的研究对象是旅游活动中人的心理活动和行为规律,这其中包括旅游者心理、旅游从业人员心理以及旅游管理心理,并研究如何遵循这些规律以便做好旅游服务和旅游管理工作。

### (三) 旅游心理学研究的任务

旅游心理学是一门十分年轻的学科,其研究的主要任务包括以下几个方面。

(1) 通过对旅游者心理的研究,来了解旅游者进行旅游活动的动机和需要,了解影响旅游者做出各种旅游决策的心理因素,以及旅游者在整个旅游过程中的心理特征,从而为旅游市场的预测开发、旅游企业的经营管理提供心理学依据,促进旅游事业的发展。这是旅游心理学的首要任务。

(2) 发展旅游心理学学科的理论体系。自旅游心理学学科产生以来,在众多学者的努力之下,学科理论本身已经取得了令人瞩目的成就,科学的理论体系已初步建立,但仍有许多问题没有得到解决,随着旅游业的发展,一些新的理论问题还不断产生。而旅游本身就是复杂且具有高度象征性的社会现象,旅游业的发展既有社会经济的因素,又有心理和生理的因素,各种原因之间有着错综复杂的关联性,因此旅游心理学的学科理论体系需要不断发展和完善。

(3) 从实践方面来看,通过旅游心理学的研究,可以为旅游企业及其从业人员提供旅游者的需要、动机、个性、态度等因素对其旅游决策影响的心理学知识,使旅游企业和从业人员的工作更有预见性和针对性,以便做好相应行业管理和企业管理工作,提高旅游业的管理水平。

(4)研究旅游心理学的任务还包括能够准确、及时把握我国旅游者和旅游行业的动态,适应国际旅游市场多变的发展趋势,以提高我国旅游业的整体竞争力,促进具有中国特色社会主义旅游事业的繁荣发展。

## 二 旅游心理学的研究意义

旅游已成为当代发展势头较迅猛的社会活动之一,它作为精神和物质的全面感受,作为一种高层次的消费行为和生活方式,已逐步成为现代人们生活中自然需要和不可缺少的追求内容,越来越多的人积极投入旅游活动当中。旅游心理学虽然年轻但却肩负着为旅游业的发展提供心理依据和心理理论指导的重要任务。旅游心理学的学习和研究对促进包括我国在内的各国旅游业的发展,使之成为21世纪全球经济新的支柱产业之一,都具有十分重要的意义。

具体表现在以下几个方面。

### (一)有助于把握旅游者心理,提高旅游服务的针对性和预见性

旅游业赖以生存和发展的生命线就在于,所提供的旅游产品能否满足旅游者的心理需求。旅游心理学可指导旅游企业了解旅游者的旅游需要、动机、态度、人格等方面的心理特点,了解旅游者对食、住、行、游、购、娱各个方面的偏好和内在的心理需要,了解不同性别、年龄、国籍、民族、职业和文化背景的旅游者的心理特点及其差异,从而可以做好有的放矢的针对性服务,即有目的地预测旅游者的行为并加以引导,特别是有针对性、个性化的服务,变被动的服务为主动的服务和自觉的服务,提高旅游产品质量,使旅游者在旅游产品消费过程中,产生积极、愉快的心理体验,形成美好而深刻的印象,促进旅游业健康发展。

### (二)有助于提高旅游企业的经营和管理水平

旅游业是在环境不断变化、技术日益革新、竞争日趋激烈的情况下向前发展的,一个国家的旅游业或某个旅游服务性企业,若想要在市场变化的大环境中通过竞争取得优势,就要在经营上灵活多变,不断调整经营方针、改善经营措施、制定经营策略。这样做,需要进行科学的预测和决策,其最终目的就是要吸引旅游者,保证客源市场。

旅游心理学可以帮助我们运用心理学原理去分析旅游者的心理规律和今后的发展趋势,开展有效的旅游宣传和招徕活动,制定符合旅游者心理需求的经营策略,从而不断提高经营效益;而离开了对消费对象的心理研究,企业的经营和服务就会失去应有的针对性。国际上旅游发达的国家和部门,都是把注意力放在旅游市场的变化和趋势上面,密切注意游客的动向,不断调整着经营方针和政策,旅游市场的竞争在很大程度上就是心理战。

同时，旅游企业要在市场竞争中取胜，企业的内部管理状况如何也是一个重要因素。旅游心理学有助于提高旅游管理者的管理水平和领导艺术。管理主要是管人，管人要管心，学习旅游心理学可以通过分析掌握员工的心理状态和心理需求，有的放矢地做好员工的思想工作，解决员工的心理问题，按照"以人为本"的原则在满足员工正常、合理的心理需要的基础上，极大地调动员工的工作自觉性、积极性，从而创造性地实现企业目标。

### （三）有助于科学合理地安排旅游设施和开发旅游资源

旅游企业要开发旅游资源、旅游产品以及旅游设施，需要考虑其开发、设计的旅游资源、旅游产品、旅游设施是否适应旅游者的生理、心理特点，即充分考虑旅游者的兴趣、爱好、知觉特点、审美习惯和个性需求。

旅游资源的开发和利用是以旅游者的需要为前提的，以能否满足旅游者的需要为制定旅游开发建设方案的依据。旅游风景点的设计开发首先要考虑它是否能够对旅游者产生吸引力，然后才能进一步考虑其经济价值和社会价值等其他方面特点。因此，在旅游资源的开发和利用过程中要根据旅游者的心理特点，充分考虑旅游者的兴趣、爱好、知觉特点、审美习惯和个性需求。总之，旅游者所喜欢的，是旅游资源开发利用的先决条件。做不到这一点，没有旅游者光顾，便什么也谈不上。

旅游设施的安排也需要以旅游者的心理规律为出发点。作为旅游业必备的工作条件和服务手段，这些设施的现代化、智能化程度越高，它的效率和效益也可能相应增加。这些设施的安排必然要考虑它的物理性、化学性和工艺性，但前提是首先要充分考虑到旅游者的心理和生理特点。

成功的旅游产品在其硬件建设上都注重旅游者的心理因素，使旅游者在旅游活动中得到最大的满足感。例如，现代化的旅游交通设施就是根据满足旅游者对安全、快捷、舒适的心理需要进行改进和发展的；现代饭店满足了旅游者对方便、恬静、雅致的生活环境需求；旅游娱乐设施的开发和设计，是因为能让旅游者感到强烈的参与性、冒险性、挑战性，从而购买、消费。

总之，旅游者的心理特点是旅游产品开发、旅游市场规划方案的依据，旅游资源、旅游产品、旅游设施的设计、开发需要充分尊重旅游者的心理变化和发展趋势，充分考虑时间、地点、条件是否能够促进旅游者积极愉悦地购买消费。否则，就可能事倍功半，浪费人力、物力，甚至原生态的旅游资源，使设施和资源发挥不出应有的经济效益和社会效益。

### （四）提高旅游管理人员及服务人员的心理素质和职业素质

学习旅游心理学有助于旅游从业人员正确地认识和了解自己，发展和完善自己，学会调节和控制自己的情感，培养良好的职业心理素质，增进旅游工作团队的集体相容性和吸引力，从而提高旅游企业的凝聚力和工作效率，加强旅游企业文化的建设。此外，学习旅游心理学，可以使员工正确认识工作对象，把握工作对象的心理特点和差异，增强工作准备性和从事旅游职业工作的信心。

## 三 旅游心理学的研究方法

旅游心理学的研究方法有许多,其中比较常用的有以下三种。

### (一) 观察法

观察法是观察者深入现场或进入一定环境,在自然条件下,有目的、有计划地通过感官、仪器观察旅游者的语言、行为、表情等外在表现,分析其内在的原因,进而发现其心理活动特点和规律的一种方法。观察法是心理学研究中最常用也是最基本的一种研究方法。

运用观察法,首先应有明确的目的,要制订研究计划,拟定详细的观察提纲。观察过程中要敏锐捕捉各种现象,并准确、详细地记录下来,及时予以整理和分析,以便形成科学的研究结论。

观察法的优点是:简便易行,花费比较少,而且直接、自然,可以同时获得大量的信息。例如,观察旅游者购买旅游商品,除了能观察到旅游商品的买卖行为之外,还能够发现不同旅游者以及不同年龄的旅游者对于旅游商品的不同选择和需求。

观察法的缺点也比较明显:首先,观察者在进行观察时只能消极被动地等待观察的事情发生;其次,观察者所观察到的往往只是表面现象,很难揭示现象背后的本质或因果规律;观察法对研究者要求较高,表面看起来观察法很简单,但实际运用起来难度非常大,因此,只有经过严格训练的人才能有效使用。此外,为了使观察得来的资料真实、可靠,要求观察的对象数量大,涉及面广,必须取得大量的资料,所需投入的人力和时间必然较多。

因此,观察法最好与其他方法结合使用。

观察人可以从以下几个方面着手。

(1) 观察衣冠服饰。衣冠服饰能显示人的社会等级、工作职业、性情爱好、文化修养、信仰观念、生活习惯及民族地域等信息。如文化修养较高的学者、教授,因长期从事脑力劳动,戴眼镜的较多,有书卷气,衣着款式不随波逐流,喜欢深色的衣服;政府公务员、公司职员或企业家、商人讲究效率,给人以精明能干、守信、处事严谨的印象,衣着多为挺括的西服或夹克;演艺界人士大多衣着高雅华丽,显得光彩照人。英国人、日本人一般衣着讲究,显得彬彬有礼;美国人衣着较为随意,不拘一格。顾客所佩戴的饰品也是其身份的象征,如胸戴十字架,是一种宗教信仰的表示。戒指的戴法更是一种标志:戴在中指是"在恋爱中",戴在无名指上是"已婚",戴在小指上则表示"独身"。

(2) 观察面部表情。人的面部表情是反映内心情感状态的寒暑表,喜怒哀乐等情绪变化,均可在面部有所反映。细心观察顾客的眼神变化,就可以窥见其基本的心理状态。例如,顾客较长时间炯炯有神地注视某人或某一事物,说明对其产生了浓厚的兴趣;如果闭目养神,沉默不语,说明已感疲劳,需要休息;目光不怎么接触或有意避开,说明害羞或害怕;正在传达坏消息,诉说痛苦的事情也可能避免目光的接触;眼睛直直地盯着人,表示威胁、恐吓。微笑作为最基本的表情语言,在人类各种文化中是基本相同的,它是能超越语言的传播媒体之一。

(3) 观察言语特点。"听话听声,锣鼓听音"。根据口音和语种可以基本判断出客人的地区、职业和性格。"三句话不离本行",表明他对自己所从事的工作特别专注和熟悉;讲话准确、干练,注意词语修饰的是文化修养较高的人;讲话快速,性格外向;慢条斯理,阴声细气,性格内向;豪放的人,语多激扬,而不粗俗;潇洒的人,言谈举止生动而不随便;谦虚的人,语言含蓄而不装腔作势;宽厚的人,言必真诚,直爽而多赞扬;善交的人,言谈开朗而好话;博学的人,旁征博引,话有重点而简要;图虚名的人,言好浮夸;刻薄妒恨的人,言好中伤;言语啰唆者,多为逻辑思维紊乱;言语晦涩者,多为识薄心乖。

(4) 观察体态动作。谦虚的人,躬身俯首,微缩双肩,力求不引人注目;高傲的人,挺胸腆肚,摇头晃脑;矫揉造作的人,娇滴滴地装模作样;好媚的人,卑躬屈膝,面露奸笑。人的手势也能反映丰富的含义,人激动时手舞足蹈,不安时手足无措,平静时动作很小。手脚麻利,步态轻捷的人,多为性格外向、豪爽明快的人;步态正规而精神,则可能是政府公务员出身;步履轻盈、挺胸收腹者,可能是演艺人员;步态缓慢而无力,表明此人此时生理或心理上有疲惫感;步态轻松自如,则表明其心情愉快。

(5) 观察生活、风俗习惯。港澳客人最喜欢数字"8",欧美客人特别忌讳"13"。办公用品与生活用品摆放整整齐齐、井然有序,体现此人有条理性、效率高、组织能力强、办事细心认真,但也可能是刻板固执的人;用品凌乱,说明此人个性随便、要求不高,或自由散漫、工作欠条理、有头无尾;有客人来时整理有序,过后就不然,说明此人个性聪明,但很懒惰,或较随便。

(6) 观察其他行为方式。如观察笔迹、观察行李用具等。

### (二) 实验法

实验法是指在一定的人工设计条件下,按照一定的程序,改变某些因素或控制条件,对研究对象的活动进行观察、记载,并分析两个以上因素(又称变量)的变化,借以发现现象之间的因果关系、揭示事物运动规律的方法。依据实验条件的不同,实验法可分为标准实验法和自然实验法两种。

1. 标准实验法

标准实验法即在实验室内利用一定的设施进行实验研究的方法。进行标准实验时,要求对实验组和控制组进行全面的控制,防止其他因素干扰,以便观察实验因素对不同组别的作用。由于标准实验是在控制了其他因素的状态下进行的,又观察了现象变化的全过程,所以能够确定不同影响因素之间的关系。但这种实验也有一些不足,主要是实验情景太人工化,往往会影响被实验者的行为,被实验者总想揣摩实验者的意图,不能如实做出反应。由于旅游活动的特点,一般很难采取标准研究法。

2. 自然实验法

自然实验法即在日常生活的自然条件下，有目的、有计划地创设和控制一定的条件，在被试者不察觉的情况下进行实验研究的方法。进行自然实验时，研究人员既不严格控制实验条件，也不太多施加人为影响，而是在自然状态下观察某一因素对不同组别的作用，然后加以比较得出结论。这种试验能够观察到被实验者的真实状态，但由于无法全面控制环境而不能准确确定不同影响因素之间的关系。旅游心理学不同于一般的心理学，所以在实际研究中大都采用自然实验法。例如，我们为了了解旅游者不同的旅游服务需要，可以通过变动不同的服务态度和不同性别、不同年龄的服务人员进行旅游服务，从中观察旅游者的情绪反映、满意程度。自然实验法贴近实际，简便易行，兼具实验法和观察法的优点，所以被广泛应用。

（三）调查法

调查法是采取客观态度、运用科学方法、有步骤地收集资料并分析各种因素之间的联系，以掌握实际情况的方法。由于旅游者流动性大、逗留时间短等特点，因此，在客我短暂接触中深入了解旅游者的心理及行为规律是不可能的。调查法就是对那些不可能深入了解的心理现象通过调查、访谈、问卷、测试等方法收集有关资料，间接了解被试心理和行为的一种方法。调查法包括访谈法、问卷法等。

1. 访谈法

访谈法是调查人员面对面地与受访者进行交谈，以口头信息传递和沟通的方式来了解旅游者的动机、态度、个性和价值观念的一种研究方法。此种方法具有直接性、灵活性、适应性、回答率高、效率高等特点。当然，访谈人员的谈话技巧、人格气质、性格等特征会直接影响调查的结果。运用访谈法，要了解被调查者的各方面情况，要确定谈话目的、拟定谈话的内容纲要。访谈法的缺点在于被调查者的心理特点的结论是凭被调查者口头回答做出的，往往不可靠，因而此法常不单独使用，而与其他方法结合使用。

在实际访谈过程中，按交谈过程结构模式的差异，访谈法可分结构式访谈和无结构式访谈两种形式；按调查者与访谈对象的接触方式，访谈法可分为个人访问和小组访谈两种形式。

（1）结构式访谈。它是调查者根据预定目标事先拟定谈话提纲，就谈话提纲向受访者提问，受访者逐一进行回答的一种方法。其优点是：访谈条理清楚，调查者能控制访谈过程，因此，所得资料比较系统且节省时间。但结构式访谈具有一定的局限性：容易使受访者感到被动、拘束、缺乏主动思考，也容易使访谈双方缺乏沟通和交流，因而影响所得资料的深刻程度。

（2）无结构式访谈。它是调查者与受访者双方以自由交谈的形式进行的调查活动。调查者虽然也有一定的访谈目标，但谈话过程没有固定程序，不局限范围，不限定时间。由于气氛轻松，便于交流，受访者在不知不觉中会吐露心中的真情实感。但是，这种访谈要求调查者有较高的访谈技巧和经验,否则难以控制谈话过程,从而影响访谈目标的实现。

(3)个人访问。它是调查者向单个受访者的访问,可采取结构式访谈和无结构式访谈两种方式。其优点是:调查者可以在面对面访问的同时对受访者进行观察,以便随机应变,如对合适的对象可以增加询问问题,对不符合要求的对象可提前结束访问;通过情感交流鼓励对方发表意见,以增加信息量。其缺点是:费用高,访问数量有限,调查者个人素质对访谈效果有较大的制约作用。

(4)小组访谈。它是由调查人员以召开座谈会的方式向一组旅游者进行的访谈,访谈的人员构成及数量可视具体情况而定,一般3至8人较为合适。其优点是:节约时间,减少耗费;气氛活跃,相互启发。其缺点是:如果调查者缺乏控制座谈会进程的能力,会议容易偏离主题;参加座谈会的人相互影响,会妨碍持不同意见者发表个人见解,整理座谈资料的难度较大。

无论采用哪一种访谈法,都应注意以下几个问题。

第一,明确访谈目标。调查者应根据一定的调查目的、调查要求和受访者的特点,事先明确访谈的内容和范围,并在访谈过程中紧紧围绕目标进行。

第二,讲究访谈方式。不同的受访者具有不同的社会背景和心理特征,因此,调查者切忌采取千篇一律的访谈方式,而应采取漫谈、提问、商讨等不同方式,以使受访者在轻松愉快的环境中说出自己的真实想法。

第三,争取受访者的信任。其关键是要以恰当的方式接近受访者,并且要有诚恳的态度。一般来说,调查者要首先介绍自己的身份,并出示证明,直接说明访问的真实目的和对方意见的重要性;要保证为受访者保密;访谈中不应涉及与访谈无关的、个人隐私的问题;应对受访者表示感谢或赠送小礼品。

第四,直截了当,言简意赅。提问要直接明了,语言要简洁,尽量争取少费时间,获取有效信息。

2. 问卷法

问卷是指研究者将其所要研究的事项制成问题或表式,请被调查人员按要求填答的一种形式。运用问卷作为收集资料的研究方法,便是问卷法。这种方法要求被调查者回答问题要明确,表达要正确,实事求是。问卷的质量高低对调查成功与否起着决定作用,只有设计出高水平、高质量的问卷,才会使调查得以顺利完成,并获得令人满意的数据。问卷法的优点是可同时进行大规模的调查,对得到的材料作仔细的数量和质量的分析,可以确定某一年龄阶段某一阶层的人们的旅游心理倾向。缺点是问卷回收率低,对所回收的问卷答案的真伪判断较困难。因为有些问卷的回答者可能并不认真对待。在了解旅游者、旅游从业者的心理活动方面,许多问题无法直接测量,只能通过问卷的方法进行间接测量。

问卷的质量高低对调查成功与否起着决定作用,只有设计出高水平、高质量的问卷,才会使调查得以顺利完成,并获得令人满意的数据。

问卷的问题形式有以下几种。

(1) 选择式。将问题的几种可能答案统统列出,让答卷者选择一个或几个符合自己情况的答案。如,你来上海旅游的主要目的是什么? A.观光  B.度假  C.探亲访友  D.购物  E.商务活动。形式有单项选择与多项选择两种。

(2) 排列式。答卷者对问题的多种答案,依其喜欢、满意程度排序。如,请把以下海滨城市按你喜欢的程度排序。A.青岛  B.大连  C.深圳  D.海口  E.福州  F.秦皇岛。

(3) 是非判断式。由调查者预先提供相互矛盾的两种答案,让答卷者做出取舍。如,你以前是否到上海旅游过? A.是  B.否。

心理学的研究方法还有很多,比如,个案法、经验总结法、模拟法等。这些方法各有其优缺点。由于旅游心理现象的特殊性和复杂性,进行研究时应根据研究对象的特点和具体任务的差别选择某一种或某几种方法。

## 知识拓展

### 速溶咖啡宣传策略的改变

20 世纪 40 年代后期,速溶咖啡作为一种方便饮料刚刚进入美国市场。让生产者和经营者始料不及的是,这种被他们认为方便快捷、省时省力、价格也适中的新商品并不受欢迎,问津者寥寥无几。而当直接问消费者不买这种速溶咖啡的原因时,他们中的大部分人回答是不喜欢速溶咖啡的味道。但若深究下去,没有人能说出速溶咖啡的味道与普通咖啡豆加工后的味道相比,到底有什么不同。为此,生产者和经营者都感到很茫然。

美国加州大学的海尔认为,消费者没有回答拒绝购买的真正原因,其实味道只是他们的一个托词,实际是一种潜在的心理在起抵制作用。于是,海尔采用了间接角色扮演法进行深入的调查。在调查中,他首先制定两种通常使用的购物单。这两种购物单中各开列数种食品,除咖啡外,其余项目完全相同。在咖啡一项中,一种写速溶咖啡,另一种写新鲜咖啡豆。如表 1-1 所示的是海尔的购物清单。

表 1-1 购物清单

| 购物单一 | 购物单二 |
| --- | --- |
| 汉堡牛肉饼 | 汉堡牛肉饼 |
| 面包 | 面包 |
| 胡萝卜 | 胡萝卜 |
| 发酵粉 | 发酵粉 |
| 速溶咖啡 | 新鲜咖啡豆 |
| 桃子罐头 | 桃子罐头 |
| 土豆 | 土豆 |

在调查中,把两种购物清单分别发给 A、B 两组各 50 名家庭主妇,要求她们描述按该购物清单买东西的购买者的个性。调查结果发现,家庭主妇们认为,购买速溶咖啡的人一般是懒惰的、邋遢的、无计划的、没有家庭观念的人,而购买新鲜咖啡豆的人被认为是有生活经验的、勤俭持家的、有家庭观念的人。显然,被调查的家庭主妇们用消极的语言来描述速溶咖啡的购买者,这表明速溶咖啡在消费者心中的不良印象,因此,这并不是产品本身的问题,而主要是由于情感偏见造成的。速溶咖啡的生产者和经营者利用这一研究成果,改变广告宣传策略,使商品很快打开了销路,占领了市场。

问题:请用所学知识,分析此案例说明了什么问题。

**知识链接**

罗夏墨迹测验理论

# 模块二

# 旅游者心理

# 项目二
## 旅游者的需要与动机

### ◇知识目标

了解需要的概念和分类；

理解旅游者需要的特性；

掌握引导旅游者需要的方法。

### ◇能力目标

能够认知需要和动机；

能够判断旅游者的需要和动机；

能够熟练应用马斯洛的需要层次理论。

### ◇素质目标

具备需要识别的能力；

具备引导动机需求的能力。

# 工作任务一　旅游者的需要

### 任务导入

有这样一则故事：某跨国公司高薪聘请营销人员，出了一道"十日之内为公司尽可能多地把木梳卖给和尚赚钱"的考题。大多应聘者作鸟兽散，仅剩A、B、C三人。

限期一到，A君只卖出一把，B君卖出10把木梳，C君卖出1000把。

问题：如果你参加这个招聘，面对"十日之内为公司尽可能多地把木梳卖给和尚赚钱"的考题，你怎么办？

十日后，A君只卖出一把，据说还遭到寺内众僧责骂，幸亏一游僧动了恻隐之心才解囊买下。

B君卖掉10把木梳。B君建议某座寺庙的案前摆放木梳，目的是不让进香者蓬头垢面，亵渎神灵。

C君自称已卖出1000把。C君向一个香火兴盛的寺庙的方丈进言，让书法超群的方丈书写"积善"二字刻于木梳上，让善男信女"梳却三千烦恼丝，青灯黄卷绝尘缘"以显佛祖慈悲。方丈闻言大喜，此举一出，盛名远播，为求"慈悲梳"进山朝圣者踏破山门。

### 任务解析

从需求上讲，和尚自己是不需要梳子的，但是通过挖掘梳子的象征意义，结合和尚所处的环境，聪明的商人仍然把梳子推销给了和尚：通过把梳子塑造成寺庙的小礼品，赋予其"吉祥梳"、"幸运梳"、"平安梳"的美名，把梳子卖给渴求吉祥、幸运、平安的游客和上香的人（名义上是赠送），满足了游客和上香人的心理需求，和尚的梳子销路大增，寺庙的美誉度也提高了不少，从而形成良好的销售循环。

上面的故事是创造需求的典型案例，而创造需求，关键是要有用户认可的卖点。旅游者是有旅游需要的人。那么，什么是需要？旅游者的需要到底是什么？

### 相关知识

## 一　需要概述

### （一）需要定义和特征

1. 需要的定义

需要是在一定的生活条件下，个人对客观事物的"欲望"、"要求"。人的需要包括生理方面的需要,也包括心理方面的需要。

2. 需要的特征

(1) 需要的对象性。

人的任何需要都指向一定的对象,具有自己的内容,需要也总是伴随着需要对象的扩大而发展,需要的区别常常表现于需要对象的不同。例如,各种旅游需要的存在,依赖于经销商提供了众多的旅游产品,而且旅游需要的种类会随着旅游产品的日益丰富而不断增加,目前旅游市场提供了丰富的旅游产品,如文化旅游、民俗旅游、宗教旅游、生态旅游、红色旅游、探险旅游、休闲旅游、乡村旅游、都市旅游、事件旅游等。

(2) 需要的社会性。

人的生理需要受社会生活条件所制约,具有社会性。人类的生理需要的对象是需要通过社会生产劳动生产自己所需要的对象,人类的生理需要的满足也需要遵循社会的伦理道德准则和规范,人类的生理需要都有其明显的社会性。人的社会需要是社会存在和发展的必要条件,是在生理需要的基础上,通过社会实践和教育活动的影响形成和发展起来的,受现实的社会生活条件的影响,在不同的社会时期、不同的社会阶层、不同的民族、不同的风俗习惯、不同的社会价值观念的影响下,人类才有了多样性的社会需要。

(3) 需要的周期性。

人的需要有明显的周期性,会反复出现,如饮食、睡眠等需要。人的某些需要得到满足后,又会产生新的需要,新的需要又推动人们去从事新的活动,使人的活动不断得到新的发展。正是需要的连续性,使旅游从业者不断开发新的旅游产品,不断满足旅游者的新的多样性的需要。例如,旅游者游览了佛教四大名山之一的普陀山以后,可能会产生看四大名山的强烈需要,寻找机会去九华山、五台山和峨眉山观光游览。

(4) 需要的差异性。

人与人之间的需要有共同的方面,也有不同的方面。人的需要会受到职业、年龄、个性、经验、价值取向等方面的影响,表现出明显的差异性。例如,在旅游活动中,有想要了解和学习历史的旅游者,有人会去文物古迹考察历史史实、历史名人、历史轶事、历史年代等,有人会参观历史博物馆,有人选择历史书籍去阅读,对历史的喜爱都表现出了个人需要的差异性和不同的行为活动方式。

(5) 需要的发展性。

人的需要是随着社会生产力的发展和物质、文化生活水平的提高而发展的。体现在需要的标准不断提高,需要的种类也日益复杂多样。

## 任务拓展

### 到长沙旅游先去哪儿？

一个旅游团到达长沙之后，由于时间有限，游客为先去什么地方游览发生分歧。旅游团为此召开全团会议，希望能求得一个"平衡"。

一位女士抢先发言："我们就是看中了举世闻名的马王堆，我们就是冲着它来的，应当先去马王堆展览馆。"

一位先生说："我们是从事教育工作的，到长沙就是为了看岳麓书院，它在教育史上的地位是人所共知的。我们应该先去岳麓书院。"

一位妇女着急了："我们带着小孩来，就是为了让他们看看毛主席当年在长沙从事革命活动的地方，让他们接受教育，因此应当优先安排去橘子洲头……"

大家出门到底想要看些什么呢？为什么人们对于去哪儿有不同意见呢？

## 知识链接

### 马斯洛的需要层次理论

美国人本主义的心理学家马斯洛1943年在《调动人的积极性的理论》中提出需要层次理论，提出人类有五种基本需要，分别为生理需要、安全需要、归属与爱的需要、尊重需要和自我实现的需要，后来在尊重需要和自我实现需要之间增加了求知需要和审美需要。

1. 生理需要(Physiological Need)

生理需要是人们最基本、最强烈、最明显的需要，它是人类维持生存和种族延续的需要，例如，对食物、水、睡眠、运动、空气、阳光、排泄、性等的需要，是人和动物共有的。

旅游者去名山大川消夏避暑，在冰天雪地溜冰滑雪；或者离开嘈杂喧闹的城市，奔向宁静清新的乡村；或者走出钢筋水泥的丛林，漫步鸟语花香的郊野。这些休闲旅游行为和生理需要有密切的关系。

2. 安全需要(Safety Need)

安全需要指对熟悉、稳定、秩序、安全、公平、一致、保障、受保护以及避免灾难、威胁、混乱的需要。安全需要存在于人的所有生命活动中，在童年时期最强烈，安全需要贯穿于旅游者的吃、住、行、娱、游、购的活动中。

旅游者参加旅游团、入住星级饭店、游览著名景区、乘坐名牌旅游车、选择大型客机等，都是对于安全需要的追求，在旅游活动中希望获得生命财产的安全，要求避免意外事件的发生，获得安全保障。旅游市场需要加强行业的安全管理，不仅提供安全保险服务，更重要的是加强从业人员的安全责任教育。

3. 归属与爱的需要(Belongingness and Love Needs)

人类希望得到他人或群体组织的承认、接纳、支持,成为群体组织中的一员,相互交往、联系,保持亲切、融洽的人际关系,能够得到亲情、友情、爱情的需要。

旅游是象征性的社会行为,在愉悦的旅游环境中,结识新朋友,得到旅游团队群体的接纳、支持、关心、爱护,获得友谊,甚至爱情。

4. 尊重需要(Esteem Need)

个体对尊严和价值的追求,包括自尊和他尊。自尊包括对获得信心、实力、成就、独立和自由等的要求,是对自己的尊重,这种需要得到满足会提高人的信心和创造力。他尊是得到他人的尊重,是希望获得威望、承认、关心、地位、名誉、重视和赏识等,这种需要得到满足会提高人的信心、价值感、成就感。

越是象征意义的产品,旅游者越能够获得成就感、优越感、自豪感,有助于满足个人的尊重需要。例如,旅游者选择旅游行为方式,如漫游欧陆、探险两极、异国度假、环游世界、穿越森林、挑战荒漠、攀越高山、横渡海洋等等。

5. 求知需要(Need to Know)

自我实现的需要是马斯洛需要层次理论的一个模棱两可的论点。1954年,马斯洛在《激励与个性》一书中探讨了他早期著作中提及的另外两种需要:求知需要和审美需要。这两种需要未被列入他的需要层次排列中,他认为这二者应居于尊敬需要与自我实现需要之间,是指人们对未知世界的一种探索和理解,是个体成长必不可少的需要。人们对求未知的世界充满着好奇心和求知欲,是与生俱来就具有积极认识世界、了解事物的心理倾向,个体不断在探索中发展变化和成长,获得满足感和实现个人人生的目标和价值,丰富人的精神世界,提高人对主客观世界的理解力和社会的适应能力。

旅游者做出旅游决策,很重要的活动就是查阅资料,了解旅游目的地相关的信息;在游览活动中了解异地文化艺术、生活方式、风土人情和风俗习惯等。

6. 审美需要(Aesthetic Need)

审美需要是指人类对美好事物的欣赏和赞美的需要,爱美之心,人皆有之,审美需要也是人的成长需要。如人们对对称、有序、和谐、有规则、完整、行为完美的追求。

旅游者希望自己在游览活动能观赏美好的景观,获得美好的体验,享受美好的服务,因此旅游服务从业人员应具有良好的职业素质,注意仪表美、行为美,能激发旅游者的热情及消费的欲望,展开审美的想象,感受美好的事物,留下美好的回忆。

7. 自我实现需要(Self-actualization Need)

人类最高层次的需要,是人类成长、发展、利用潜力、成为自己所期望的人的需要。

旅游是实现旅游者自我现实需要的重要途径,能够促进自我的成长、发展和完善。旅游能激发旅游者的潜能,使个人价值和潜力得到实现,如探险类的旅游活动能极大地激发旅游者的潜能,满足自我实现的需要。

## 任务拓展

### 游客旅游需求调查问卷

亲爱的游客朋友:

您好!

欢迎来到长沙市烈士公园参观游览,现有一份调查问卷,需要您来填写,希望您能抽出一点时间给予支持。请在符合您的实际情况的选项上打"√",谢谢,祝您玩得愉快!

1. 以下陈述的是想到烈士公园旅游休闲时考虑的主要原因或目的,请您按实际情况进行判断。[多选题]

□A. 欣赏怡人的自然景观

□B. 舒展筋骨,进行体育锻炼

□C. 参观历史古迹,瞻仰烈士

□D. 丰富旅游经历,增长见闻

□E. 与朋友、同学或同事聚会,进行拓展活动

□F. 与家人一起休闲放松、游玩,增进家人之间的感情

□G. 缓解工作、学习的压力

□H. 摆脱单调的生活、工作,寻找新鲜感

□I. 带孩子参观,培养孩子的爱国主义情操

□J. 其他

2. 您最喜欢的烈士公园的休闲娱乐项目是?[多选题]

□A. 垂钓

□B. 水上休闲

□C. 烧烤

□D. 参观民俗文化村,看表演

□E. 玩麻将、棋牌,唱卡拉OK

□F. 品茶聊天,听音乐

☐G. 体验游乐场的各种现代游乐设施

☐H. 参观博物馆、艺术馆

☐I. 散步、观光

☐J. 健身

☐K. 其他

3. 烈士公园吸引您的主要地方是？

☐A. 优美怡人的自然环境

☐B. 新奇好玩的娱乐项目

☐C. 轻松闲适的人文氛围

☐D. 精美的食物

4. 一般您在旅游休闲时对哪方面的要求相对较高？

☐A. 自然环境条件

☐B. 良好的人文氛围

☐C. 饮食

☐D. 娱乐设施

☐E. 康体保健项目

☐F. 服务态度与质量

☐G. 其他

5. 到城市公园游玩。您认为可以接受的花费是？

☐A. 50 元以下

☐B. 50—100 元

☐C. 101—200 元

☐D. 200 元以上

6. 您在烈士公园游玩的时间大约是？

☐A. 2—3 小时

☐B. 3—4 小时

☐C. 4 小时以上

7. 您到过烈士公园几次？

☐A. 1 次

☐B. 2 次

☐C. 3 次

☐D. 3 次以上

8. 您是通过何种交通工具到烈士公园的?

☐A. 徒步

☐B. 公交车

☐C. 自驾车

☐D. 自行车

☐E. 其他

9. 烈士公园总体满意度调查。

|  | 很不满意 | 不满意 | 一般 | 满意 | 很满意 |
| --- | --- | --- | --- | --- | --- |
| 景区环境 | ☐ | ☐ | ☐ | ☐ | ☐ |
| 服务公共设施 | ☐ | ☐ | ☐ | ☐ | ☐ |
| 休闲娱乐项目 | ☐ | ☐ | ☐ | ☐ | ☐ |
| 景区餐饮管理现状 | ☐ | ☐ | ☐ | ☐ | ☐ |

10. 您的性别是?

☐A. 男

☐B. 女

11. 您的年龄是?

☐A. 18 岁以下

☐B. 19—24 岁

☐C. 25—35 岁

☐D. 36—55 岁

☐E. 56 岁及以上

12. 您的职业是?

☐A. 国家公务员

☐B. 工人

☐C. 专业技术或文教人员

☐D. 军人

☐E. 企事业管理人员

☐F. 学生

☐G. 服务销售人员

☐H. 个体业主

☐I. 离退休人员

☐J. 其他

13. 目前您的月收入是?

☐A. 无

☐B. 1500 元以下

☐C. 1500—2500 元

☐D. 2501—3500 元

☐E. 3501—4500 元

☐F. 4500 元以上

14. 在过去的六个月中您的常住地是在?

☐A. 长沙

☐B. 湖南省内其他地区

☐C. 湖南省外

#### 知识链接

通过网上的这份关于长沙市烈士公园的问卷调查,我们发现人的需要是一个复杂而又矛盾的存在,人类的需要也一直是心理学家们研究的对象。心理学研究成果认为,人们对需要既希望保持单一性又追求复杂多样。根据人们生活方式的单一性和多样性的类型,可以把旅游者的一般需要分为单一性需要和多样性需要。

1. 旅游需要的定义和多样性

1) 什么是旅游需要?

旅游需要(Travel Needs)是旅游者或潜在的旅游者感到某种欠缺而力求满足的内心状态。它是旅游者缺乏某种东西时产生的一种主观状态,也就是对一定事或物的需求和追求。

2）需要的单一性和多样性

(1) 单一性需要。

需要的单一性又称为需要的一致性。人们总是期望生活中保持平衡、和谐统一，希望生活中多些稳定，少些动荡，力求和谐，还希望生活中一切都有规律性和预见性。一旦打破这个安定的环境，人们就会紧张和不安。

(2) 多样性需要。

需要的多样性通常也反映了需要的复杂性。指人们对新奇、意外、变化和不可预见的事物的追求和向往。

2. 单一性和多样性需要的平衡

需要的单一性和复杂性是相互对立的一组矛盾体。现实生活中，人们并不仅仅需要单一性或复杂性，人们最需要的是单一性和复杂性的有机结合。

## 二 旅游者在旅游过程各阶段的心理需要

### （一）旅游准备阶段

(1) 获得旅游目的地信息的需要。

(2) 旅游方式的选择。

人们在选择旅游方式和进行旅游安排时，一般需要考虑安全、时间、方便及费用等因素。一般旅游者选择参加旅行团的方式出游，旅行团出游的优点在于：第一，安全放心；第二，省时方便；第三，价格便宜。

(3) 了解出行信息、准备旅游物品的需要。

### （二）旅途阶段

旅游交通：旅游者对旅游交通的心理需求可以概括为安全、舒适、快速、愉快八个字。

### （三）观光游览阶段

旅游者到达目的地后，急于求证头脑中原有的对目的地的憧憬，有一种先睹为快的急迫心理。2017年11月29日，湖南省博物馆历经三年的重装整修后，再次打开大门迎接来自五湖四海的朋友们，得到信息的众多旅游爱好者不惧风雨冒着严寒在寒风中排队等候，就为了第一时间看到博物馆的惊艳亮相（见图2-1）。

图 2-1 湖南省博物馆游客参观

### （四）旅游结束阶段

愉快的情感会使旅游者产生再次回游的愿望和向亲朋好友进行当面宣传的动力。反之，产生的负效应不言而喻。

## 知识链接

### 旅游者的兴趣

一、兴趣概述

（一）兴趣的定义

兴趣是人们探究某种事物或现象的心理倾向。它反映着人的内心倾向，是心理特征的组成部分。兴趣是指一个人力求认识某种事物或从事某种活动的心理倾向。例如，一些体育迷，一谈起体育便会津津乐道，一遇到体育比赛便想一睹为快，对电视中的体育节目特别迷恋，这就是对体育有兴趣。一些老京剧票友们，总喜欢谈京剧、看京剧，一遇京剧就来劲，这就是对京剧有兴趣。所谓"打锣卖糖，各爱各行"，就是说人们的兴趣是多种多样、各有特色的。在实践活动中，兴趣能使人们工作目标明确，积极主动，从而能自觉克服各种艰难困苦，获取工作的最大成就，并能在活动过程中不断体验成功的愉悦。兴趣会对人的认识和活动产生积极的影响,但却不一定有利于提高工作的质量和效果。兴趣具有社会制约性,人们所处的历史条件不同、社会环境不同,其兴趣就会有不同的特点。

(二) 兴趣的特点

(1) 兴趣的倾向性,指兴趣所指向的内容。是指向物质的,还是指向精神的;是指向高尚的,还是指向卑劣的内容。

(2) 兴趣的广度,指兴趣的范围大小。有人兴趣广泛,有人兴趣狭窄。一般说来,兴趣广泛的人能获得广博的知识。

(3) 兴趣的稳定性,指兴趣长时间保持在某一或某些对象上。只有具备了稳定性,一个人才可能在兴趣广泛的背景上形成中心兴趣,使兴趣获得深度。

(4) 兴趣的效能,是指兴趣对活动发生作用的大小。凡是对实际活动发生的作用大的兴趣其效能作用也大,反之,对实际活动发生作用小的其兴趣的效能作用也小。

兴趣是一种无形的动力,当我们对某件事情或某项活动有兴趣时,就会很投入,而且印象深刻。

每个人都会对他感兴趣的事物给予优先注意和积极的探索,并表现出心驰神往。例如,对美术感兴趣的人,对各种油画、美展、摄影都会认真观赏、评点,对好的作品进行收藏、模仿;对钱币感兴趣的人,会想尽办法对古今中外的各种钱币进行收集、珍藏、研究。

兴趣不只是对事物的表面的关心,任何一种兴趣都是由于获得这方面的知识或参与这种活动而使人体验到情绪上的满足而产生的。例如,一个人对跳舞感兴趣,他就会主动地、积极寻找机会去参加,而且在跳舞时感到愉悦、放松和乐趣,表现出积极而自觉自愿。

兴趣不只是和个人的认识和情感密切联系着的。如果一个人对某项事物没有认识,也就不会产生情感,因而也就不会对它产生兴趣。相反,认识越深刻,情感越丰富,兴趣也就越深厚。例如集邮,有的人对集邮很入迷,认为集邮既有收藏价值,又有观赏价值,既能丰富知识,又能陶冶情操,而且收藏越多,越丰富,就越投入,越情感专注,越有兴趣,于是就会发展成为一种爱好。兴趣是爱好的前提,爱好是兴趣的发展和行动,爱好不仅是对事物优先注意和向往的心情,而且表现出某种实际行动。例如,对绘画感兴趣,而且由喜欢观赏发展到自己动手学绘画,那么就对绘画有了爱好。

兴趣和爱好是受社会性制约的,不同的环境、不同的阶级、不同的职业、不同的文化层次的人,兴趣和爱好都不一样。有的人的兴趣和爱好的品位比较高,有的人的兴趣和爱好的品位比较低,兴趣和爱好品位的高低会直接影响和表现一个人的个性特征的优劣。例如,对公益活动感兴趣,乐于助人,对高雅的音乐、美术有兴趣和爱好,反映了一个人个性品质的高雅;反之,对占小便宜感兴趣,对低级、庸俗的文艺作品有兴趣和爱好,则表现了一个人个性的低级。

兴趣和爱好有时也受遗传的影响,父母的兴趣和爱好也会对孩子有直接的影响。年龄的变化和时代的变化也会对人的兴趣产生直接影响。就年龄方面来说,少儿时期往往对图画、歌舞感兴趣,青年时期对文学、艺术感兴趣,成年时往往对某种职业、某种工作感兴趣。它反映了一个人随着年龄的增长、知识的积累,兴趣的中心在转移。就时代来讲,不同的时代,不同的物质和文化条件,也会对人的兴趣的变化产生很大的影响。但不管人的兴趣是什么,都是以需要为前提和基础的,人们需要什么也就会对什么产生兴趣。由于人们的需要包括生理需要和社会需要或物质需要和精神需要,因此人的兴趣也同样表现在这两个方面。人的生理需要或物质需要一般来说是暂时的,容易满足,例如,人对某一种食物、衣服感兴趣,吃饱了、穿上了也就满足了。而人的社会需要或精神需要却是持久的、稳定的、不断增长的,例如人际交往、对文学和艺术的兴趣、对社会生活的参与则是长期的、终生的,并且不断追求的。兴趣是在需要的基础上产生的,也在需要的基础上发展的。

二、兴趣的作用

(1) 有助于增强旅游者对目的地的印象。

(2) 有助于旅游者主观能动性的发挥。

三、激发旅游者的兴趣

(1) 正确引导旅游者对物质性兴趣和精神性兴趣的追求。

(2) 多渠道满足旅游者的兴趣要求。

## 工作任务二　旅游者的动机

我国有句俗语:"在家千日好,出门一日难。"但是在当今世界上,每年都有数以亿计的人在世界各地参观、游览。什么原因使得如此众多的人离开温暖的家,四处奔波,千里跋涉,外出旅游呢?

人们为什么旅游?这好像是一个很简单的问题。旅游是为了开阔眼界,见识世界,熟悉与了解他人,探亲访友,休闲娱乐,祭拜祖先,躲避严寒或酷暑等。史密斯(Joseph Smith)博士说:"倘若你们问,人们为什么旅行……人们大部分都有自己的理由。'去看爷爷奶奶',或者说'在家待腻了,我们该要放个假,出去走走了'这些答案,不知怎的,总有那么些不尽人意之处。"

 任务导入

### 我们为什么要旅行

我们去旅行,最初是想迷失自我;我们去旅行,最终是要找到自我。我们旅行,开阔眼界,敞开心扉,去了解这个不能仅仅从报纸上了解到的世界。我们轻装上阵,以我们有限的知识,去领略地球上其他地方的富饶。我们旅行,使自己返老还童,让时间放缓它的脚步,沉溺于其中,再一次坠入爱河。

旅行带来的最大乐趣就是:将我所有的相信和确定的事情统统留在家里,然后在不同的光线下,以不同的角度去审视那些我曾经认为完全了解的事情。我们在旅途中学到的第一课(不管我们是否情愿)就是我们脑海中许多自认为"放之四海而皆准"的概念,往往在许多地方、其他时间并非如此。我们将价值观、信仰和新闻带到要去的地方,在世界的许多地方,我们就是活动的电视和报纸,是将其从根深蒂固的局限性中带出来的唯一频道。

我们旅行是为了找寻更好的问题,而不是为了寻找答案。我们在审视别人的同时,也成为别人审视的对象;我们在吸收外界文化的同时,也被这一文化吸收着。普鲁斯特有句古老的格言:真正探索的旅程,并不是去看新的地方,而是用新的眼光。

旅游者的动机是什么? 又有哪些因素会对旅游者的动机产生影响呢?

### 任务解析

人们为什么旅游? 回答有许多。取决于个人及个人文化素养。这种回答属于心理学和社会学范畴。旅游者自己所说的旅游动机,只是内心更为深刻的需要的反映。这些反映,旅游者自己都不理解,甚至都没有察觉,当然,也有可能是不愿意说出来。下面我们来讨论什么是动机,并探讨一下动机是如何影响旅游行为的。

### 相关知识

## 一、旅游者的动机

### (一)动机的界定

动机(Motivation)一词来源于拉丁文 Movere,意思是移动、推动和引起活动。现代心理学将动机定义为推动个体从事某种活动的内在原因。具体来说,动机是引起、维持个体活动并使活动朝某一目标进行的内在动力,即动机是在人的希望、需要得到满足时被激发产生的。一旦某种需要被激发,一种紧张的状态便会存在。它驱使人企图减少或排除这种紧张感。旅游动机就是推动个体从事旅游活动的内在过程或心理状态。需要注意的是,动机是用来说明个体为什么要从事某种活动,而不是用来说明某种活动本身是什么(What)或怎样进行的(How)。图2-2所示为动机产生的全过程。

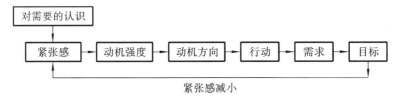

图 2-2　动机产生的全过程

### (二)旅游动机及其特点

旅游动机是推动人们进行旅游活动,并使人处于积极状态达到一定目标的动力。具有多样性、层次性、交叉性等特点。旅游者动机的产生受旅游者本身及其所处的社会环境两方面因素的影响。

## 二 旅游动机产生的因素

主观条件是旅游者个体的内在条件,即旅游者本身的需要、兴趣、爱好、兴趣、性格、健康等。客观条件是旅游者产生旅游动机的外在条件,主要有三类:时间条件、经济条件和社会条件。

## 三 旅游动机的分类

徐霞客游历名山大川,因为他深深爱着这片河山;沈从文怀着解不开的故乡情结,流连在湘西的沱江岸边、吊脚楼前;白雪公主奔进美丽的大森林,希望能够躲避世俗的无情迫害;小丑鱼为了追寻比生命还重要的骨肉亲情,不畏大海波涛,挣扎在暗流之中……出游的人,总有一个梦想、一份情怀、一个理由。

表2-1至表2-3所示为国外学者对旅游动机的分类。

表 2-1　日本学者田中喜一的旅游动机分类

| 分　　类 | 目　　的 |
| --- | --- |
| 心理动机 | 思乡心、交友心、信仰心 |
| 精神动机 | 知识的需要、见闻的需要、欢乐的需要 |
| 身体动机 | 治疗的需要、休养的需要、运动的需要 |
| 经济动机 | 购物的目的、经商的目的 |

表 2-2　罗伯特·麦金托什——旅游动机的基本类型

| 分　　类 | 目　　的 |
| --- | --- |
| 休养动机 | 异地疗养 |
| 文化动机 | 修学旅行、参观或参加宗教仪式 |
| 体育动机 | 观摩比赛、参加运动会等 |
| 社会动机 | 蜜月旅行、亲友旅行 |
| 政治动机 | 政治性庆典活动的观瞻等 |
| 经济动机 | 参加订货会、展销会等 |

表 2-3　约翰·托马斯——旅游的 18 种动机

| 分类 | 目的 |
|---|---|
| 教育和文化方面的动机 | (1) 观察别的国家的人民是怎样生活、工作和娱乐的<br>(2) 浏览特别的风景名胜<br>(3) 更多地了解新鲜事物<br>(4) 参加一些特殊活动 |
| 疗养和娱乐方面的动机 | (1) 摆脱每天的例行公事<br>(2) 过一下轻松愉快的生活<br>(3) 体验某种浪漫生活 |
| 种族上的动机 | (1) 访问自己的祖籍、出生地<br>(2) 到家属或朋友曾经去过的地方 |
| 其他 | (1) 气候<br>(2) 健康<br>(3) 体育活动<br>(4) 经济方面<br>(5) 冒险活动<br>(6) 取得一种"胜人一筹"的本事<br>(7) 适应性(不落人后)<br>(8) 考察历史<br>(9) 了解世界的愿望 |

### 任务拓展

## 旅游动机的类型

A. 追新猎奇型动机

(1) 教育文化动机——学习,提高欣赏能力,陪同学术领袖或演讲人旅行。

(2) 家系研究。

(3) 感受异国情调——去夏威夷、波利尼西亚、日本、泰国、印度。

(4) 获求各种满足及力量感、自由感——隐居、飞行、驾驶、航海、乘火车飞驰。

(5) 异地觅新友。

(6) 培养洞察力——唤醒感觉力,提高认识力。

(7) 参加政治运动、支持竞选、参加政府听证会。

(8) 去自己的度假别墅和度假公寓。

B. 近追新猎奇型动机

（1）宗教朝圣或接受神的启示。

（2）参加体育比赛和体育活动。

（3）事务旅行——出席大会、会晤、年会。

（4）看戏旅行，参加特种娱乐。

（5）体验新生活方式。

C. 中间型动机

（1）轻松愉快——纯粹寻找欢乐。

（2）与亲戚朋友欢聚。

（3）健康——换换环境，享受阳光、温泉。

（4）需要获得新鲜感。

（5）逃避生活中的烦恼。

（6）感受旅游地真正的魅力吸引或受幻觉的召唤。

（7）美的欣赏——游览国家公园、森林、湖泊、野地及小舟旅行、海滨旅行。

（8）寻求享乐——美餐、舒适而豪华的环境享受、休息、轻松。

（9）购物——购买纪念品、礼品、昂贵物品，如照相机、钻石、皮革、小汽车、古董、艺术品。

（10）享受乘坐交通工具的乐趣——乘坐游船（在船上品尝食品，小酌），乘坐舒适的火车、公共汽车、飞机和汽车。

（11）旅行前后的乐趣——计划旅行，期待，为旅行而学习和了解相关信息，给人看照片和谈旅游经历。

D. 近安乐小康型旅游动机和安乐小康型旅游动机

（1）办理家庭或个人事务。

（2）自我提高，追求地位。

（3）为被接纳、为获得社交满足而旅行。

（4）访问新闻报道提到的地方。

（5）在游乐场里游戏。

**"挡不住的感觉"旅游产品精彩扫描**

黄金周旅游不再仅仅局限于单一的观光、度假，大量适应旅游者需求的体验旅游、探险旅游、民俗旅游不断推出。如铁路旅行社的"湘西凤凰古城民间艺术游"、中旅的"道教圣地、宏村、徽州文化游"、康辉旅行社的"自驾车追江赶海到南通"等。经过前几个黄金周后，旅游者出游的盲目性、随机性已明显降低，他们根据自身需求谨慎、理性地选择线路，追求物有所值，讲究轻松度假。在选择交通方式方面，也呈多元化趋势，包机、包船、租车、私人驾驶等各取所需。

野趣游成为市民主选。许多市民在经历了几次黄金周后，已将旅游目光从外地名山大川转移到本地郊县。目前，野趣和园林主题游已成为市民休闲旅游的主选产品。旅行社纷纷设计"农家乐一日游"，让游客采茶叶、逛竹林、识野菜、赏田园，享受农家乐趣。

### 知识链接

定向运动是一种体育赛事，最早起源于雅典，目前已经发展成为全世界范围内的时尚运动，参与者利用一张详细精确的地图和一个指北针，按顺序到访地图上所指示的各个点标，以最短时间内到达所有点标者为胜，队员必须按照地图的标号按顺序到访设置的各个点标，并在点标处划卡确认，或接通低压电源线路，在某处也许还有一些智力题拦路，通常都在森林、郊外和城市公园里进行，而活动内容包括"森林童话"、"碧海晴天"、"旷野传奇"、"合力制胜"等。图 2-3 所示为定向运动的相关图片。

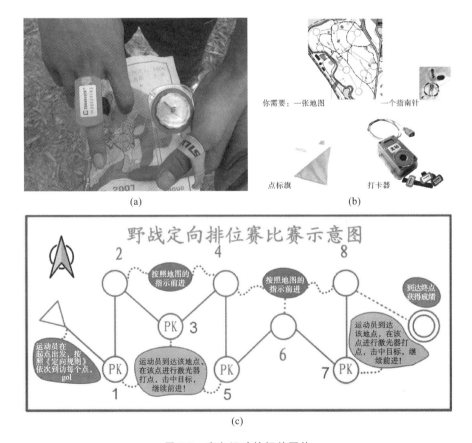

图 2-3 定向运动的相关图片

(d)                 (e)

续图 2-3

定向运动中最受年轻一代欢迎的就是"森林童话",因为这里可以找到浪漫、神秘、惊险、刺激等所有的时尚元素。活动一开始,数十位陌生的青年男女将会安排登上一辆班车,而面对面相坐的肯定是两对异性,漫长、枯燥的旅程使热情的年轻人很快熟悉起来。下车后,刚刚建立的友情使 4 个年轻人组成一个"战斗团队",将加入与其他十几个团队在大森林中争夺神秘宝藏的行列……一路上,既有山花、瀑布、激流与群山等美景,同时还有标有宝物的神秘符号、不可预料的困难与突发事件……

问题:定向运动满足了人们的什么需要,何种旅游动机?

解读:

由于现在的都市人出游,就是游山玩水、喝茶聊天,再加上枯燥乏味的旅程,实在难以让人有旧地重游的冲动。而定向运动从一开始就有一种神秘感,让人们充满探求欲,虽然景色还是一样,但是赋予了很多神秘、惊险、有趣的元素,赋予新意。更重要的是与陌生异性朋友共同挑战智慧与勇气的极限,又多了几分浪漫气息。因此,满足了人们社交及自我实现的需要;体现了健康、娱乐、好奇、探索及社会交往等旅游动机。

## 知识链接

### 旅游动机的激发

一、旅游景区、景点建设应该注意形、声、色的和谐和美感

在旅游资源的开发上必须遵循以下原则。

(1) 突出个性原则。

(2) 市场导向原则。

(3) 经济效益原则。

(4) 遵循保护原则。

## 二、注意旅游设施的美观、实用、方便,以刺激旅游者的兴趣爱好

旅游设施的数量、规模、档次要充分满足旅游者的需要,保证旅游者进得来、住得下、玩得开、走得动、出得去。而且还要注意旅游设施要满足不同客人的需要,因为游客是多种多样的,有不同阶层、不同收入水平、不同心理类型的人。

## 三、旅游企业应加强管理,努力提高旅游服务质量

旅游企业在旅游产品设计、旅游线路的安排上要合理、新颖;导游人员的语言水平要高、外语要好,导游技巧要高;宾馆饭店服务人员的服务要热情、周到、标准、娴熟等。

## 四、搞好公共关系,树立良好形象

企业形象尤为重要,它包括企业目标、企业精神、服务水准、产品品质等。

## 五、加强传播媒介的宣传报道,优化旅游的社会氛围

旅游企业可以通过广播、电视、网络、报刊、新闻发布会、展览会等对新开发的旅游景点、新开辟的旅游线路、新建立的旅游设施、新的旅游节目和内容及旅游常识等进行长期连续的宣传、推广,以激发众多旅游者的旅游兴趣,对旅游产品产生积极的心理倾向,形成旅游行为活动的驱动力。鉴于目前网络高频率的使用,特别是人手一台手机,手机几乎处于24小时不离身不断电的状态,我们的宣传不能再局限于传统的宣传媒介了,而应采用云平台、新媒体、自媒体等新型的数据平台,实现最简洁有效的宣传服务,优化身边的旅游氛围。

# 项目三
# 旅游者的情绪

### ◇知识目标

了解情绪、情感的基本含义、区别、联系及特征；

理解旅游者情绪的分类和影响因素；

掌握调节旅游者情绪、情感的方法。

### ◇能力目标

能够认知情绪、情感；

能够判断旅游者的情绪；

能够熟练应用调节旅游者情绪的方法。

### ◇素质目标

具备情绪识别能力；

具备情绪控制调节能力。

# 工作任务一　认识情绪、情感

### 任务导入

导游孔小姐接待了一个国内东北团,在机场,她清新的笑容、热情周到的服务赢得了游客的好感,游客的脸上也洋溢着愉悦的神采。在核实行李数和团队人数后,导游孔小姐让司机开车前往旅游团队下榻的酒店。途中,孔小姐的自我介绍诙谐幽默,欢迎词富有感染力,沿途讲解生动清晰,车上响起了一阵阵东北人特有的爽朗笑声,游客旅途的疲倦也在这轻松的氛围中消失得无影无踪。

旅游者是富有情感的人。

什么是情感?情绪与情感的联系与区别是什么?旅游者情绪与情感意义何在?

### 任务解析

旅游者在现实生活中,要接触自然界和人类社会中的各种对象和现象,参与各种不同的旅游活动。这些对象和现象不仅使人产生深浅不同的认识,还会产生不同的心理体验。有的使人喜欢、兴奋,有的使人惊奇、赞叹,还有的使人恐惧、忧愁,这些心理体验就是旅游者的情绪和情感。

情绪和情感是人类心理过程中极其重要的因素,它深刻地影响着人们的心理活动乃至全部活动。旅游活动的成功与否最根本在于能否使旅游者产生积极愉快的心理体验。

### 相关知识

## 一　情绪、情感的概念

心理学中的情绪、情感是个体对客观世界的一种特殊反应形式,是以个体的愿望和需要为中介的心理活动。客观世界可以被认识,但并不全部引发人的情绪、情感。一般来说,凡能满足人们需要的事物,会引起愉快、满意等积极的情绪和情感体验;凡不能满足人们需要的事物,则引起愤怒、恐惧等否定情绪和情感体验。情绪、情感通过体验来反映客观事物与人需要之间的关系,无论人们对客观事物抱什么态度,人们都能体验到。"体验"被认为是情绪情感的基本特征。

## 二　情绪和情感的区别与联系

### （一）情绪和情感的区别

我们一直将情绪和情感作为一个统一的心理过程来讨论，但从产生的基础和特征表现上来看，二者是有区别的，主要体现在以下几个方面。

1. 从需要的角度看差异

情绪更多的是与人的物质或生理需要相联系的态度体验。例如，当人们满足了饥渴需要时会感到高兴，当人们的生命安全受到威胁时会感到恐惧，这些都是人的情绪反应。情感则更多的是与人的精神或社会需要相联系。例如，友谊感的产生是由于我们的交往需要得到了满足；当人们获得成功时会产生成就感。友谊感和成就感就是情感。

2. 从发生早晚的角度看差异

从发展的角度来看，情绪发生早，情感产生晚。人出生时会有情绪反应，但没有情感。例如，婴儿一生下来，就有哭、笑等情绪表现，而且多与食物、水、温暖、困倦等生理性需要相关。情感是在幼儿时期，随着心智的成熟和社会认知的发展而产生的，多与求知、交往、艺术陶冶、人生追求等社会性需要有关。因此，情绪是人和动物所共有的，而情感是人所特有的，它是随着人的年龄增长而逐渐发展起来的。例如，人刚生下来时，并没有道德感、成就感和美感等，这些情感反应是随着儿童社会化的过程而逐渐形成的。

3. 从特点看差异

情绪和情感的反映特点不同。情绪具有情境性、激动性、暂时性、表浅性与外显性。例如，当我们遇到危险时会极度恐惧，但危险过后恐惧会消失。情绪常由身旁的事物所引起，又常随着场合的改变、人和事的转换而变化。所以，有的人情绪表现会喜怒无常，很难持久。人在情绪左右下常常不能自控，高兴时手舞足蹈，郁闷时垂头丧气，愤怒时又暴跳如雷。情感则具有稳定性、持久性、深刻性、内隐性。例如，大多数人不论遇到什么挫折，其民族自尊心不会轻易改变。父辈对下一代殷切的期望、深沉的爱都体现了情感的深刻性和内隐性。情感可以说是在多次情绪体验的基础上形成的稳定的态度体验。例如，对一个人的爱和尊敬，可能是一生不变的。正因为如此，情感特征常被作为人的个性和道德品质评价的重要方面。

### （二）情绪和情感的联系

情绪和情感虽然不尽相同，却是不可分割的。因此，人们时常把情绪和情感通用。一般来说，情感是在多次情绪体验的基础上形成的，并通过情绪表现出来；反过来，情绪的表现和变化又受已形成的情感的制约。当人们干一件工作的时候，总是体验到轻松、愉快，时间长了，就会爱上这一行；反过来，在他们对工作建立起深厚的感情之后，会因工作的出色完成而欣喜,也会因为工作中的疏漏而伤心。由此可以说,情绪是情感的基础和外部表现,情感是情绪的深化和本质内容。情感是在情绪的基础上形成的,反过来情感对情绪又产生巨大的影响。它们是一种心理活动过程的两个不同侧面,既相互转化,又相互依存。

从情绪和情感的表现来看,一方面,具有一定社会内容的情感,可能以强烈、鲜明的情绪形式表现出来,又能表现为深沉而持久的情操;另一方面,与生理性需要相联系的情绪,都可能由所赋予的社会内容而改变它的原始表现形式,从而表现为情感。

## 三 情绪的功能

### (一) 信号功能

情绪的信号功能是指在人际交往中,人们除借助言语进行交流之外,还通过情绪的流露来传递自己的思想和意图。情绪的这种功能是通过表情来实现的。表情具有信号传递作用,属于一种非言语性交际。人们可以凭借一定的表情来传递情绪信息和思想愿望。在社会交往的许多场合,人们之间的思想、愿望、态度、观点,仅靠言语无法充分表达,有时甚至不能言传,只能意会,这时表情就起到了信息交流的作用。其中,面部表情和体态表情更能突破一些距离和场合的限制,发挥独特的沟通作用。

心理学家在对英语国家人们的交往状况进行研究后发现,在日常生活中,55%的信息是靠非言语表情传递的,38%的信息是靠言语表情传递的,只有7%的信息才是靠言语传递的。表情是比言语产生更早的心理现象,在婴儿不会说话之前,主要是靠表情来与他人交流的。表情比语言更具生动性、表现力、神秘性和敏感性。特别是在言语信息暧昧不清时,表情往往具有补充作用,人们可以通过表情准确而微妙地表达自己的思想感情,也可以通过表情去辨认对方的态度和内心世界。所以,表情作为情感交流的一种方式,被视为人际关系的纽带。在许多影视作品中,人们用情绪的表露代替了言语的表达,具有"此时无声胜有声"的效果,更具感染力。

### (二) 动机功能

情绪具有激励作用。情绪能够以一种与生理性动机或社会性动机相同的方式激发和引导行为。有时我们会努力去做某件事,只因为这件事能够给我们带来愉快与喜悦。从情绪的动力性特征看,情绪分为积极增力的情绪和消极减力的情绪。快乐、热爱、自信等积极增力的情绪会提高人们的活动能力,而恐惧、痛苦、自卑等消极减力的情绪则会降低人们活动的积极性。有些情绪同时兼具增力和减力两种动力性质,如悲痛可以使人消沉,也可以使人化悲痛为力量。

个体的情绪表现还常被视为动机的重要指标。由于情绪可能与动机引发的行为同时出现,情绪的表达能够直接反映个体内在动机的强度与方向,因此情绪也被视为动机潜力分析的指标,即对动机的认识可以通过对情绪的辨别与分析来实现。

动机潜力是在具有挑战性的环境下所表现出的行为变化能力。当个体面对危险情境时，动机潜力就会发生作用，促使个体做出应激的行为。对动机潜力的分析可以由对情绪的分析获得。当面对应激场面时，个体的情绪会发生生理的、体验的以及行为的三方面的变化，这些变化会告诉我们个体在应激场合动机潜力的方向和强度。当面临危险时，有的人能够头脑清晰，沉着冷静地离开；而有些人则会惊慌失措，浑身发抖，不能有效地逃离现场。这些情绪指标可以反映人们动机潜力的个体差异。

### （三）健康功能

人对社会的适应是通过调节情绪来进行的，情绪调控的好坏能直接影响身心健康。作为心理因素的一个重要方面，情绪同身体健康的关系早已受到人们的关注。情绪对健康的影响作用是众所周知的。积极的情绪有助于身心健康，消极的情绪会引起人的各种疾病。我国古代医书《内经》中就有"怒伤肝，喜伤心，思伤脾，忧伤肺，恐伤肾"的记载。因此许多心因性疾病与人的情绪失调有关，例如溃疡、偏头痛、高血压、哮喘、月经失调等。有些人患癌症也与长期心情压抑有关。一项长达30年的关于情绪与健康关系的追踪研究发现，年轻时性情压抑、焦虑和愤怒的人患有结核病、心脏病和癌症的比例是性情沉稳的人的4倍。

## 四 情绪、情感的分类

情绪、情感是人们对客观事物的反映形式，而事物的多样性势必为情绪、情感增加了丰富的内容，人们的生活也因为有了多种多样的情绪和情感而变得丰富多彩。

### （一）情绪的分类

1. 按照性质分类

我国学者根据情绪的性质将其分为以下四类。

1）快乐

快乐是盼望的目的达到后，继之而来的紧张解除时的情绪体验。快乐的程度取决于愿望满足的意外程度。快乐的程度从满意、愉快到大喜、狂喜。快乐是一种追求并达到目的时所产生的满足体验。它是具有正性享乐色调的情绪，使人产生超越感、自由感和接纳感。

2）愤怒

愤怒是由于受到干扰而使人不能达到目标时所产生的体验。目的和愿望不能达到，一再受到阻碍，从而积累了紧张，最终产生愤怒。特别是所遇到的挫折是不合理的或是被恶意人为所造成的时候，愤怒最容易发生。当人们意识到某些不合理的或充满恶意的因素存在时，愤怒也会骤然发生。愤怒的程度依次是：不满、生气、愠怒、愤、激愤、大怒、暴怒。

3）恐惧

恐惧是企图摆脱、逃避某种危险情景时所产生的情绪体验。恐惧往往是由于缺乏处理、摆脱可怕情景的力量和能力而造成的。引起恐惧的重要原因是缺乏处理可怕情景的能力与手段。

4）悲哀

悲哀与失去所盼望、所追求的东西和目的有关，是在失去心爱的对象或愿望破灭、理想不能实现时所产生的体验。悲哀情绪体验的程度取决于对象、愿望、理想的重要性与价值。悲哀的程度依次是：遗憾、失望、难过、悲伤、哀痛。悲哀所带来紧张释放时会产生哭泣。

2. 按情绪状态分类

情绪状态是指在某种事件或情境的影响下，在一段时间内所产生的某种情绪，典型的情绪状态有心境、激情、应激。

1）心境

心境是指一种较持久而微弱的情绪状态，主要表现为一种非定向弥散性的情绪体验。首先，心境具有缓和而微弱的特点，与激情、强烈而激动的情绪体验不同；其次，心境还具有"忧者见之则忧，喜者见之则喜"的弥漫性，即不是关于某一事物特定的体验，而是使一切体验都感染上同样的情绪色彩；最后，心境的持续时间从几小时、几天到几周、几个月或更长时间。

由于心境是一种具有感染性的、比较平稳而持久的情绪状态，当人处于某种心境时，会以同样的情绪体验看待周围事物。因此，我们一方面必须注意调整和调控旅游者的心境，以利于旅游活动的开展。另一方面也提醒我们要善于把握和调节自己的心境，带着良好的心境为游客提供高品质的服务。

2）激情

激情是指个体强烈的、暴风雨般、激动而短暂的情绪状态，如暴怒、狂喜、绝望等等。首先，激情具有激动性和冲动性，例如在某些突如其来及外在刺激的作用下，旅游者可能会产生勃然大怒、暴跳如雷等情绪反应；另外激情的发作一般比较短促，冲动一过，立即减弱或消失；此外，激情一般由特定的对象引起，指向性较为明显。最后，激情一般会有明显的外部表现，如怒发冲冠、咬牙切齿、眉开眼笑、哭泣、晕倒等。

由于激情是一种爆发快、强烈而短暂的情绪体验。在这样的激情状态下，个体的意识范围狭窄，生理唤醒程度较高，自控能力减弱，因而很容易失去理智，不能正确评价自己的行为后果，甚至做出不顾一切的鲁莽行为。所以当旅游者处于激情状态时，旅游服务人员要积极采取转移其注意力、降低爆发强度、延缓爆发时间等手段来加以调控。同时，由于人的理智和意志可以在一定程度上驾驭和控制自己的情绪冲动。因此，当我们处于激情状态下的时候，要唤醒理智感和意志力，调控自己的情绪，以避免冲动性行为破坏旅游服务工作。

3）应激

应激又称应激状态，是出乎意料的紧张与危险情境所引起的情绪状态，是个体的一种适应性反应。应激状态改变了机体的激活水平,生理系统会发生明显的变化,如肌肉紧张、心率加快、呼吸变快、血压升高、血糖增高等,从而增加机体活动的能量,以应付紧急情景。它具有积极和消极两方面的作用。人在应激时一般有两种表现:一种是目瞪口呆,手足失措,头脑一片混乱;另一种是急中生智、头脑清醒、判断准确、行动迅速,及时摆脱困境。当人长期处于应激状态时,会对其身心健康造成损害,导致适应性疾病的发生。

### (二) 情感的分类

情感是与人的社会性需要相联系的态度体验。人的社会性情感主要有道德感、理智感和美感。

#### 1. 道德感

道德感是用一定的道德标准去评价自己或他人的思想和言行时产生的情感体验。不同的时代有不同的道德标准,我们社会主义国家崇尚爱国主义、集体主义、见义勇为和互帮互助等。在青年期,随着世界观的初步形成和人生理想的确立,人的情感也更为独立和稳定,并对人的行为有一种持久而强大的推动力。

旅游者的道德感是指旅游者运用一定的道德标准评价自身或他人的思想、意图和行为时所产生的一种情感体验。如果旅游者自己的言行符合道德标准,他们就会产生满意、愉快、自豪的情感;若其他旅游者符合道德,则会对其产生赞赏、尊敬、爱慕、钦佩等情感。反之,则会对自己感到不安、内疚,对其他旅游者产生厌恶、反感、鄙视、憎恨等情感。由于道德感具有社会性,因此,不同的历史时代、不同的社会制度、不同的阶级,道德的标准不同。

#### 2. 理智感

理智感是在智力活动中,认识和评价事物时所产生的情感体验。例如,人们在探索未知事物时表现出的兴趣、好奇心和求知欲。在科学研究中,面临新问题时的惊讶、怀疑、困惑和对真理的确信,问题得以解决并有新的发现时的喜悦感和幸福感,这些都是人们在探索活动和求知过程中产生的理智感。人们越积极地参与智力活动,就越能体验到更强烈的理智感。理智感是人们从事学习活动和探索活动的动力。当一个人认识到知识的价值和意义,得到获得知识的乐趣以及追求真理过程中的幸福感时,他就会不计名利得失,以一种忘我的奉献精神投入学习和工作中。居里夫妇在提炼镭的艰辛历程中以及发现镭的那一刻,所体验到的理智感不是一般人所能有的。

#### 3. 美感

美感是用一定的审美标准来评价事物时所产生的情感体验。在客观世界中,凡是符合我们的审美标准的事物都能引起美的体验。一方面,美感可以由客观景物引起,例如,桂林山水的秀丽、内蒙古草原的苍茫、故宫的绚丽辉煌、长城的蜿蜒壮美,可以使人体验到大自然的美和人的创造之美;另一方面,人的容貌举止和道德修养也常能引发美感,甚至一个人善良、纯朴的性格,率直、坚强的品性,比身材和外貌更能体现人性之美。人在感受美的时候通常会产生一种愉快的体验,而且表现出对美的客体的强烈倾向性。所以,美感体验有时也能成为人行为的推动力。

旅游者的美感是指具有一定审美观点的游客对旅游活动中的审美对象(旅游景观或他人、自己)的美进行评价时产生的一种肯定、满意、愉悦、爱慕的情感体验。

在旅游活动过程中,作为审美对象的旅游景观大多是以生机勃勃的自然万物为构成要素,使游客身临其境、置身其中,从而缩短了审美主体与审美对象之间的空间和心理距离,使人倍感亲切。当他们面对优美、壮观的景观时,旅游者常情不自禁地为之赞叹、遐想、感叹、比兴,这是一种掺和着复杂情感体验的高级心理活动。而孔子的"智者乐水,仁者乐山"、"君子比德"之说就是寓道德修养于旅游审美活动的突出表现,对旅游者的道德感养成具有重要的作用。

### 五 情绪的构成要素

情绪是由某种刺激引发,自然环境、社会环境及人的自身都可能引发情绪反应,产生的根源在于客观现实本身。

美国心理学家伊扎德(C. E. Izard)认为,情绪包括生理层面上的生理唤醒、认知层面上的主观体验、表达层面上的外部行为。当情绪产生时,这三种层面共同活动,构成一个完整的情绪体验过程。情绪与有机体的需要联系紧密,它是以需要为中介的一种反应形式。客观世界的某些刺激并不全都能引发人的情绪,只有与人的需要有直接或间接联系的事物,才使人产生情绪。通常,那种能满足人的某种需要的对象,会引起肯定的情绪体验(例如满意、愉快、喜悦等);反之,那种妨碍与干扰需要得到满足的东西,就会引起否定的情绪体验(例如不满意、痛苦、忧愁、恐惧、愤怒等)。

#### (一)生理唤醒

人在产生情绪反应时,常常会伴随着一定的生理唤醒。例如,激动时血压升高,愤怒时浑身发抖,紧张时心跳加快,害羞时满脸通红……脉搏加快、肌肉紧张、血压升高及血流加快等生理现象,是一种内部的生理反应过程,常常伴随着不同情绪产生的。

#### (二)主观体验

情绪的主观体验是人的一种自我觉察,即大脑的一种感受状态。人有许多主观感受,如喜、怒、哀、乐、爱、恶、惧等。人们对不同事物的态度会产生不同的感受。人对自己、对他人、对事物都会产生一定的态度,如对朋友遭遇的同情、对敌人凶暴的仇恨、对事业成功的欢乐、对考试失败的沮丧等。这些主观体验只有个人内心才能真正感受到或意识到,例如,我知道"我很高兴",我意识到"我很痛苦",我感受到"我很内疚"等等。

#### (三)外部表现

在情绪产生时,人们还会出现一些外部反应过程,这一过程也是情绪的表达过程。例如,人悲伤时会痛哭流涕,激动时会手舞足蹈,高兴时会开怀大笑等。情绪所伴随出现的这些相应的身体姿态和面部表情,就是情绪的外部行为。它经常成为人们判断和推测情绪的外部指标。由于人类心理的复杂性,有时人们的外部行为会出现与主观体验不一致的现象。例如,在一大群人面前演讲时,明明心里非常紧张,还要做出镇定自若的样子。

表情动作是我们了解旅游者的情绪的客观指标之一,旅游者的表情动作可以从其面部表情、姿态表情、言语表情这三个方面进行识别。

1. 面部表情

面部表情是通过眼部肌肉、颜面肌肉和口部肌肉的变化来表现各种情绪。主要是由眉、眼、鼻、嘴的不同组合而构成。如眉开眼笑、怒目而视、愁眉苦脸、面红耳赤、泪流满面等。由于面部表情具有跨文化性,同一种面部表情会被不同文化背景下的人们共同承认和使用,以表达相同的情绪体验。心理学家经过研究发现:最容易辨认的表情是快乐、痛苦,较难辨认的是恐惧、悲哀,最难辨认的是怀疑、怜悯。一般来说,旅游者的情绪成分越复杂,其表情越难辨认。心理学家的实验还证明:眼睛最善于表达忧郁愤恨、惊骇等情绪,口部对表达快乐与厌恶最为重要,前额往往反映惊奇、好奇的情绪体验,而眼、嘴和前额对表达愤怒的情绪都很重要。

2. 姿态表情

姿态表情是游客与旅游服务人员之间情感表达、传递信息的另一重要手段。不同的姿态表情,反映旅游者不同的情绪情感体验。如旅游者欢乐时手舞足蹈、拍手、跳跃;悔恨时顿足、击掌、捶胸、拍额;惧怕时手足失措、抖动、僵直;紧张时坐立不安等等。姿态表情又包含手势和身体姿势两个方面,手势是仅次于言语的表达形式,不具有跨文化性,并受不同文化的影响。因此,同一手势在不同民族和国家中所代表的含义可能截然不同,如竖起大拇指在许多文化中是表示夸奖的意思,但在希腊却有侮辱他人的意思。又如东方人在招呼别人靠近自己的时候一般采用手心向下的手势,手心向上招呼他人过来时一般带有挑衅的意味,但在多数西方文化中恰好相反,手心向下是招呼动物过来,而手心向上则是对人的招呼。因此,我们在接待国际旅游者的时候,尤其要注意不要误用手势,以免引起一些不必要的麻烦。身体姿势也能从一定程度上反映旅游者的情绪和情感状态。

3. 言语表情

言语表情是旅游者情绪发生时言语的音调、节奏方面的表现。如旅游者喜悦时往往音调高昂、节奏轻快;愤怒时声音高而尖,伴有颤抖和嘶哑。此外,旅游者的感叹、讥讽、同情等,都有特别的语音变化。因此,旅游服务人员要学会"听话听音",善于捕捉旅游者的言外之意、未尽之言。

生理唤醒、主观体验和外部表现作为情绪的三个组成部分,只有三者同时活动、同时存在,才能构成一个完整的情绪体验过程。例如,当一个人佯装愤怒时,他只有愤怒的外在行为,却没有真正的内在主观体验和生理唤醒,因而也就称不上有真正的情绪过程。因此,情绪必须是上述三方面同时存在,并且有一一对应的关系;一旦出现不对应,便无法确定真正的情绪是什么。这也正是情绪研究的复杂性,以及对情绪下定义的困难所在。

### 任务拓展

#### 一封投诉信

2010年3月21日下午,六人经某平台接触到某户外俱乐部的负责人杨某。杨某向客人推荐了4日梅里雪山的VIP纯玩团,收费980元/人,他称这是该线路最高档次的4日游产品,团费包含了司机一名,瑞风商务车一辆,领队一名,三个晚上的标间:入住香格里拉、飞来寺以及奔子栏这三个地方,不含餐饮,承诺纯玩,不带游客购物。

22日早上8点,旅行团从丽江古城出发,中午到达虎跳峡,在附近一家饭店用午餐,这家饭店的工作人员在客人用餐之后态度变得很恶劣,向其索要181元餐费(5素1荤),在客人抱怨菜价太贵时,饭店老板目露凶相,其帮工也扬言要殴打游客。而此时坐在一旁的司机和领队却一动不动,只是催促客人快结账好出发去下个景点,客人吃了眼前亏付了钱之后忍气完成了当天的行程。

第二天(23日)一早,从松赞林寺参观出来后遇上了堵车,领队的理由是"最近在修路",客人询问"你们之前不知道这里修路吗?怎么没有提前告知我们?"他的回答是"知道一直在修路啊!"结果第二天的行程一直到天黑才到达月亮湾,根本看不到景点,到达飞来寺的时候已是晚上9:30。晚上入住一间对外标价为40元的小旅馆,条件相当不好,没有暖气和电热毯,被子也很单薄,当晚温度非常低,次日的住宿条件仍然极差,最终所有团员连着两晚没有休息好。

第四天(25日)下午3点左右,客人回到丽江古城,在该户外俱乐部的门店里,客人向负责人投诉领队和司机的行为,并质问该俱乐部为什么不在出行前告知修路的情况以便修改行程。因寡不敌众而被迫向俱乐部妥协,没有及时向丽江旅游局投诉。整个游览的感觉糟透了。

尝试体验一下案例中客人的情绪。

### 知识链接

A型、B型性格测试

# 工作任务二　旅游者的情绪

**任务导入**

**泡汤了的"游湖赏月"**

按原定计划,小林的团队应该19:00整在H市游湖赏月,但是,在赴H市的路上遇到了交通事故,等他们赶到H市的时候,已经是20:30了,原来计划要坐的那班游湖赏月船早就开走了。小林和地陪先把客人带到餐厅去用餐,然后将情况通知了地接社。

正当小林一边吃饭,一边等着地接社的决定时,他团里的客人就在酒店的餐厅里议论开了。

"张先生,你听说了吗?今天我们不能去游湖赏月了?"

"真的吗?这太可惜了!这么好的月光,这么凉爽的秋风……"

"我们专门选择这个时候,好不容易才来到了这里,怎么说不去就不去啦?"

"哎,刚才我听别的团的客人说,他们的船还没有坐满呢!"

"鲁太太,你怎么不说话呀?我们的游湖赏月就要没有了!"

"啊,真是的,怎么会搞成这个样子!"

导游小林觉得情况发生变化,客人有些议论是正常的,也就没有在意。

客人们吃完饭,陆续来到大厅。他们在一起不停地议论,脸上的表情越来越严肃。小林刚走出餐厅,那位鲁太太就冲着他喊:"全陪,全陪,你过来一下。我们有话要对你说。"

小林走近客人,发现他们已经没有一丝笑容,只有一脸的愤愤不平,这时他感到有些"不对头"了。

鲁太太十分严肃地对小林说:"你知道,今天是中秋节,我们是来赏月的,而且是游湖赏月。月圆之夜,我们不在家待着,不远万里来到这里,为的就是游湖赏月。报名的时候,旅行社口口声声保证我们今晚一定能够游湖赏月。知道吗?你今天必须给我们安排这个节目!你答不答应?"

小林面有难色地说:"我们在路上堵车的时间太长了,原来安排的船早就开走了。现在已经很晚了,最后一班游船马上就要开了……"

不等小林说完,一位高个子男性游客就打断他的话,说:"车是你们旅行社的车,走哪条路是你们旅行社定的,游船也是你们旅行社安排的,全都是你们旅行社的事,凭什么要我们来承担这个后果?"

小林说:"堵那么长时间的车,这是谁都没有想到的!我做了这么长时间的导游,在这个地方还是第一次……"

这时,又有另一位游客打断小林的话,说:"不管怎么说,这都是你们旅行社的事,我们报名的时候,说好了要游湖赏月的。可能会遇到什么样的事,你们旅行社是应该事先做好准备的,难道你们收了钱,就不管了吗?"

小林耐心地对客人解释:"我理解各位的心情,现在地接社也正在想办法。我们在这里要住2个晚上,今天不能游湖赏月,明天还可以去嘛,俗话说,十五的月亮十六圆……"

"你说些什么呀!告诉你,再敢胡说八道,那就别怪我骂人了!"说话的是鲁太太,"八月十五中秋节游湖赏月,这是我们计划里安排好了的。过了十五,谁还要赏月!明天是明天的行程,今天是今天的行程,知道吗?我知道,你们旅行社觉得再包一条船费用太高,是不是?费用太高,就不让我们今天去游湖赏月,是不是?告诉你,如果今天晚上不能让我们游湖赏月,我这里有全团人的签名,我要去告你!告你们旅行社!我还要在报纸上把这件事登出来。你好好想想吧!你就把我的话告诉旅行社!"

小林还想解释,鲁太太把手一挥,说:"别说了!这是我们大家一致的意见,对不对呀?"其他客人立即附和:"对对对,这是我们一致的意见!"接着,还响起了一阵掌声。

小林艰难地向商务中心走去……

旅游者情绪、情感的特征是什么?又有哪些因素会对旅游者的情绪、情感产生影响呢?

### 任务解析

从这个案例中我们不难发现,游客刚开始的情绪还比较稳定,但他们失望和愤怒的情绪也悄悄地在旅游团内扩散,客人的附和、掌声明确无误地表明了旅游团内其他客人的情绪受到了旅游团内非正式领导人物(鲁太太)情绪的感染,导游小林没有意识到客人消极情绪的感染性,也没有积极地采取有效措施来化解客人的不满,导致后来客人关注的不是"今晚不能赏月"这件事情本身,而是开始怀疑小林和旅行社的动机,让消极情绪占据了整个旅游团,导致事情进一步恶化。

### 相关知识

#### 一 旅游者情绪的特征

首先,旅游者情绪具有兴奋性高,感染性强的特征。

由于旅游者处于全新的陌生环境中,旅游者情绪具有的兴奋性高、感染性强的特征会使旅游者情绪体验比较强烈,一旦个体被不良情绪体验感染时,极易产生认识偏差,即旅游团队中一部分游客的情绪会在不经意间被传染,导致成为被情绪控制的情绪化行为。游客的情绪化行为就易造成不良后果。

其次,旅游者情绪具有短暂多变性特征。

由于在旅途中游客会看到很多日常生活中不容易看到的事物和人文风情,旅游者的注意焦点往往具有短暂多变性,从而导致旅游者的情绪多变性。旅游者情绪的短暂多变性主要体现在以下两个方面。

第一,把旅游者作为个体来看,在整个旅游活动中,同一个旅游者,在刚到旅游目的地的时候,更多的是紧张不安、兴奋的情绪体验,在游览参观的途中可能体验到轻松愉快或愤怒不满的情绪,旅游快结束的时候,重新体验到紧张和兴奋的情绪,但和初到旅游目的地时体验到的紧张和兴奋又不完全一样。第二,在同一个旅游团中,不同性别、年龄,不同社会阶层旅游者其性格特征千差万别,因此,对于同样的旅游景点或同一名旅游服务人员提供的服务,每个旅游者的情绪体验上也会存在显著的差异,有些旅游者会在整个旅途中体验到兴奋和快乐,而有些客人却觉得这次旅游完全是让自己郁闷的旅游,因此,要求旅游服务人员在对客服务时必须对不同的旅游者的情绪表现细心加以鉴别,这是旅游从业人员提供个性化服务的心理学基础。

再次,旅游者情绪还具有稳定性与波动性并重的特征。

旅游者的情绪波动主要表现为两极化,遇到自己喜欢的景点或者对自己胃口的旅游服务人员,情绪高涨,欣喜若狂,激动不已;遇到道路塌方,游览无法继续时垂头丧气,迁怒于旅游服务人员。

最后,旅游者情绪具有一定程度的文饰性。

一般情况下,个体的内心体验与外部表情保持一致,但在某些场合可能出现表里不一,即所谓的文饰性。一方面,旅游者由于脱离了惯常的生活环境,导致其情绪情感的表达会异于日常生活中的体验,例如一些平日外向的人可能选择在旅途中玩一把深沉,而另外一些平日内向的人也可能在旅游中张扬一回;另一方面,旅游者处于陌生的异国他乡,需要保持个体的良好自我形象,有时虽然对旅游服务人员不满,但碍于面子或一些其他的原因,并没有表达出自己的情绪体验。包括前面所提到的旅游者的"道德弱化"现象也在一定程度上说明了旅游者情绪具有文饰性的特点。

## 二 影响旅游者情绪的因素

影响旅游者情绪的首要因素是旅游者的需要是否得到满足。由于需要是情绪产生的重要基础,因此,旅游者的需要是否获得满足,决定着旅游者的情绪的性质是积极的还是消极的。

如果能满足旅游者已激起的需要或能促进这种需要得到满足的景点和服务,便能引起他们肯定的情绪,如满意、愉快、喜爱、赞叹等;相反,凡是不能满足旅游者的需要或可能妨碍其需要得到满足的事件,比如路上堵车、饮食不合口味,都会引起旅游者否定的情绪,如不满意、愤怒、憎恨等。另外,需要指出的是,由于旅游者在旅游的途中往往有各种不同的情绪,它们常常不是彼此毫无联系地发生,而是相互影响的。其中有的起着主导作用,有的只具有从属的性质,有的短暂,有的持续时间很长。起主导作用的旅游者情绪通常与其主导需要相联系。当旅游者的主导需要获得满足或没有满足时,所产生的肯定或否定情绪往往会冲淡甚至抑制与此同时发生的其他情绪。

影响旅游者情绪的另一重要因素是旅游者的认知特点,由于旅游者的情绪总是伴随着一定的认知过程而产生,因此,同一景点、同一旅游服务人员的行为,由于旅游者个体认知上的差异,对其评估可能不同:如果把它判断为符合自己的需要,就产生积极的情绪;如果把它判断为不符合自己的需要,就产生消极的情绪。同一个旅游者在不同的时间、地点和条件下对同一旅游景点的认知、评估可能不同,因而产生的情绪也存在一些差异。

旅游者的情绪还受到旅游者的归因方式影响,旅游者不同的归因会引发不同的情绪。例如在旅游服务中由于环节过多,出现旅游服务缺陷往往无法完全避免,对于旅游服务缺陷,如果旅游者将其归因于外部不可控的原因(恶劣的天气即通常所说的"不可抗力因素"),旅游者相对来说更容易产生愉快的情绪体验;但如果旅游者认为旅游服务缺陷的产生是内部可控的(比如旅行社安排的导游员经验不足),将很容易导致旅游者愤怒、生气的情绪体验。因为这种归因牵涉对旅游服务企业和个人的责任感、道德操行的推断。当旅游者对旅游服务缺陷进行可控的外部归因时,往往对旅游企业的形象具有很大的破坏性,不仅导致旅游者以后回避该旅行社提供的服务,而且还会导致旅游者采取系列手段主动讨回"公道"。

因此,旅游者的归因方式影响旅游者的情绪状态,提醒旅游企业和旅游服务人员,企业和工作人员经常会有一些借口,说事情的起因是不可控的,但对旅游者而言,这些借口可能被认为是真的,但多数情况下容易被旅游者认为是假的,大多数旅游者通常想知道什么原因是真实的。因此,在出现旅游服务缺陷以后,我们做出道歉的同时给予赔偿一般就能够安抚旅游者的情绪,例如饭店的上菜出现了延误,服务员立即予以道歉并表示餐费可以适当减少,则旅游者很可能就能原谅该延误,因为这时旅游者很少会把原因归结为责任心和其他稳定的因素而导致愤怒和不满意的情绪。

### (三) 旅游者情绪对行为的影响

人是情感性的动物,旅游者更是在旅游过程中追求正面积极情绪体验的人。而旅游者的情绪状态在很大程度上决定着他们的动机、态度、意志力。此外,旅游者的情绪状态对于旅游团队中的人际关系和心理氛围、旅游团的活动效率甚至对他们的健康都存在着巨大的影响。

#### (一) 影响旅游动机和旅游者态度

旅游动机是指发动和维持人们外出旅游的一种心理倾向。从本质上看,旅游者选择出门旅游是为了寻求一种"好"的感受,去掉一些日常生活中"不好"的感受。因此,旅游者的情绪需求强烈影响着他们的旅游动机，旅游者的情绪状态是其旅游动机最直接的制约因素。旅游者的情绪状态对其旅游动机的影响是加强还是削弱，取决于他们在旅游途中体验到的情绪是积极的还是消极的。一般来说，某一次旅游的愉快经历会让他们再次出游的动机加强，而由不愉快的旅游经历引发的消极情绪可能会让他们在相当长的时间内拒绝外出旅游。

旅游者态度是指旅游者以肯定或否定的方式评价某些人、事、物或状况时具有的一种心理倾向。而人们在做出这样的评价时，当时的情绪状态和情绪体验往往起到很大的作用。即旅游者的情绪体验也会影响他们的旅游态度。例如，当旅游者在旅途中心情不错的时候，他们无论是对导游人员还是景区工作人员都更可能做出肯定性的评价。反之，当旅游者产生了消极负面的情绪体验时，他们对旅途中的任何事情都更容易做出不满意的评价。所以，旅游从业人员要有意识地帮助旅游者形成良好的情绪体验，避免其产生消极负面情绪，这样一来，他们就更容易对旅游企业的工作、对整个旅游地都表现出满意的态度。

### （二）影响旅游行为和活动效率

心理学研究表明，人的情绪状态会影响人们的活动效率，一般而言，情绪的紧张程度与活动效率之间呈一种"倒U"形曲线关系，即中等强度的情绪最有利于任务的完成。因此，让旅游者体验到适度的紧张最有利于旅游活动的完成。旅游者过于紧张固然有违他们出门旅行的目标，但如果旅游者情绪状态过于放松，容易导致旅游团队纪律差、客人时间观念淡漠而影响整个旅游行程的安排。

### （三）影响旅游者的意志力

旅游者的意志力是指人们为了完成旅游活动，自觉克服困难，坚持到底的一种心理力量。尽管旅游者出门是为了寻求轻松和自由，但同时也不排除旅途中可能会出现一些意想不到的情况，此时就需要旅游者运用自己的意志力来完成旅游活动。例如在爬一座比较陡峭的山峰（如华山）的时候，如果旅游者的情绪状态良好、兴致勃勃，就可能坚持更长的时间，更容易克服困难，反之因为某些原因导致他们情绪低落的时候，爬山参观游览就被他们视为畏途，表现为意志力薄弱。

一般而言，男性的意志力强于女性，也比较稳定，不太容易受情绪的影响，而女性旅游者的意志力比男性旅游者更容易受到情绪的影响。而某些女性情绪状态比较好的时候，其意志力甚至比男性更强。旅游团内受暗示性高的人，往往容易被周围环境的无关因素引起情绪的波动和思维的动摇而导致意志不坚定，他们的情绪和思维很容易随环境变化，给旅游活动带来不稳定的因素。此外，喜欢户外俱乐部的背包旅游者的情绪更容易受意志力控制，他们有着强烈的意志力、勇气，足以克服所有的困难完成旅游活动。

### （四）影响旅游中的人际关系和心理气氛

人际关系是人们为了满足某种需要，通过交往而形成的彼此间的心理关系，旅游活动中特别是旅游团队里形成的人际关系一般具有临时性和浅表性。由于人们在一个群体内的时候,更容易受到他人的情绪暗示和影响。所以,旅游者在参加一个旅游团以后,其心理和行为就会不断受到团队的心理氛围的影响。例如我们经常会发现,某一个游客开心,其他旅游者也能感染到这种愉快的情绪,全团的游客就都能积极投入导游人员组织的参观游览活动中,反之亦然。

旅游者不同的情绪体验会在团队内引起不同的人际关系。积极正面的情绪状态是形成良好旅游团内人际关系的基础和前提,旅游团内人们在心理上的距离越接近,双方就越会感到心情舒畅,情绪高涨,从而形成良性互动。例如在旅途中,导游和游客之间、游客和游客之间如果能够相互关心,彼此信任依赖,在感情上非常融洽,那么所有的人都会感受到温暖,形成良好的团队人际关系和心理氛围。反之,如果旅游团成员之间经常因为房间安排、车辆座位而发生矛盾和冲突,参观游览意见无法统一,就可能导致其心理距离的拉大,那么所有的游客都会产生不愉快的情绪体验,从而影响旅游活动的质量和心理体验。

此外,旅游从业人员的情绪状态对旅游活动中的人际关系也具有重要影响。如果导游人员的情绪是压抑的、愤怒的或者虚伪的,游客多数情况下会敏锐地觉察到,既而其情绪受到压抑,而影响客我关系。

### (五)影响旅游者的身体健康

在日常的生活中,目标和责任让人不断地前进,极有可能带来痛苦、焦虑等负面情绪状态。心理学研究表明,负面情绪持续存在和蔓延,可能会引发人的心理和生理疾病。而外出旅游在很大程度上能够使人们获得快乐体验、紧张得到松弛,由于快乐是属于情绪紧张维度的轻松一端,所以快乐体验也是一种有信心、有意义的意识状态。这种积极的情绪体验对于人们的身体和心理健康都具有重要意义。

### 任务拓展

#### "我们就是强买强卖"

2010年7月18日,12名南京游客开开心心地踏上了某旅行社组织的港澳五日游旅途。

按计划,在7月22日旅行团返回南京前,要在珠海逗留几个小时,然后再从广州乘飞机返回南京。到达珠海后,由当地的一名姓吴的女导游负责接待。她向游客告知接下来的目的地是珠宝店。

去珠宝店的路上,导游卖力地向游客推销一种含有冬虫夏草的香烟,而且很便宜,一人可以买一条,才300块,还送一包。游客不肯买,原本还和蔼温柔的女导游突然"变脸",生气地说:"今天这个烟我是一定要卖出去的。"到了珠宝店以后,游客觉得东西不好,没买就上车了,吴导游板起脸称,不买珠宝无所谓,但香烟必须买,那是旅行社给她的任务。于是便开始一系列的威胁,诸如要是不买,就把他们丢在一个荒无人烟的地方等。

看着威胁没有用,吴导游玩真的了,让司机在郊区一处农庄门口停车,把所有的游客赶下车,骂游客都是"穷光蛋"、"骗子",宣称"我们就是强买强卖"、"你们的车费、餐费都是我付的",言辞激烈。双方对峙1小时之后,最终是司机看不下去才出面将游客送到广州白云机场,但还一度遭到导游的阻拦和谩骂。

回家后,游客将吴导游谩骂游客的视频发到了网上,并向市旅游园林局质监所投诉该旅行社,质疑其推"零负团费"团,损害游客利益。

思考:

1. 导致游客投诉的原因有哪些?
2. 影响旅游者情绪的因素有哪些?

### 知识链接

手势语是人体语言重要的组成部分,是重要的无声语言。然而,不同的国别或相异的民族,同一种手势语表达的意思可能大体相同或相近,也可能截然相反。

手势不仅是人们内心情感的外化,也是个人形象的体现,为人与人之间的和睦共处发挥了语言所无法承担的功能。值得注意的是,有些手势表示积极的、向上的、健康的、肯定的意义,有些则表示消极的、落后的、不健康的、否定的意义。现在的青年男女在拍大头贴时,常会装可爱或扮酷,借助手势也是必须的,常见是"V"手势。

人们同样可以用手势表示某种强烈情绪,如崇拜或痛恨之类。这些情绪如果用口头语言表达出来,较为费力且可能后果会很糟,所以人们需要借助较为委婉的手势来表达。有些球员在进球之后,会向反对他的球迷做"嘘"的手势,或者用手指指着背后的球衣号码;有些人则会向对手炫耀,做抹脖子或枪毙的动作;在宗教领域中,借助手势来表达信念的也很多,如合十、画十字等。

手部的小动作往往也反映一个人细微的内心活动。与人交谈时,手摸脸颊常意味着犹豫,用手摸鼻子意味着有所怀疑,手托下巴撑着脑袋则可能是思维已经涣散。常双手背后的人是喜欢展示自己权威,将手插在兜里的人往往警惕性较强,不停地搓手是一个人紧张略带兴奋的征兆,而手已经很干净还不停洗手,那可能意味着患上了强迫症。吮吸大拇指、咬指甲及铅笔、用手扯自己的头发这些动作,往往可以反映一个人焦虑、内心冲突或恐惧的状态。人们在紧张或无聊时,常用手摆弄打火机、手机、火柴盒等小物件,但这些小动作会影响沟通的效果。

握拳是与摊开掌心相反的动作,在人类行为中也是较为常见的行为。在汉语成语中,"摩拳擦掌"比喻人们振奋精神,跃跃欲试;"握拳透掌"比喻愤慨到极点;其他与拳有关的成语多数表示力量、挑战、攻击等含义。

握持反射是人类婴儿时期常见的现象,吮吸、吞咽、拥抱觅食等都属于先天反射。在母体内胎儿一直呈握拳状,出生后仍然保持3—4个月。人类训练婴儿,用物件碰婴儿小手掌,他就会紧紧抓住碰他的东西,且抓得很紧,甚至可以把他的身体吊起来。有人会以为,这婴儿力气特别大。

用拳头来展示自己的力量,挑战对方,是成年男子在解决纷争时常采取的肢体动作。在日常生活中,打架的前奏往往可能会这样:挑衅的一方把手指关节扳得咯吱响,用拳头猛击另一手掌;或者靠近对方身体,用拳头或手掌推搡对方。

拳头也可以用来遏制某种强烈的情绪。悲愤流泪时,有人会紧攥双拳;紧张亢奋时,也可能会双拳紧握。如果采取握拳式的双臂交叉姿势,往往意味着这人有着强烈的防御意识,且可能对对方有较大的敌意。如果同时他的脸上还伴有双唇紧闭的微笑、斜视或者干脆露出了咬牙切齿、满脸涨红的表情,冲突可能即将爆发。

拳头还有庆祝之用。体育运动员一旦比赛获胜,常见的庆祝动作就是振臂握拳欢呼。为了获得胜利,在比赛前做这样的动作也是必要的,紧握双拳给自己或者队友加油。人们还常采取与击掌类似的动作击拳,只是力量稍轻。

# 工作任务三　旅游者情绪调节与控制

## 任务导入

### 被掌掴的客人

2017年8月26日下午4点多,狄先生从上海来到浙江某漂流景区旅游,当时他和其他游客到达了漂流的最后阶段。一位中老年工作人员要求在场几位游客转身拍照,但自己和其他游客正在打水仗没听清,"他就冲我大喊大叫,说了一些很难听的话。""我当时就和他说,'老师傅您又不是我爸爸,干吗对我这么凶',然后旁边一个小青年就指着我说'今天他就是你爸爸!'"随后双方口角升级,这名青年男子跳上狄先生所乘的船,并用手中的棍棒抽打狄先生的头,后被其他游客拉开。据狄先生介绍,对方之后打电话叫来了十几个人,争论中对方一名黑衣男子突然掌掴了自己。据景区一位工作人员的说法,漂流拍照点是景区外包的,并不属于景区管理。

26日晚间狄先生就医检查后出现了轻微的耳鸣症状。

思考:

1. 试分析旅游者的情绪特点和心理需求。

2. 如果你是导游,该如何安抚旅游者的情绪?

### 任务解析

旅游者的情绪调控主要是指旅游从业人员管理和改变旅游者情绪的过程。在这个过程中，旅游服务人员通过一定的心理策略和机制，使旅游者的情绪在生理活动、主观体验、表情行为等方面发生一定的变化。对旅游者的情绪、情感的调控与激发体现出旅游从业人员，特别是导游人员对整个旅游团的控制和管理，反映其服务水平的高低。一些刚从事旅游工作的导游人员，往往由于经验的缺乏而把"客人是上帝"、"客人永远是对的"进行教条的理解，导致实际工作中被客人牵着鼻子走，无法控制和调整旅游团中游客的情绪状态。而有经验、优秀的导游人员能够在有效控制整个团队消极情绪产生的前提下，激发游客的积极情绪。

### 相关知识

#### 一 调控旅游者消极的情绪

由于旅游者外出旅游是为了放松身心，追求一种愉悦体验，因此，调控旅游团内的消极情绪就显得非常必要。旅游从业人员要多花时间和精力去关心和了解游客的情绪状态，特别是对那些旅游团内传播意见的人要尤其关注，因为他们在很大程度上能决定全团旅游者的消极情绪的发生和发展。心理学研究表明，尽管事实和感情是两种不同性质的内容，感情代替不了事实，尽管有些事实不真实，但旅游者在旅游的过程中更容易被他人的消极情绪感染。

此外，由于旅游者来源复杂，因此不排除极少数旅游者品行不端、时时处处想占便宜。这些人在观光游览中总是在寻找各种机会和借口，一旦出现服务缺陷，他们马上就跳出来扩大事态，并且提出过分的要求和赔偿目标，不达目的誓不罢休。这不仅影响正常的旅游秩序，也会引起全团不稳定的消极情绪状态，最为严重的会导致全团乱七八糟，游程也可能被迫终止。因此，有经验的导游人员从带团那一刻起就会以敏锐的眼光观察周围的一切，同时使出浑身的本领牢牢掌握和控制整个旅游团的情绪，做到眼观六路、耳听八方。当旅游者消极情绪的苗子露出，就必须以10倍的努力、百倍的热情全力以赴地将其消灭在萌芽状态。

#### 二 激发旅游者积极的情绪

旅游者在出门旅行时，希望在旅游中获得日常生活中所缺少的新鲜感、亲切感和自豪感，同时也希望在旅游中摆脱日常生活中的精神紧张。因此，旅游服务人员应该想方设法激发旅游者积极的情绪体验。

首先，利用人际交往中的"镜子"理论，让客人对自己更加满意，使客人获得更多的自豪感。

其次，可以通过训练和改进旅游从业人员的说话的方式、速度、语调及词句的选择，让客人产生积极的情绪体验，例如，某导游在出团的时候，一个游客因小事大声质问导游人员："你到底想怎么样处理这事！"导游人员冲动之下同样大声回应道："我只想让你们（以下变为女孩特有的温柔语气）不生气，给我时间解决好这事。好吗？"说完并羞涩一笑，游客愣了一下随即大笑，问题顺利解决。

最后，培养旅游从业人员的幽默感，让他们在巧妙拒绝客人的不合理要求的同时不伤及客人的"面子"，激发旅游者的积极情绪。例如，某导游在车上给大家讲解的时候，突然有个两三岁的儿童游客大叫一声，该导游马上说："谢谢，还是我们比较投缘，一般都是那种超级歌迷、发烧友才这样尖叫呢！谢谢你的支持。"说完后他还特意走过去和那个小游客握了握手，车上的游客不禁都大笑起来，活跃了当时车上的气氛。

## 三 情绪 ABC 理论

情绪 ABC 理论是由美国心理学家埃利斯创建的。该理论认为激发事件 A（Activating Event 的第一个英文字母）只是引发情绪和行为后果 C（Consequence 的第一个英文字母）的间接原因，而引起 C 的直接原因则是个体对激发事件 A 的认知和评价而产生的信念 B（Belief 的第一个英文字母），即人的消极情绪和行为障碍结果 C，不是由于某一激发事件 A 直接引发的，而是由于经受这一事件的个体对它不正确的认知和评价所产生的错误信念 B 所直接引起的。

人的不合理观念常常具有以下三个特征。

### （一）绝对化的要求

绝对化的要求是指人们常常以自己的意愿为出发点，认为某事物必定发生或不发生的想法。它常常表现为将"希望"、"想要"等绝对化为"必须"、"应该"或"一定要"等。例如，"我必须成功"、"别人必须对我好"等等。这种绝对化的要求之所以不合理，是因为每一客观事物都有其自身的发展规律，不可能依个人的意志为转移。对于某个人来说，他不可能在每一件事上都获得成功，他周围的人或事物的表现及发展也不会依他的意愿来改变。因此，当某些事物的发展与其对事物的绝对化要求相悖时，他就会感到难以接受和适应，从而极易陷入情绪困扰之中。

### （二）过分概括化

过分概括化是一种以偏概全的不合理思维方式的表现，它常常把"有时"、"某些"过分概括化为"总是"、"所有"等。用艾利斯的话来说，这就好像凭一本书的封面来判定它的好坏一样。它具体体现在人们对自己或他人的不合理评价上，典型特征是以某一件或某几件事来评价自身或他人的整体价值。例如，有些人遭受一些失败后，就会认为自己"一无是处、毫无价值"，这种片面的自我否定往往导致自卑自弃、自罪自责等不良情绪。而这种评价一旦指向他人，就会一味地指责别人，产生怨怼、敌意等消极情绪。我们应该认识到，"金无足赤，人无完人"，每个人都有犯错误的可能性。

### （三）糟糕至极

这种观念认为如果一件不好的事情发生，那将是非常可怕和糟糕的。例如，"我没考上大学，一切都完了"，"我没当上处长，不会有前途了"，这些想法是非理性的，因为对任何一件事情来说，都会有比之更坏的情况发生，所以没有一件事情可被定义为糟糕至极。但如果一个人坚持这种"糟糕"观时，那么当他遇到他所谓的百分之百糟糕的事时，他就会陷入不良的情绪体验之中，而一蹶不振。

因此，在日常生活和工作中，当遭遇各种失败和挫折时，要想避免情绪失调，就应多检查一下自己的大脑，看是否存在一些"绝对化要求"、"过分概括化"和"糟糕至极"等不合理想法，如有，就要有意识地用合理观念取而代之。

## 任务拓展

### 错运行李按公斤赔？

2017年4月29日，广东省梅州市消费者王女士夫妇及其朋友一行6人，乘坐某航空公司执飞的广东梅县至天津的班机（经停郑州）。当晚8时多，众人到达机场后，王女士却没等到自己和丈夫两人的行李箱，经向行李问询处查问后方才得知：因为起始站工作人员的失误，导致其行李箱托运卡被错打上到郑州的乘客的名字，而行李箱已在经停站下机。

由于次日上午11时王女士夫妇二人要到港口搭乘邮轮到国外旅行，时间为6天5夜，没有行李实在不便。于是，王女士要求航空公司务必在其上船前将行李托运到天津。

该处工作人员称，郑州每日仅有一趟飞天津的航班，无法满足王女士的要求，航空公司愿意支付200元的生活补助，遭到王女士回绝。王女士通过网站查询，发现郑州当晚22时20分最后有一趟飞深圳的航班，次日6时30分深圳则有第一趟飞天津的航班，如此时间节点正好赶上其登船时间。于是，王女士建议工作人员连夜调度，对方也当即同意并开始联系相关事宜，称如无意外行李次日可准时到达。

然而，深圳机场方在次日凌晨交接班时没有衔接好，该行李最终留在了深圳，无法按时运到天津。王女士气愤之余致电航空公司客服投诉，并赶赴邻近的综合商场，利用仅有的1小时，购买了邮轮生活所必需的衣物及生活用品，然后奔赴港口，还差点错过检票时间。

6天后，王女士夫妇结束旅游重返天津机场，其丈夫便接到航空公司客服的回电，被告知该公司只能依据相关规定，按行李重量给予1600元/16公斤的赔偿。其丈夫当即表示不同意，并提出要求航空公司或事发地机场补偿其上船前夫妇二人所购必需衣物开支共约3600元，并补偿因行李问题造成的精神损失2000元。

当夫妇二人回到梅州后，机场方又约谈王女士，称除了该航空公司赔偿的1600元以外,机场方愿另外给予补偿400元。此后该航空公司也多次与之联系,但王女士认为这些方案于己不公,都拒绝了,并转而向梅州市消委会投诉。

试问你如果是航空公司投诉客服,该如何来平复王女士的怒气呢?

### 知识链接

测试 你能否体会自己的情绪?

# 项目四
# 旅游者的人格

### 知识目标

了解人格基本含义特征；

理解旅游者人格的分类、影响因素；

掌握调节旅游者行为的方法。

### 能力目标

能够认知人格；

能够判断旅游者的旅游行为；

能够熟练应用人格因素调节旅游者行为的方法。

### 素质目标

具备人格识别能力；

具备人格和旅游行为控制调节能力。

# 工作任务一　认识人格

### 任务导入

有这样一个小故事：一位老教授昔日培养的三个得意门生都事业有成，一个在官场上春风得意，一个在商场上捷报频传，一个埋头做学问如今也苦尽甘来，成了学术明星。于是有人问老教授："你以为三人中哪个更有出息？"

老教授说："现在还看不出来。人生的较量有三个层次，最低层次是技巧的较量，其次是智慧的较量，他们现在正处于这一层次，而最高层次的较量则是人格的较量。"

人的素质结构中，人格起着近乎决定性的作用。一切彻底的成功都是做人的成功，一切彻底的失败都是做人的失败。到底什么是人格？形形色色的旅游者的人格都不尽相同，这对旅游活动有什么意义呢？

### 任务解析

科学家爱因斯坦曾经说过，优秀的人格与钢铁般的意志，比智慧和博学更重要。人格心理学也是心理学领域中最吸引人也是最重要的部分，它几乎涵盖了心理学的全部内容。它大到能够揭示人的本质，小到能够体现人的言行举止。在人的素质结构中，人格起着近乎决定性的作用，人格是人的心理面的反映。心理卫生学认为，随着社会的发展，人类健康而幸福的生活越来越多地取决于人类自身的人格健康状况，而且人格的健康发展也是促进社会健康发展的一种力量。人格魅力是指一个人在性格、气质、能力、道德品质等方面具有的很能吸引人的力量。

### 相关知识

## 一　人格概述

人格具有多重含义。

在伦理道德层面是指人的道德品质（人格低下），在法律层面是指做人的资格（侮辱人格），在心理学层面也有特定的含义。

其实我们在谈到人格的时候，大概没有一个词汇像这个词汇那样不容易界定清楚。原因是人格在各个领域里面都有这个概念，比如说伦理学，比如说法学，比如说政治学、社会学，在心理学层面，人格这个词汇使用的是最广泛的，但是不同的学科有不同的定义。那么我们从心理学的角度，从心理健康的角度，怎么样来看人格这个概念？人格这个词的英文为personality，这个词的原意是指脸谱、面具，古时候在戏剧舞台上扮演某一个角色的人，他所使用的某一种面具,叫做 personal,那么把这样一个词汇用在心理学当中,想表达的是什么?其实我们从心理学的角度来看,人格是指一个人的精神面貌,就是说它包含了不同的方面。它既是一定倾向性的心理特征的总和,又是人的各种个性的一个集中体现。一般来讲,当谈到人格的时候,我们联想最多的就是它包含了气质、性格和能力。

人格这个词汇,是有非常多使用的领域,即使在心理学当中,我们用人格这个词的时候,我们也会想象到人格的这种差异以及人格的这种独特。也就是说,人心不同,各如其面,人格就像人的面孔一样,千差万别,千姿百态。有的人看上去非常活泼好动,有的人非常文静,有的人很勇敢,有的人比较怯懦,有的人很聪明,有的人很笨拙。这些差异其实都是心理学当中所研究的人格的特点。

人格即个性,在心理学领域里用个性表示个体的差异。个性是每个人所特有的心理、生理特征的有机结合,包括遗传和后天获得的成分。个性使一个人区别于他人,并可通过一个人与环境和社会群体的关系表现出来。

### 知识链接

#### 人格裂变的姑娘

试想一下,如果你的周围,有一个人,有 17 个名字、17 种不同的装扮、17 种不同的发式、17 种不同的声调和面孔、17 种不同的性格、17 种不同的生活,你会有怎样的感觉?我想,你一定会感到非常惊讶和迷惑。你首先的反应可能是不信,这太超乎我们的想象了,这能是真的吗?可是,这恰恰就是纪实体的心理分析小说《人格裂变的姑娘》中主人公西碧尔的现实。这部小说除了人名是假的,其他事情几乎都是真实、未加修饰的。主人公就是存在着 17 种不同的装扮、声调、面孔、性格和生活的那个人,活生生的人。

心理学上,把这种一个人具有多种人格的现象,称做"多重人格"。艾森克(1955)认为"个性是个人的性格、气质、智力和体格相对稳定而持久的组织,是个体由遗传和环境决定的实际的和潜在的行为模式的总和,它决定着个体适应环境的独特性"。奥尔波特(1961)认为"个性是一个人内部决定他特有的行为和思想的身心系统的动力组织"。卡特尔(1965)认为"个性是一种倾向,可借以预测一个人在给定情景中的行为,它是与个体外显的和内隐的行为联系在一起的"。

我国对个性的定义:个人在先天素质的基础上,在一定历史条件和社会实践活动中,形成和发展起来的比较稳定的心理特征的综合。即个性是人与人之间相互区别的典型的心理特征和行为特征。它强调个别差异。当代学者对个性的研究并不追求一个普遍适用的人格学说,而是折中地利用各种学说来收集各种资料,然后再从中寻求存在的模式。因此,心理学界对个性的概念目前还没有一个公认的比较完整的定义。

个性具有外显行为,在一个人身上表现于外,给人以印象的特点;个性也具有内隐的特征,表现于内,具有可以间接测得到和验证得到的特点。个性是人与人之间相互区别的典型的心理特征和行为特征。人与人之间有其共性也有差异,个性的概念强调差异。每个人都有自己独特的个性心理特征和个性心理倾向:个性心理特征主要包括气质、能力和性格;个性心理倾向指个人对客观事物的意识倾向性,主要包括兴趣、爱好、需要、动机、信念、理想、世界观等。个性心理特征和个性心理倾向这两个因素彼此联系、错综复杂地交织在一起,从而构成了人与人之间千差万别的个性。总之,个性代表了全面整体的人,是持久统一的自我,是有特色的个人,是社会化的客体。个性是对人的总的、本质的描述,它既能表现这个人,又能解释和说明这个人。

在旅游领域中,研究个性的目的是要了解旅游者行为的差异,从而可以预测旅游者的行为,并采取相应的措施,有的放矢地调节旅游者的行为。通过对个性理论的研究还可以帮助旅游企业根据旅游者的不同个性特征制定有针对性的营销策略。

## 二 影响个性形成和发展的原因

个性(人格)的形成主要受先天遗传因素、社会因素和社会实践三个方面的交互作用和影响。

### (一)先天遗传因素是个性形成和发展的基础

人们的遗传基因总是各不相同的,婴儿一出生就已从父母那里继承了一些遗传特征。这些先天遗传的特征,如个体的神经活动类型、感官特点、智力潜能、身体状况、体貌特征等,都对个性的形成起基础性的作用,直接影响人们形成不同的个性。遗传因素是个性形成和发展的前提条件,但对个性的形成并不起独立作用,也不能起决定性作用。现代心理学的研究成果认为,社会文化因素和社会实践活动在个性的形成过程中更具重要性。

### (二)社会因素是个性形成和发展的重要条件

人是具有社会性的,人都是社会人。一定的社会所形成的文化对个体个性的形成有重大的影响。在诸多影响个性形成的社会因素中,家庭环境、学校教育和社会文化是较为直接、较为重要的影响因素。

1. 家庭环境对个性的影响

家庭是儿童生活的主要场所,儿童期和青少年期是人们个性形成的关键时期,家庭生活的时间约占其全部生活时间的2/3。家庭成员中的成年人,尤其是父母的生活经验、价值观念、行为方式等都可以通过言传身教或其他潜移默化的方式影响儿童个性的形成。父母是儿童模仿的榜样,因此父母本身的个性特征也能通过言传身教直接影响子女的个性。子女的个性与父母相似,不仅仅是由于遗传的原因,家庭环境和家庭教育因素的深刻影响也起着非常重要的作用。

## 2. 学校教育对个性的影响

学校是人们接受系统教育的场所。学校教育通过教学活动,有目的、有计划地对未来社会成员施加规范性的影响。学校不仅传授文化知识,还向学生传授社会规范和道德标准,促使学生的个性向适应社会规范和价值观念的方向发展。

## 3. 社会文化对个性的影响

社会文化时时刻刻都在约束着个体的言行,塑造着适应社会文化要求的个体个性。为了更好地在社会中生存,个体在成长过程中都以各自的方式对社会的要求做出反应,这就导致了个体个性与社会文化的高度一致性。

### (三)社会实践是个性形成和发展的主要途径

个体的个性也是在不断认识客观世界的社会实践中形成的。在社会实践中,个体扮演着不同的社会角色,对社会承担相应的责任,这就促使个体在社会实践中逐渐形成符合社会要求的态度体系、行为方式等个性特征。家庭教育、学校教育和社会文化对个体的影响,为个性的形成和发展指出了方向,奠定了基础,但个体最终形成什么样的个性,还要经历各自的社会实践过程。

# 工作任务二　人格特征与旅游行为

### 任务导入

分析《西游记》中的师徒四人(见图 4-1),看看他们有何区别?

图 4-1　《西游记》中师徒四人

### 任务解析

如图4-1所示,《西游记》的四个典型的人物——唐僧、孙悟空、猪八戒和沙和尚,这四个人是一个团队,他们去西天取经,历经了许多磨难,最后修成正果。在整部《西游记》的小说和电视剧里,我们看到的是栩栩如生的、千姿百态的、有差异的个体。比如唐僧的人物特征是什么?他是一个稳重,而且深思熟虑,有目标,能坚持,对自己和对别人要求都比较高,追求完美,也很注意细节的人。孙悟空,他的特点是灵活,充满活力,敢冒险,勇敢、果断,行动力很强,有的时候比较骄傲,而且也比较自负。猪八戒的性格特点是很热情,也很奔放,很健谈,比较情绪化,有的时候也比较懒惰,比较善变。沙和尚这个人忠厚老实,沉稳,随和、镇静,做事比较细心,也很有韧性。这四个人物各有鲜明的性格特点。举这个例子其实没有好坏之分,每一个人都有自己独特的人格特点,而其人格特点又是由多项特征组成的一个整体的面貌,以区别于他人。

当代学者对个性的研究并不追求一个普遍适用的个性学说,因此,在学术界也没有被普遍接受的个性特征定义。但个性作为人的复杂心理现象,对人的行为产生着极其深远的影响。在旅游领域,旅游者和潜在旅游者的个性特征也同样与其旅游行为之间存在着十分复杂又非常密切的联系。下面从实际应用的角度,借鉴国内外心理学者的研究成果,从个性倾向、生活方式、气质等几个方面讨论各种个性特征与旅游行为之间的关系。

### 相关知识

#### 一 个性倾向与旅游行为

瑞士心理学家卡尔·荣格主张按照态度类型将人分成外倾型和内倾型两类。内倾型者感到自身具有绝对价值,在正常情况下重视自己和自己的主观世界,看待事物通常以自己的观点为准则,不善于适应社会环境和表达情绪。内倾型者倾向于自我思考,喜欢独处,沉静,畏缩,多疑,对他人存有戒心,所以这种人通常要经过反复斟酌才能下结论,不愿意发表自己的意见,愿意服从领导和他人的安排,在压力下常常会退缩。外倾型者与内倾型者相反,其性格外向,感到身外具有绝对价值,主要指向他人和外在的客观世界。其特征为注意力及兴趣外向,用客观标准评价事物,易于对外界刺激起反应。这种人善于交际,愿意发表自己的意见,适应能力强,喜欢活动,乐观开朗,易于冲动。在实际生活中,内倾和外倾是一个连续体,不是各自独立的两个极端。大多数人介于卡尔·荣格所描述的外倾型和内倾型中间,即这个连续体中的某一位置,兼有内倾和外倾的特征。内外倾理论只是为人们提供了观察个性的一种方法。

与卡尔·荣格的内外倾理论相似,美国心理学家普洛格将个性心理特征分为心理中心型与他人中心型,或安乐小康型与追新猎奇型。普洛格的研究发现,在总人口中,人们的个性心理特征几乎成正态分布,极端的心理中心型和他人中心型为少数,大多数人的个性心理特征都在某种程度上介乎于两者之间。心理中心的人以自我为中心,计较小事,患得患失,不敢冒险,而他人中心的人以他人为中心,喜欢冒险,性格外向,急于接触外界事物,乐于在生活中尝试和体验新奇。在旅游活动中,不同个性类型的旅游者在旅游行为方面也存在较大的差异。心理中心型的旅游者往往对旅游活动怀有不确定和不安全感,喜欢选择与他们居住环境相似的旅游目的地;他人中心型的旅游者喜欢单独旅行,进行文化探索,在旅游活动中寻求冒险刺激经历;占人口大多数的中间型旅游者喜欢去知名的旅游景区、景点,但并非参加探险或冒险活动。

## 二 生活方式与旅游行为

生活方式的主要方面包括一个人的兴趣、爱好、生活习惯、价值取向、行为规范、社会态度等因素。人们的生活方式的特点能反映其个性特征,同时生活方式作为一种综合性的个性特征,也与人的日常生活中的各种行为密切相关,旅游行为也不例外。具有不同生活方式的人在进行旅游决策时的表现是不相同的,例如,在决定是否出游、到什么地方去旅游、采取什么旅游方式等方面的表现是不相同的。分析生活方式的特点,有助于理解和解释持有不同生活方式的旅游者的不同旅游方式和旅游行为。美国运通公司对其旅客的分类具有很典型的效果,根据旅游者对旅游产品的反应,可以将旅游者分为以下五种基本类型。

(1) 享乐型旅行者。这类旅行者富裕并且自信,愿意花钱买舒适,愿意放纵。这些人喜欢乘游轮旅游和设有健康水疗设施的度假饭店。

(2) 梦想型旅行者。这类旅行者经常阅读和谈论旅游,但他们对自己的旅游技巧缺少信心。他们愿意到旅游指南推荐的地方旅游,愿意购买经过实践检验的包价旅游项目。

(3) 经济型旅行者。这类旅行者把旅游当作释放压力的渠道和放松的机会。即使能够支付得起,他们在服务和环境设施上的花销也会精打细算。经济型旅行者注意价格和价值。

(4) 探险型旅行者。这类旅行者年轻、自信,有独立性。他们愿意体验新事物,接触文化和人。他们愿意到南太平洋和东方旅行。44%的探险型旅行者为18岁—34岁的年轻人。

(5) 担心型旅行者。这类旅行者害怕坐飞机,旅途中做决策缺少信心。50%的这类旅行者超过50岁。他们需要那些经常旅行、有丰富经验的旅行代理帮助他们选择旅游目的地,并告诉他们如何到达那里。

根据不同旅游者在生活方式方面表现出的开放程度,还可以把生活方式划分为封闭型、半开放半封闭型和开放型。

### (一) 封闭型生活方式与旅游行为

这类人重视家庭,维护传统,渴望井然有序、舒适安宁的生活,非常注意自己的身体健康。他们不愿意参与带有任何风险的活动,喜欢清新的空气、环境优美的自然山水,不喜欢喧闹、拥挤、紧张的城市生活。这类人通常不愿意外出远游,如果旅游的话,他们一般全家一起出游,愿意比较多地待在个人或家庭的小天地里,即使在旅游过程中他们也不愿意与家庭成员以外的人有过多的交往。这类人喜欢安全、不受打扰的环境,因此选择的旅游目的地大都是环境宜人、幽静的湖滨、山庄等度假地,采取野营、垂钓、散步或其他户外休闲活动的方式在"静"中享受度假的乐趣。

针对这类人的旅游促销宣传应该突出旅游目的地的清洁与宁静,体现大自然的原始性,强调身心健康和放松性,尤其要强调有利于孩子的教育和身心成长,提供可供全家一起度假的机会和场所。

### (二) 开放型生活方式与旅游行为

这类人活跃开放、自信、外向、追新猎奇。他们乐于主动接受和尝试新鲜事物,追求时髦和潮流;希望能以各种方式更多、更深入地介入社会生活中的各个层面;热衷于社交活动,渴望能结交更多的新朋友,联络老朋友,扩大交往的范围;富于冒险精神,愿意到遥远陌生的旅游目的地去体验全新的生活方式和经历;他们最感兴趣的不是旅游工作者推荐他们去的地方,而是旅游工作者不让他们去的地方;他们乐于寻求有刺激性的旅游项目,希望在"动"中获得享受,得到满足。

针对这类人的旅游促销宣传应该突出新奇和刺激,体现神秘和独创性,强调经历和体验,显示时髦和新潮。

### (三) 半开放半封闭型生活方式与旅游行为

这类人兼有封闭型和开放型生活方式的特征,只不过有些人偏向封闭型,有些人偏向开放型。这类人的大部分希望生活安定有序,但又不满足于年复一年单调的生活,既要休养生息,又想丰富自己的见闻,他们既希望能在新鲜感方面得到满足,又希望能在安宁和幽静中获得休闲的乐趣,得到身心的放松。因此这类人也都希望在一定时期内能有机会外出旅游一次,以求得到放松和休整,以求开阔眼界,增长见识。这些人追求的是"动"与"静"的结合,希望能在"动""静"相间中得到平衡。

现代人随着生活水准的不断提高,生活方式也在逐渐发生变化,其趋势是从封闭型向开放型转化,同时日常生活节奏的加快使人们普遍感到身心紧张,这就使人们在旅游中又倾向于求"静",期望以"静"来平衡日常生活中过多的"动"。另外,随着个人经济实力的增长和社会整体物质条件的改善,人们的旅游观念也在改变,人们变得更活跃,更自信,对未来的经济充满信心,加之信用卡等现代化支付手段日见普及,这些生活方式的变化必然会影响人们的旅游决策和行为。旅游企业和旅游工作者一定要充分认识到生活方式的变化对旅游行为的影响,做好准备有的放矢地开发新的旅游产品,制定旅游促销和旅游策划策略。

## 三 气质与旅游行为

### (一)气质概述

1. 气质概念

气质是指个人的心理活动和行为在动力学方面的特征,特别是在情感与动作中的特征。一个人的气质,具有极大的稳定性,它与先天因素有关,具体地说,是与人的神经系统的类型有关。但也不能一概而论,人可以培养好的个性去掩蔽气质的不足。

2. 气质类型及其行为特征

两千五百多年前,古希腊医生希波格拉底(Hipporates)根据人体内四种体液(黏液、黄胆汁、血液、黑胆汁)分布的多寡(气质在希腊语和拉丁语中的原意是比例和关系的意思),把人划分为四种气质类型,并提出了气质类型的特点(见表4-1)。

表4-1 气质的四种类型及其行为特征

| 神经类型 | 气质类型 | 行为特征 |
| --- | --- | --- |
| 强、不平衡型 | 胆汁质 | 直率,热情,精力充沛,情绪易冲动,心境变化激烈,外倾 |
| 强、平衡、灵活型 | 多血质 | 活泼好动,敏感,反应迅速,爱与人交往,注意易转移,兴趣易变换,外倾 |
| 强、平衡、不灵活型 | 黏液质 | 安静,稳定,反应迟缓,沉默寡言,情不外露,注意稳定,善于忍耐,内倾 |
| 弱型 | 抑郁质 | 孤僻,行动迟缓,情绪体验深刻,善于觉察细小事物,内倾 |

1) 胆汁质

(1) 特点。

感受性低;耐受性高;外倾性明显;情绪兴奋性高;控制力弱;反应快但不灵活。心理特点:直率热情、精力旺盛、容易冲动、情绪变化剧烈、脾气暴躁、外向。

(2) 典型表现。

胆汁质又称不可遏止型或战斗型。具有强烈的兴奋过程和比较弱的抑郁过程,情绪易激动,反应迅速,行动敏捷,暴躁而有力;在语言上、表情上、姿态上都有一种强烈而迅速的情感表现;在克服困难上有不可遏止和坚韧不拔的劲头,而不善于考虑是否能做到;性急,易爆发而不能自制。这类人的工作特点带有明显的周期性,埋头于事业,也准备去克服通向目标的重重困难和障碍。但是当精力耗尽时,易失去信心。

这类人适合做刺激性大而富于挑战的工作。如节目主持人、推销员、演员、试飞员等，但不适合整天做办公室或不走动的工作。

旅游活动中这类人的主要表现为说话直率，不顾场合，头脑简单，四肢发达，容易发火且难以平息。在宴席上多充好汉，喜欢与人争论且好胜心太强，好被人利用。在游览中常被导游人员生动的讲解吸引，并不由自主地发出赞叹声。在排队等候时比别人显得更不耐烦。做决策快后悔也快，冲动购物，不精挑细选，办事粗心，常丢三落四。

(3) 旅游接待技巧。

充分尊重他们，注意避免和他们做无所谓的争论，更不要激怒他们，万一出现矛盾应避其锋芒。不要计较他们不计后果的冲动言语；为他们办事尽可能迅速；适当时候应提醒他们不要遗忘物品。

2) 多血质

(1) 心理特点。

热情、适应性强、喜欢交际，精神愉快，机智灵活，注意力易转移，兴趣易改变，外向，不愿做耐心细致的工作。适宜做多样化、要求反应迅速而灵活的工作。如导游人员、推销员、节目主持人、演讲者、外事接待人员、演员、市场调查员、公关销售员等。

(2) 典型表现。

①活泼好动，喜欢参与变化大、刺激性强、花样多的活动；反应快，理解力强，显得聪明伶俐，但喜新厌旧。

②对人热情大方，喜欢与人交往，很快熟悉并成为朋友。但这种友谊常多变而不深厚。对人的喜好等情感均流露在外。经常容易成为团体中的小头目，代表大家发言。

③做事经常改变主意，在商场买东西容易退货。

(3) 旅游接待技巧。

①充分运用其小头目的特点，使其成为自己的得力助手。在可能的情况下，注意不要不理他们，以满足其爱交际的特点；与其交往不要过分认真，他们许愿多落实少，不要太信任他们。

②与其谈话不要过多重复，以免他们会不耐烦。

③主动给他们介绍娱乐活动场所，以满足他们喜欢活动的特点。

④在商场买东西容易退货，应耐心做好解释工作，在餐厅应介绍他们吃新款式的食物，每天的菜单应有变化。

3) 黏液质

(1) 心理特点。

稳重，考虑问题全面，安静、沉默，善于克制自己、善于忍耐。内向、注意力稳定而不容易转移。这种人适合做重复性强、有耐性、需要细心谨慎的工作,如客房服务、文秘、行政主管、收银员、审计、文字校对、品质检测、珠宝鉴赏、手表制造修理、切工出色的厨师、播音员、话务员、调解员等。

(2) 典型表现。

①喜欢清静的环境,不活泼好动,很少主动与人交往。

②感情很少外露,面部表情不丰富,不容易受感动,常给人一种捉摸不透难以接近的感觉,讲话慢条斯理,显得深思熟虑。

③很少发脾气,自制力强,做事不慌不忙,不做无把握的事。

④生活有规律,很少打乱,反应慢,总希望导游人员讲话慢些。

⑤注意力稳定,不容易转移,对新环境适应慢,一旦适应又留恋,经常有"怀旧"情感。

⑥买东西只认牌子不认货,习惯购买以往使用过牌子的产品。就餐也喜欢熟悉的食品,对新花样的菜式很少感兴趣。

(3) 旅游接待技巧。

①在可能的情况下,安排住房要尽量选较为僻静的环境。

②对他们讲话要尽量慢一点或有必要重复;不与之过多交谈,如有必要应简单明了,不要滔滔不绝。

③选商品时允许他们做长时间的比较、考虑,不要过多催促。他们不会盲从,自己有主见,一旦定好的事不必劝说。

4) 抑郁质

(1) 心理特点。

沉静,对问题感受和体验深刻持久;情绪不容易外露;反应迟缓但是深刻;准确性高。这类人适合需要细心观察和感受的工作(不适合做与各色人物打交道、变化多端、大量消耗体力和脑力的工作)。如护士、心理咨询员、幼儿教师、检查员、雕刻工作、刺绣工作、保管员、机要秘书、艺术工作者、哲学家、科学家。

(2) 典型表现。

①感情很少外露,心里有事一般不愿意对别人说,宁愿自己想,碰到挫折或失败时内心非常痛苦,与别人发生矛盾后会长时间不能平静。

②性情孤僻,腼腆,喜欢独处和安静的环境,不爱凑热闹,多愁善感,敏感多疑,不喜欢在公开场合大声言笑。

③情感体验丰富,自尊心强,敏感多疑,想象丰富。

④讲话慢,啰嗦,生怕别人听不懂。

（3）旅游接待技巧。

①注意十分尊重他们，对他们讲话要清楚明了，不要一词多义，不要随便与他们开玩笑，不能在他人面前对其随意评价，以免引起误会和猜疑。

②当他们有困难或挫折时应特别注意关心、帮助、安慰他们，在整个旅游过程中也随时关照但不打扰他们。

③在可能的情况下，安排住房要尽量选单间或较为僻静的环境。临时变换餐位或房间时一定要讲清理由，以免引起不满意和猜疑。

④与他们说话，态度要温和诚恳，听他们讲话不要露出半点不耐烦。

## （二）巴甫洛夫高级神经活动的类型学说

俄国生理学家巴甫洛夫创立的研究高级神经活动的学说，又称高级神经活动学说。他认为可以根据神经系统的一些基本属性的复合把动物和人的高级神经活动划分为几种不同类型，他证明，大脑皮层有两种最基本的神经过程，即兴奋和抑制。这两种基本神经过程具有强度、平衡性和灵活性三种属性。它们的不同组合可以构成多种神经类型，但最常见的有四种：①弱型；②强而不平衡型；③强而平衡灵活型；④强而平衡惰性型。这四种类型分别相当于古希腊希波克拉底的四种气质，即抑郁质、胆汁质、多血质、黏液质。

这四种神经活动类型，恰恰与希波克拉底所划分的四种气质类型相对应。

胆汁质相当于神经活动强而不均衡型。这种气质的人兴奋性很高，脾气暴躁，性情直率，精力旺盛，能以很高的热情埋头事业，兴奋时，决心克服一切困难，精力耗尽时，情绪又一落千丈。

多血质相当于神经活动强而均衡的灵活型。这种气质的人热情、有能力，适应性强，喜欢交际，精神愉快，机智灵活，注意力易转移，情绪易改变，富于幻想，不愿做耐心细致的工作。

黏液质相当于神经活动强而均衡的安静型。这种气质的人平静，善于克制忍让，生活有规律，不为无关事情分心，埋头苦干，有耐久力，态度持重，不卑不亢，不爱空谈，严肃认真；但不够灵活，注意力不易转移，因循守旧，对事业缺乏热情。

抑郁质相当于神经活动弱型，兴奋和抑郁过程都弱。这种气质的人沉静，易相处，人缘好，办事稳妥可靠，做事坚定，能克服困难；但比较敏感，易受挫折，孤僻、寡断，疲劳不容易恢复，反应缓慢，不图进取。

心理学研究证明，典型的单一气质的人不多，绝大部分的人都是两种或两种以上气质的混合型。气质类型无所谓好坏，对之一般不做道德评价。任何一种气质类型在一种场合下可能具有积极意义，而在另一种场合下可能具有消极意义。

气质不能决定一个人活动的社会价值和成就高低，但影响活动进行的性质和效率。

在生活中大多数人的气质类型表现为"混合型"。人的气质由于受先天因素和后天的生活实践及教育的影响,所以是很复杂的。在生活中,我们可以遇到以上四种气质的典型代表人物,但这只是少数。多数人往往以一种气质为主兼有其他类型的气质的特点。气质类型本身没有好坏之分。各种气质类型都有积极和消极的一面,具有两重性。我们要注意发展气质积极的一面,而抑制其消极的一面。

### (三) 气质与旅游行为

分析游客不同气质的表现,对进一步了解游客并在工作中照顾到他们的不同气质特点是有帮助的。

#### 1. 急躁型游客的旅游行为

急躁型相当于胆汁质。这种类型的游客由于感情外露,碰到问题容易发火,一旦被激怒,就不易平静下来。在接待服务工作中,我们应当根据急躁型游客的特点,注意不要激怒他们,不要计较他们有时不顾后果的冲动言语。万一出现矛盾应当避其锋芒。

#### 2. 活泼型游客的旅游行为

活泼型相当于多血型。活泼型的游客表现为活泼好动,喜欢参与变化大、刺激性强的、花样多的活动。接待活泼型的游客应当在可能的情况下同他们交谈,不能不理睬他们,以满足他们爱交际、爱讲话的特点。在与他们谈话中不应有过多的重复,否则他们会不耐烦。

#### 3. 稳重型游客的旅游行为

稳重型相当于黏液质。稳重型的游客平时表现安静,喜欢清静的环境。在接待他们的过程中应当注意在安排住房时尽量选择一些较为安静的地方,不要安排靠近电梯旁和附近有很多青年人或有小孩吵闹的地方,以满足他们爱清静的特点。

#### 4. 忧郁型游客的旅游行为

忧郁型相当于抑郁质。忧郁型的游客感情很少向外流露,心里有事情一般不向外人讲,宁愿自己一个人想,表现羞涩,性情孤僻,不合群,很少到热闹的场所去。

## 四 性格与旅游行为

### (一) 性格概述

#### 1. 性格的含义

"性格"一词在希腊语中的意思是"雕刻的痕迹"。现代心理学家比较一致的观点是:性格是指人对现实稳定的态度(做什么)以及与之相适应的习惯化了的行为方式(怎么做)方面的具有核心意义(即与社会关系最密切)的个性心理特征。性格是一个人个性中最重要、最显著的心理特征,是指个人对现实态度及行为方式方面的比较稳定而且具有核心意义的个性心理特征,对此定义我们可以从以下三个方面加以理解。

首先,性格表现在一个人对现实的态度和行为方式之中,人对现实的态度和与之相应的行为方式的独特结合,就构成了一个区别于他人的独特性格。

其次,性格是一个人独特的、稳定的个性特征,并在人的行为中留下痕迹,打上烙印。

最后,性格是一个人具有核心意义的个性特征。性格由于具有社会评价的意义,所以它在个性中占有一个核心的地位。

2. 性格特征的分析

性格特征就是指性格各个不同的方面的特征,主要有以下四个方面。

(1) 性格的态度特征。

主要是在处理各种社会关系方面的性格特征。主要有:对社会、集体和他人的态度的特征;对工作和学习的态度的特征;对自己的态度的特征等。性格的态度特征对社会、集体、他人的态度方面的积极特征表现为爱祖国、关心社会、热爱集体、有社会责任感与义务感、乐于助人、待人诚恳、正直等。消极的特征表现为不关心社会与集体、缺乏社会公德、为人冷漠、自私、虚伪等。

性格的态度对学习、劳动和工作的态度积极特征表现为认真细心、勤劳节俭、富于首创精神等。消极的特征表现为马虎粗心、拈轻怕重、奢侈浪费、因循守旧等。

性格的态度对自己的态度积极特征体现为严于律己、谦虚谨慎、自强自尊、勇于自我批评等。消极特征体现为放任自己、骄傲自大、自负或自卑、自以为是等。

(2) 性格的意志特征。

这是指人在对自己行为的自觉调节方式和水平方面的性格特征,主要有:对行为目的明确程度的特征;对行为的自觉控制水平的特征;在长期工作中表现出来的特征等。在紧急或困难条件下表现出来的意志的特征,如勇敢或胆小,果断或优柔寡断,镇定或紧张等。对自己做出决定并贯彻执行方面的特征,如有恒心与毅力,坚韧不拔或见异思迁、半途而废;坚持或动摇;有原则性的灵活应变或顽固执拗等。对行为目标明确程度的性格特征,如独立性或冲动性,目的性或盲目性,纪律性或散漫性。对行为自觉控制水平的意志特征,如自制或任性,善于约束自己或盲动。

(3) 性格的情绪特征。

这是指人在情绪活动时在强度、稳定性、持续性和主导心境等方面表现出来的性格特征。主要有:情绪强度特征;情绪稳定性特征;情绪持久性特征;主导心境特征等。性格的情绪特征指一个人在情绪活动中经常表现出来的强度、稳定性、持久性以及主导心境方面的特征。表现为人的情绪对工作和生活的影响程度和人的情绪受意志控制程度。有人情绪反应强烈、明显、易受感染;有人反之。

情绪稳定性方面主要表现为情绪的起伏和波动程度。情绪持久性方面指情绪对人身心各方面影响的时间长短。有的人情绪产生后很难平息,有的人情绪虽来势凶猛但转瞬即逝。不同的主导心境反映了主体经常性的情绪状态。如有的人终日精神饱满、乐观开朗;有的人却整日愁眉苦脸、烦闷悲观等等。

(4)性格的理智特征。

性格的理智特征,是指人在认知过程中的性格特征。主要有:感知方面的性格特征;记忆方面的性格特征;想象方面的性格特征;思维方面的性格特征等。性格的理智的含义是指一个人用以认识、理解、思考和决断的能力(非指清醒、冷静、合乎实际的思维)。理智特征指个体在认知环节中体现出的长期心理状态,如人们在感知、记忆、思维等认识过程中表现出来的差异就是性格的理智特征。在感知方面分为被动感知型(易受环境刺激的影响、易受暗示),主观观察型(自己有主见且不易被环境刺激干扰),详细罗列型(特别注意细节),概括型(更注重事物的一般特征和轮廓)等等。有的人观察精细,有的人观察疏略;有的人观察敏锐,有的人观察迟钝。在思维方面有的人善于独立思考(独立思考型),有的人喜欢人云亦云(盲目模仿型);有的人善于分析、抽象化,有的人善于综合、概括。在记忆方面有的人记忆敏捷,过目成诵,有的人记忆较慢,需反复记忆方能记住;有的人记忆牢固且难以遗忘,有的人记忆不牢且遗忘迅速等。在想象方面有的人想象丰富、奇特,富有创造性,有的人想象贫乏、狭窄;有的人想象主动,富有情感色彩,有的人想象被动、平淡寻常等等。

在以上四个方面的性格特征中,最主要的是性格的态度特征和性格的意志特征,其中又以性格的态度特征更为重要。

性格的上述各个方面的特征并不是孤立的,而是相互联系着的,在个体身上结合为独特的统一体,从而形成一个人不同于他人的性格。这正是性格一词的本来的含义。

## (二)性格与旅游行为

性格是个性中最核心的内容,它是决定旅游行为倾向重要的心理特征。对性格的分析研究有助于我们揭示和掌握旅游者旅游活动的规律和特点。

1. 性格特征与旅游行为

对一个人性格的了解,不仅有助于解释和掌握他现在的行为,而且还可以预见他未来的行为。由此可见,了解游客的性格特征与旅游服务工作的相互关系的意义主要体现在两个方面:一方面,有助于引导、控制游客的行为;另一方面,有助于创造适宜的活动环境,使之与游客的性格倾向尽量吻合,尽量避免在服务工作中出现不和谐乃至对立的局面。

2. 性格类型与旅游行为

(1)理智型和情绪型。这是按照游客是理智还是情绪占优势来划分的。理智型的人,常以理智来评价一切,并用理智来控制自己的行为,遇到问题总与人讲事实、讲道理。情绪型的人,情绪体验深刻,不善于进行理性的思考,言行易受情绪的支配,处理问题喜欢感情用事。

（2）独立型和顺从型。这是按照游客的独立性的程度来划分的。独立型的人,其独立性强,不易受外界的干扰,善于独立发现问题,并能独立地解决问题,在紧急情况下表现出沉着、冷静。顺从型的人,其独立性较差,容易不加批判地接受别人的意见,人云亦云,自己很少有主见,在紧张的情况下,常常表现得惊惶失措。

（3）外向型和内向型。这是按照游客生活适应方式来划分的。外向型的人,性格外向,情感容易流露,活泼开朗,好交际,对外界事物比较关心。内向型的人,性格内向,比较沉静,不爱交际,适应环境也比较困难。

### 3. 性格的测量与判断

心理学常用的性格测量与判断的方法有以下三种。

（1）言行评定法,即结合对他人知觉的途径部分内容来判断旅游者性格的方法。

（2）量表测量法(问卷法)。

（3）投射测验,即让被试者通过一定的媒介建立自己的想象世界,以显露其个性特征的一种性格测试方法。

如诸葛亮的识人术:问之以是非而观其志。对某件事要求对方做出善的或恶的判断,从中看出他的志向。如周恩来"为中华之崛起而读书"的誓言。如穷之以辞辩而观其变:通过出其不意的问答来观察其应对突然问题或事件的应变能力。话说纪晓岚等大臣在朝房等候乾隆帝来议事,久等不来,他就对同僚说:"老头子怎么迟迟不到?"这话正好被走来的乾隆帝听到,便厉声问:"什么是'老头子'?"在众人吓得战栗之际,纪晓岚却从容不迫地回答:"万寿无疆之谓老,顶天立地之谓头,父天母地之谓子。"乾隆帝听后转怒为喜。如咨之以计谋而观其识:通过询问计谋来了解其学识的真伪、广窄等。如告知以祸难而观其勇:突然告诉一个人说大难降至,通过观察他的表现是否勇敢。当然最好的办法还是让他亲自经历灾难,只有在这个过程中的表现才是最真实的。如醉之以酒而观其性:使他喝醉,从中看出他的本性——"酒后吐真言"。喝醉酒就胡言乱语、信口开河、乱开承诺支票的人是怯懦型,有消极的倾向,常见怀才不遇或不满现状;醉后会哭的人,个性消极,自卑感重,在日常生活上曾遭受严重的鄙视或有许多委屈;醉后就睡的人,是属于理智型之人,平常不喝酒时颇懂得自我约束,言行也少逾矩;酒后喜欢唠叨、争吵,甚至会动手打架之人,平常情绪不稳,是处在长期的时运不济,或屡遭挫折、不顺的际遇下,属于怀才不遇的典型;喝酒喜欢划拳助兴之人,是孤独寂寞型的人,常会有情绪性的孤寂感,所以借由划拳酒令等肢体语言来排遣寂寞感,这样的人也会借由忙碌的工作来忘却烦恼与寂寥。

## 工作任务三　人格结构与旅游行为

任务导入

### 教养方式与个体人格

心理学研究发现,很多成年人在个人生活中遇到的问题和困扰,都不是成年后的生存环境造成的,而是来源于童年时期在家庭中所受的影响和限制。也就是说,真正困扰我们的并不是我们成年后遭遇的环境和事件,而更多的是在成年后遇到人、事、物时,大多数人仍旧使用幼年时学会的,那些固有的、习惯的应对方法和模式。这些方法和模式隐藏在潜意识深处,就像一首首熟悉的老歌,不断响起。它们有的依然有效,有些已经过时。如果我们未曾好好地检视、梳理儿时的经历对我们的影响,那可能早年习得的旧习惯还在悄无声息地掌控着我们的内在心理和外在行为。

生理营养是指肉、蛋、奶、水果、水(这是中国家庭最重视的内容)等。

心理营养是指爱、安全感、自尊、自信等等,而这些常被忽视。很多人因为到现在一直没有"吃饱",带着压抑和饥渴长大,学习、工作、结婚生子、生活常出问题。

父母的功能良好是家庭给予孩子足够的心理营养的基础,家庭是分阶段影响人的,0—7岁最关键。心理营养充足的表现为:①情绪稳定,是否经常情绪化;②人际关系良好;③无偏差行为,语言或行为上不伤害自己或他人。如果个体没有得到足够的心理营养,他每天想做的事就是想方设法得到更多的心理营养,而无心学习或观察人际交往的技巧等。

0—3个月心理营养关键词:接纳、重要。如果婴儿从父母那儿得不到上述两个满足时,婴儿即便是长大、成人也会特别"黏人",其一生都会不断地寻找能够成为他的"重要他人"的人。

4—36个月心理营养关键词:安全感。此阶段若没有过好,孩子就会有"分离焦虑",如入幼儿园困难,长大后进入一个新环境就焦虑。"分离焦虑"的人遭受失恋的打击会特别大,甚至会自杀。

现实中有的人控制欲特别强(喜欢别人按照自己的意志行事),否则就不高兴,也是缺乏安全感的原因。

4—5岁心理营养关键词:肯定、赞美、认同。这一阶段父亲产生的主要影响有:人生价值观;自我意识中会思考如我可爱吗、我有价值吗等。另外一点就是给孩子形成性别认同,而这是妈妈怎么辛苦也做不到的。如果家庭没有给予孩子这些营养,孩子会产生自卑、无价值感,他们很在乎别人怎样看他,最恨、最气别人贬低、训斥他,最需要别人的肯定,甚至有可能会变成同性恋患者。

有的人长大后无论财富多少、地位多高都不满足。有人会极端地无私奉献,他们的自尊心比一般人强,虚荣心强,不好开玩笑,他们会怀疑别人"影射"自己。而他们也更容易被花言巧语迷惑。

6—7岁:孩子处于模仿时期,榜样的作用很关键,父母要以身作则,做好孩子的榜样,这一阶段家长应对问题的方式会影响孩子的应对方式,家长们要教会孩子如何处理人际关系,如何处理生活中的难题,包括态度、方法等,如何处理情绪,比如"追星族"的形成。

父母首先需要剖析自我行为,是否给孩子带来了积极健康的行为习惯,是否给予足够的心理营养。如果父母没有给予孩子足够的心理营养,个体就不知道怎么爱自己和与自己和谐;烦躁不安、担心恐惧;或自卑或傲慢;喜欢控制别人;遇事容易把责任推到别人身上;对别人期望太高,喜欢别人按照自己的想法去做;盲目攀比…会降低并消耗大量的本可以用于工作、学习的生命力,并很可能要用一生的时间去寻找心理营养来弥补。如果在18岁至25岁之前出现问题,要做家庭治疗,由爸爸妈妈继续提供心理营养。若在25岁之后出现问题,便要自己给自己心理营养(自己做自己的"好父母",不要怨恨父母)。

因为父母也曾经是孩子,他们的错误模式也是从他们的父母身上无意识地学到的。天下没有父母是不爱自己的子女的,他们在任何时候都是在他们的能力范围内做他们认为对你最好的事,即便那件事情日后被证实是错误甚至愚蠢的决定。

我们要学做自己和孩子的"好父母",看书、学习、爱与宽恕是最根本的!

### 任务解析

影响人格的形成的基础就是遗传因素。对双胞胎的研究证明:几乎所有的人格特质都受遗传的影响。包括容貌、体形、气质、性格、智力、兴趣、疾病(甲亢、抑郁症)。

其原生家庭环境与早期童年经验也是非常重要的条件,是人能否与自己和谐的最重要因素。人们常说"父母是孩子的启蒙老师"。家庭造就孩子,家庭是个体最早接触的成长环境,被称为"制造人格的工厂",决定一个人的基本人格。

那么我们怎么去了解一个人的人格,我们怎么样去测评一个人的人格,在心理学当中有很多的方法。较常见的一种是自陈式问卷,见得比较多的是卡特尔16种人格因素问卷、艾森克人格问卷、明尼苏达多项人格测验,还有MBTI职业性格测试,我们通过对问题的回答,然后去做一些相应的处理来得出、了解、描述一个人的性格特征。当然我们知道,在这种文字的自陈式的回答当中,可能会有一些问题,就是有的时候可能会有一种所谓的社会称许性,就是说这个问题确实是这样,可是他认为社会会觉得这样不好,所以他就不这样回答。所以会使得人格测试的真实性受到质疑。

在人格测量当中还发展出一种方法叫投射测验。给你一些卡片,一些画面,并不说什么,让你看,而这种投射测验通过这样一些模糊的刺激,让你去描述这个卡片上的人,或者那些刺激物让你感觉到什么。其实投射出来的说的是自己的故事,可以通过这样一个间接的方式去了解人。

## 相关知识

### 一 研究人格的意义

我们研究人格、关注人格是有现实的重要意义的，因为人格影响人生的成就。例如，美国有一个心理学家叫特尔曼，他和他的团队从事过长达50年的人格纵向研究。他们从1921年开始，对1528名智力超常的儿童进行了为期50年的大规模的追踪研究。这个追踪研究的目的是想看这些智力超常，也就是高智商的孩子，经过了50年的人身历练、锻炼和成长生活，评估他们50年以后的成就，看一看智商对于一个人的成就到底会带来什么样的影响。结果发现，这些智商非常高，所谓的超常儿童，他们的智商都在140分以上。我们知道正常的IQ范围是90到110分，呈正态分布，超过130分以上就是超常儿童，超常就是高智商。那么超过140分的天才儿童，他们50年以后，并非都成了成功人士，有一些人可能平平庸庸，发现高超的智商并没有在个人发展的事业成功的方面带来更多的保证。

特尔曼对其中的800人进行了分析，其中卓有成就者大概占到八分之一，特尔曼进一步地分析造成成功与否的原因，他们把高智商者分成两组，高成就组和低成就组，比较他们之间的差异。结果发现这两组人的差异不在智商，而在于人格。成就高的，也就是高成就组的人，他们在谨慎性、进取心、坚持性、坚韧性等人格特征上，要明显地高于那些低成就组的成员。也就是说，其实都是高智商者，而高的智商为他们在社会上生存打拼提供了智力的保障，但是它并不是成功的唯一因素，真正能否成功不是取决于你的智商的高低，而在于你的人格品质上的差异。高成就组的人，当自己有明确的目标，面对困难的时候不放弃，持之以恒，不断地追寻，不断地调整，然后达到目的，成为他自己想成为的那样的人。可能那个低成就组的人，他遇到困难之后，可能就退缩了，就绕道走了，或者换一条路走了，所以他很难真正地持之以恒去成就自己的事业。

所以我们可以看到，研究人格，其实很有意义，它不仅影响我们的健康，还影响我们人生的成就以及满足感。良好的人格特征，就是乐观、自尊、开朗、热情、宽容、独立、执着、充满希望、积极、主动，这样的人在生活当中，无论是顺境还是逆境，他都可以开拓进取。人格影响一个人的健康，影响一个人潜能的开发，影响一个人的活动的效率，影响一个人对社会的适应，当然也影响一个人的成就。我们需要了解人格的真谛，塑造人格的魅力，表现出人格的力量，展示人格的风采，矫治人格的障碍，让每一个人尽展自己独特的人格的风采。

人格研究的意义，不仅仅作用于我们个人，人格也会影响到整个社会的文明进步和谐和发展。英国的社会学家英格尔斯曾经在他所著的书当中有这样一段话，他说一个国家，只有当它的人民是现代人，它的国民从心理和行为转变为现代的人格，现代政治、经济和文化管理机构中的工作人员都获得了某种与现代化发展相适应的现代性，这样的国家才可以真正称之为现代化国家。我们的国家在向现代化迈进，我们的国家在不断地发展和进步，那么人格的现代化是社会、国家现代化发展和成功的先决条件。所以我们研究人格，不仅仅对于个人来讲可以成就事业，增进心理健康，对于国家，对于社会，对于民族来讲，都是一个极其有意义的重要的事情。

首先,从事旅游服务工作,对旅游者人格的研究,可以使我们更好地理解为什么不同的旅游者对不同的旅游活动会有不同的态度和选择倾向。其次,可以帮我们了解不同人格类型的旅游者所喜欢的旅游活动的内容和适合的旅活动方式等,以此作为旅游企业有针对性地开展旅游活动的依据。最后,能对旅游者进行归纳和分类,可以发现各种人格类型的旅游者所具有的共同的选择倾向和行为特征,对此进行宏观数量的分析,有助于了解旅游客源的分布情况,发现主要的客源市场。

## 二 人格理论

### (一)弗洛伊德的人格结构理论

弗洛伊德(Freud)1856年5月6日出生于捷克东部的摩拉维亚,4岁时随家迁居维也纳。1873年入维也纳医学院学习,1881年毕业开始行医。对其理论的形成影响最大的是1885年用四个半月的时间跟沙科学习,沙科曾说过一句话:某些病人的障碍都有其性的基础。1886年开设自己的私人诊所,专门治疗神经症。1896年后,开始形成性本能论,1923年《自我和本我》一书的发表,标志着精神分析理论框架的形成。

在弗洛伊德的学说中,人格被视为从内部控制行为的一种心理机制,这种内部心理机制决定着一个人在一切给定情境中的行为特征或行为模式。弗洛伊德认为完整的人格结构由三大部分组成,即本我、自我和超我。

所谓本我,就是本能的我,完全处于潜意识之中。本我遵循"快乐原则",它完全不懂什么是价值,什么是善恶和什么是道德,只知道为了满足自己的需要不惜付出一切代价。

自我是面对现实的我,它是通过后天的学习和环境的接触发展起来的,是意识结构的部分,自我是本我和外界环境的调节者,它奉行现实原则,它既要满足本我的需要,又要制止违反社会规范、道德准则和法律的行为。

超我,是道德化了的我,它也是从自我中分化和发展起来的,它是人在儿童时代对父母道德行为的认同,对社会典范的效仿,是接受文化传统、价值观念、社会理想的影响而逐渐形成的。它由道德理想和良心构成,是人格结构中专管道德的司法部门,是一切道德限制的代表,是人类生活较高尚行动的动力,它遵循理想原则,它通过自我典范(即良心和自我理想)确定道德行为的标准,通过良心惩罚违反道德标准的行为,使人产生内疚感。

弗洛伊德认为,本我、自我和超我三者之间相互作用、相互联系。本我不顾现实,只要求满足欲望,寻求快乐;超我按照道德准则对人的欲望和行为多加限制,而自我则活动于本我和超我之间,它以现实条件实行本我的欲望,又要服从超我的强制规则,它不仅必须寻找满足本我需要的事物,而且还必须考虑到所寻找的事物不能违反超我的价值观。因此,在人格的三个方面中,自我扮演着难当的角色,一方面设法满足本我对快乐的追求;另一方面必须使行为符合超我的要求。所以,自我的力量必须强大到能够协调它们之间的冲突和矛盾,否则,人格结构就处于失衡状态,导致不健全人格的形成。

对一个心智健全的人而言,本我、自我和超我这三大系统是和谐统一的整体,它们的密切配合使人能够卓有成效地展开与外界环境的各种交往,以满足人的基本需要和欲望,实现人的崇高理想与目的。反之,如果人格的三大系统难以协调、相互冲突,人就会处于失常状态,内外交困,活动效率也随之降低,甚至危及人的生存和发展。

弗洛伊德认为,人格结构不是一种静态的能量系统,而是一种动态的能量系统,它一旦形成,便处于不断的运动、变化与发展之中。

1. 早期的"二部人格结构"说

弗洛伊德早期的人格结构属于以无意识为主的无意识、意识二部结构。最初,弗洛伊德认为人格结构是由无意识和意识两个层次构成的,即意识层和无意识层。他说:"精神分析的第一个令人不快的命题是心理过程主要是无意识的,至于意识的过程则仅仅是整个心灵的分离的部分和动作。"弗洛伊德强调人的心理过程主要是无意识,而意识的过程则是由无意识的过程衍生的,但因为它的意识层又包括前意识层,所以实际上他把人格分为无意识、前意识和意识三个层次。

弗洛伊德认为,意识是人的心理状态的最高形式,它控制无意识,使无意识留在最底层。

2. 晚期的"三部人格结构"说

弗洛伊德在《自我与伊底》(1923年)中提出了新的"三部人格结构"说,即认为人格是一个整体,这个整体包括三个部分即本我、自我和超我。这三个部分互相影响,在不同的时间对个体行为产生不同的支配作用。

弗洛伊德对本我、自我、超我的相互依存、相互冲突的关系,以"一仆三主"来生动地予以比喻:"有一句格言告诫我们,一仆不能同时服侍两个主人,然而可怜的自我却处境更坏,它服侍着三个严厉的主人,而且要使它们的要求和需要相互协调。这些要求总是背道而驰并似乎常常互不相容,难怪自我经常不能完成任务。它的三位专制的主人是外部世界、超我和本我。"弗洛伊德认为,在正常情况下,本我、自我与超我处于相对平衡状态,若这种平衡遭到破坏,则使人心理上患病。"三部人格结构"是在无意识理论的基础上构造了一个完整的人格模式,展现个体的人从本能、欲望进而成为具有社会属性和文明标志的成长历程。弗洛伊德把它看作由无意识心理学推及至社会学乃至哲学的过渡环节。

弗洛伊德的人格理论,不仅摆脱了传统心理学由单一层面和静态的心理活动和去构造人格心理的做法,重新构造了由潜意识与意识、本我与自我、自我与超我等多层次的复杂心理人格系统,而且摆脱了传统哲学单纯从人的外在形式或某种能力出发去规定人的本质的做法,注重在人与环境、个人与他人、个体与社会的联系中,具体考察人类精神活动和个性特征的形成过程,从而极大地丰富了对人类精神活动本质的认识,同时充实和深化了对人自身的研究。正基于此,弗洛伊德的人格理论和研究方法,对后来的人格心理和人的研究具有很大的启发意义,远远超出了心理学领域,在现代西方哲学的人学研究领域产生了巨大影响。

弗洛伊德的人格论表明,他坚持身心统一论的观点与辩证方法,从人的自然本质和社会本质的关系上考察人格的形成和发展,既肯定人的生物特征与心理功能,又肯定人的现实活动与社会特征。在他的人格结构中,人的生物本能、人的现实环境和人的社会文化因素共同构成一个复杂的矛盾运动的统一体,个人的动机、欲望和行为无不受到本能冲动的驱使,面对现实的选择,接受社会价值规范的审判。这些都是他的人格论中积极的、合理的思想成果,丰富了关于人的本质的学说,而且,这种人格结构和发展模式对于人们的思想和行为具有现实的、可操作性的意义。

弗洛伊德在其理论中确立了潜意识的基础地位,但是,他未抹杀人的理性和逻辑的力量,而是试图通过精神分析的途径,用意识来把握潜意识,用理性来把握非理性,使意识和潜意识、理性和非理性达成新的统一。一方面,他的人格论突破了以往仅仅把意识、思维和理智作为人类认识活动的唯一形式的传统做法,系统地考察了人的潜意识心理活动规律及其特征,充分肯定了人的本能和欲望在人的心理活动和社会活动中的决定性作用。另一方面,弗洛伊德有关人的模式还十分注重人的理性与非理性的辩证法。他完全使自己面临了这两个原则的固有对立,并辩证地找到一种新的综合。弗洛伊德的人格论中非常重视自我的理性作用,强调精神分析原是一种使自我能够逐渐征服本我的工具。他还同样强调超我的社会理想和道德规范的作用,希望在更高的层次上达到本我与超我的结合,使之升华为人类生活中较高尚的行为目标。

弗洛伊德的人格理论,自创建以来,在全世界一直有着广泛的影响。

第一,弗洛伊德是心理学史上第一个对人格进行全面而深刻研究的心理学家,他的"人格三结构"理论是第一个完整的人格理论。第二,弗洛伊德提出的人格结构理论中,包含辩证法的思想。他深受黑格尔等德国古典哲学的影响,并师从叔本华,他的人格理论处处体现着矛盾、对立统一的观点。第三,弗洛伊德发现了本能在人格发展中的动力作用,对人们重视生物因素,从生物学的角度理解人格发展有一定的启发作用。但是弗洛伊德贬低了意识和理性的作用,片面夸大潜意识的本能和欲望的作用是不正确的。此外,他完全用生物学的观点去解释人格,认为人格的实质是生物的本质而非社会的本质,人的所有内部的冲突都是本能冲突之间的无意识斗争,其理论中的道德意识也是为本能思想作铺垫的。弗洛伊德对人格结构中的本我、自我和超我间的关系描述就是这种冲突模式。这种观点是反社会的。但无论如何,弗洛伊德通过对人类内心世界的深刻洞察、对人性本质的客观探索而形成的人格理论及其整个学说,对现代西方社会意识和社会生活产生了广泛的影响。弗洛伊德的人格结构观点,对于我们今天的人格研究仍有一定的意义。

### (二)伯恩的人格理论

1. DAC 理论

加拿大心理学家埃里克·伯恩(Eric Berne)于 19 世纪 50 年代在《人们玩的游戏》

(Game People Play)一书中,提出了 PAC 理论。PAC 理论又称为相互作用分析理论、人格结构分析理论、交互作用分析理论、人际关系心理分析理论,他将传统的理论加以提升创立了整套的 PAC 人格结构理论。是一种针对个人的成长和改变的有系统的心理治疗方法。

  无论人们是以坚决还是非坚决的方式相互影响,当一个人对另一个人作出回应时,存在一种社会交互作用。这种对人们之间的社会交互作用的研究叫做交互作用分析。这种分析理论认为,个体的个性是由三种比重不同的心理状态构成的,这就是"父母"、"成人"、"儿童"状态。取这三个词的第一个英文字母,Parent(父母)、Adult(成人)、Child(儿童),所以简称人格结构的 PAC 分析。PAC 理论把个人的"自我"划分为"父母"、"成人"、"儿童"三种状态,这三种状态在每个人身上都交互存在,也就是说这三者是构成人类多重天性的三部分。"父母"状态以权威和优越感为标志,通常表现为统治、训斥、责骂等家长制作风。当一个人的人格结构中 P 成分占优势时,这种人的行为表现为:凭主观印象办事,独断独行,滥用权威,这种人讲起话来总是"你应该……"、"你不能……"、"你必须……"。"成人"状态表现为注重事实根据和善于进行客观理智的分析。这种人能从过去存储的经验中,估计各种可能性,然后作出决策。当一个人的人格结构中 A 成分占优势时,这种人的行为表现为:待人接物冷静,慎思明断,尊重别人。这种人讲起话来总是"我个人的想法是……"。"儿童"状态像婴幼儿的冲动,表现为服从和任人摆布。一会儿逗人可爱,一会儿乱发脾气。当一个人的人格结构中 C 成分占优势时,其行为表现为遇事畏缩,感情用事,喜怒无常,不加考虑。这种人讲起话来总是"我猜想……"、"我不知道……"。根据 PAC 分析,人与人相互作用时的心理状态有时是平行的,如父母—父母,成人—成人,儿童—儿童。在这种情况下,对话会无限制地继续下去。如果遇到相互交叉作用,出现父母—成人,父母—儿童,成人—儿童状态,人际交流就会受到影响,信息沟通就会出现中断。最理想的相互作用是成人刺激—成人反应。

  伯恩将人格状态分为这三部分,并认为人的行为是由人的这三个"自我状态"的组成体或其中之一支配和控制的。

  生活中我们经常接触到这些语言,如成人型的语言模式。

(1)询问式:"请问,还有房间吗?"

(2)回答式:"对不起,没有房间了。"

(3)建议式:"小姐,能给我一个单间吗?"

(4)赞同式:"好的,马上安排。"

(5)反对式:"不行,我不能给您安排单间。"

(6)道歉式:"对不起。"

(7)总结式:如服务员在客人点完菜后的总结。"各位朋友,具体我们一共点了以下食品:四盘小凉菜、辣子鸡、清蒸黄花鱼、两瓶青岛啤酒……"成人自我状态不一定是成人,儿童也会有。它形成的原因主要是个体成长过程中逐渐萌生的"成人意识"——理性思考。

我们可以在日常生活中考虑到具体的个体而适当应用，个体可根据场合需要展现"A"状态，但不能过头，否则生活会枯燥无味。在旅游服务中就要积极展现"A"自我状态。

儿童自我状态不一定是儿童，父母及其他成人也会有，主要展现为儿童自我状态之纯真的小孩型。在行为及语言表现积极，行为特征上情感丰富，好奇心强，语言方面经常会使用如，"噢，太好啦"等等。消极面体现在自我管束很差、任性放纵、感情用事、激动愤怒，经常爱说"我就是要…，我非要…"。

儿童自我状态之成熟型的小孩给人的感觉就是懂事、服从规矩、懂得自尊，回答问题时经常使用"好吧…"。但是这种小孩给人感觉太乖了，有种无主见、遇事畏缩、自信心不足、不敢坚持己见的感觉。

个体首先形成自我状态。它是一个人以自己过去（特别是幼时）的方式思考、感觉并表现的部分。代表自己从前小时候的部分，是人整个生命的开始。比父母自我、成人自我更充满精力。

个体可据场合需要展现"C"的这两种状态。旅游服务通常只能根据实际情况展现"成熟适应的小孩"中的积极面。

2. 对三种角色的补充说明

每一种人格状态都有它消极和积极的一面，很难绝对地说哪种好、哪种不好。

尽管每个人的 PAC 分布不同，但比较均衡为好。单独发展任何一种状态都会使我们的人格发展不平衡，这直接影响到我们的人际关系的和谐与否。

每个人要提高自我意识，做"状态调整"，寻求 PAC 的合理分布，创造和谐的人际关系。

3. PAC 理论在旅游服务中的应用

在人际交往中，我们需要清楚地了解自己性格中的 PAC 分布形态。要保持平行性交往，避免交叉性交往，且要有意识地觉察对方的心理状态，引导对方也进入成人状态。

1）当客人处于"成人自我"时

他（她）是客观冷静的，能够理智地待人处事，这是最理想的"状态"。

服务人员要充分利用客人的这种状态，遵循平行性交往中的"A-A 型"沟通模式，以相应的"成人自我"与之沟通。

2）当客人处于"批评命令型"家长自我或"自然纯真型"儿童自我时

学会运用"分两步反应法"，第一步"先接受下来"（先处理情绪）；第二步"再说"（再处理事）。

（1）当客人处于"批评命令型"家长自我时。

第一步："先接受下来"。

途径1：遵循"P(批评命令型)-C(顺从型)"沟通模式，先扮演一个"乖孩子"，用灵活的方式把对方无理的要求"先接受下来"。

途径2：遵循"P(批评命令型)-A"沟通方式，冷静理智地"先接受下来"。

这种"接受"是指理解并接受他(她)此时此刻的情绪或想法而不是去计较他(她)的冲动的语言或行为，可以是明确的、全盘的接受，也可以是部分的、有所保留或是含糊的接受，还可以是有前提条件的接受。最低限度的"接受"是用恰当的语言把对方所说的"意思"(不一定是原话)复述一遍而且不对对方的语言或行为加以"是非评价"。

第二步："再说"。

略。

(2) 客人处于"自然纯真型儿童自我"时。

第一步：遵循沟通。

遵循"C(自然纯真型)-P(慈爱型)"沟通方式，先扮演"好妈妈"，以慈母之心来理解和接受对方的情绪或想法。(等对方冷静后)再转入第二步——"再说"。

第二步："再说"。

无论客人最开始处于哪种"不讲理"的自我状态，经过第一步的处理后，客人的情绪会缓和下来，此时旅游服务人员要诱导对方进入"成人状态"。

比如用"向客人请教"的方式提出问题，让对方自己去思考、去找出其中的错误，这是诱导对方"成人自我"的最好方法。其次在服务中切记要把自己的思想、情感、举止控制在"成人状态"并给对方以"成人状态"的刺激。

"成人状态"的刺激往往容易诱使对方作出"成人状态"的反应，从而使交往能够持续而没有冲突地进行，同时使客人学会"有话好好说"，久而久之也会使他们的心理得到成长。

要用好"分两步反应法"不能"心直口快"，而必须很灵活地根据不同的情况选择不同的表达方式，但这样做的目的绝不是"治治"谁，最终目的要把彼此的交往引上"成人对成人"的轨道，通过沟通和协商得到一个既解决问题，又搞好关系的"双胜"结局。

### 知识拓展

#### 叫醒服务的风波

一天早晨9点时，上海某饭店大堂副理黄某接到住在806房间的客人的投诉电话："你们饭店怎么搞的，我要求叫醒服务，可到了时间，你们却不叫醒我，误了我乘飞机……"，不等黄副理回答，对方就"啪嗒"一声挂了电话，听得出，客人非常气愤。

黄副理意识到这个投诉电话隐含着某种较为严重的势态，于是查询当日806房的叫醒记录，记录上确有早晨6点半叫醒服务要求，根据叫醒仪器记录和总机接线员的回忆，6点半时的确为806房客人提供过叫醒服务，当时客人曾应答过，黄某了解清楚情况后知道责任不在酒店,但黄副理仍主动与806房客人联系。

"孔先生,您好!我是大堂副理,首先对您误了乘飞机而造成的麻烦表示遗憾。"黄副理接着把了解的情况向客人作了解释。

但客人仍怒气冲冲地说:"你们酒店总是有责任的,为什么不反复叫上几次呢?你们应当赔偿我的损失!"客人的语气很强硬。

"孔先生,请先息怒,现在我们暂时不追究是谁的责任,当务之急是想办法把您送到要去的地方,请告诉我,您去哪儿,最迟必须什么时候到达?"

黄副理的真诚,使客人冷静下来,告诉他明天早晨要参加西安的一个商贸洽谈会,所以今天一定要赶到西安。黄副理得知情况后,马上请饭店代售机票处更改下午去西安的机票,而代售处下午西安的机票已售完。黄副理又打电话托他在机场工作的朋友,请务必想办法买到一张下午去西安的机票,后来又派专车去机场更改机票。

孔先生接到更改的机票后,才坦诚自己今晨确实接过叫醒电话,但应答后又睡着了,责任在自己,对黄副理表示歉意。

4. PAC理论与旅游行为的关系及现实应用

1)PAC理论与旅游行为的关系

旅游者在做旅游决策时一般会受到旅游者三个自我的共同影响与作用,任何旅游决策都是三个自我协调后的结果。

(1)"儿童自我"——提出外出旅游的要求。

原因:潜在旅游者的"儿童自我"很容易被旅游所带来的快乐吸引,产生顺时性决策。娱乐性的旅游动机较明显地存在于"儿童自我"状态之中,如碧海蓝天、观光旅游、探险旅游等。

在现实生活中我们能够看到:当一个人离家外出旅游的时候,孩子似的兴奋状态在他的人格中占据主导地位,有很多行为表现得像个孩子,可以说,旅游者的快乐、好奇心支配着旅游者的行为。人格中的快乐、好奇心、"我想要"的那一部分支配着人的大部分情感。所以,人们的"儿童自我"状态最易受到旅游的吸引。不管一个人年龄有多大,往往只要一想到公园、海滩、草原、高山、瀑布、高级宾馆、游乐场所,心情就会激动不已,潜在旅游者的自我状态就会跃跃欲试。

(2)"父母自我"——对"儿童自我"提出的旅游要求往往持保留态度。

"父母自我"方面的动机主要表现在教育和文化益处、家庭团聚、工作之余消除疲劳、提高地位和声望等。

对于中国这样的文化背景,一个人的"父母自我"更容易对其"儿童自我"状态追求快乐的愿望给予指责和批评,或持保留态度,或者不明确表明态度。

例如，人们在购买了一些奢侈品后往往有一丝潜在的罪恶感，其实是他的"父母自我"在进行自我批评，对于旅游这样无法产生实际效应和财富的消耗金钱的活动，多数情况下，"父母自我"都会持反对态度。因此，一个人的"儿童自我"状态的要求与"父母自我"状态的希望和要求可能不完全一致。

（3）"成人自我"——扮演仲裁者的角色。

"成人自我"状态在"儿童自我"和"父母自我"状态中扮演仲裁者的角色，一方面要满足和取悦"儿童自我"状态，另一方面还必须设法适应"父母自我"状态，在他们都能接受的情况下做出明智而合理的旅游决策，使旅游活动成为现实。负责收集旅游所需要的真实、可靠的信息，力图做出合理的客观的决策。

2）现实应用对策

一个人的"儿童自我"状态的要求与"父母自我"状态的希望和要求可能不完全一致，从旅游营销的角度对人的三种自我状态同时做工作。

激发"儿童自我"的动机，说服"父母自我"，让其"成人自我"做出有利于旅游的决策。

（1）让"儿童自我"状态动心。

可以通过广告和宣传，促进"儿童自我"状态的"我要去"旅游动机产生：印刷精美的旅游宣传册，生动、形象的旅游电视广告展播，精彩的活动和特色，都可以实现这一目标。

例如，20世纪80年代末金庸的《射雕英雄传》风靡全国，其片头插有一则广告：一个年轻女子用不太标准的普通话，诉说着到了香港一刻也停不下来，吃东西买东西，买东西吃东西。这则旅游广告其实就是在传递"香港是购物天堂"这一信息，激发观众的"儿童自我"，达到其宣传目的。

（2）劝说"父母自我"放心。

避免"严父自我"的批评，引导"慈母自我"的关怀，鼓励其同意"儿童自我"状态的要求。最有效的办法是打动"父母自我"状态中本来就存在的一些合理安排空闲时间的动机。如提供一些有价值、有教育意义，并能联络感情，消除疲劳，提高威望等方面的旅游活动项目和内容。

现实生活中，每个父母都很重视孩子的学习和教育，因而与此有关的活动会很有吸引力。如某些旅行社的北京大学、清华大学著名高校旅游线路推出后大受欢迎，其最根本的原因就在于其教育意义更胜过其游玩意义。

（3）设法让"成人自我"觉得省心。

"成人自我"状态一般对如何到达旅游地、住在何处等问题关注比较多，负责收集旅游所需要的真实、可靠的信息。

所以旅游公司应该做更多有关旅游交通、住宿等方面的宣传，以引起旅游者对交通工具、住宿条件等的兴趣。

# 项目五
# 旅游者的态度

### ◇ 知识目标

了解态度的特性；

了解态度形成的过程；

了解态度改变的基本理论；

理解影响态度形成的因素；

理解旅游态度与旅游行为的关系；

掌握态度的概念及构成；

掌握改变旅游者态度的方法。

### ◇ 能力目标

能认知什么是态度；

能认知态度和旅游态度的形成过程；

能认知旅游态度和旅游行为的关系。

### ◇ 素质目标

具备应用相关知识改变旅游者态度的能力。

# 工作任务一　认识态度

### 任务导入

时年37岁的邮政大臣野田圣子,既是当时日本内阁中最年轻的成员,也是唯一一位女性大臣。然而有谁能想象得到,她的事业起点却是从喝厕所水开始的。野田圣子的第一份工作是在帝国当白领丽人,在受训期负责清洁厕所,每天都要把马桶抹得光洁如新才算合格。可是自出生以来,她从未做过如此粗重的工作,因此第一天在伸手触及马桶的一刻几乎呕吐,甚至在上班不到一个月时便开始讨厌这份工作。

有一天一名与圣子一起工作的前辈在抹完马桶后居然伸手盛了满满一杯厕所水,并在她面前一饮而尽,理由是向她证明经他清洁过的马桶干净得连水也可以饮。此时,野田圣子才发现自己的工作态度有问题,根本没资格在社会上肩负起任何责任,于是对自己说:"就算一生要洗厕所,我也要做个出色的洗厕所人。"结果在训练课程的最后一天,当她抹完马桶之后,也毅然喝下了一杯厕所水,并且这次经历成为她日后做人、处事精神的力量源泉。

1. 讨论什么是态度。
2. 讨论分析"态度决定一切"对吗?为什么?

### 任务解析

"角色"一词在中文里指演员在戏剧中扮演的人物,英文的"role"还可作"任务"、"作用"来解释,因此角色就是指某一个人物在某一位置上发挥某种作用,完成某项任务的意思。作为旅游企业员工,无论是高级管理者,还是普通服务员,所扮演的都是服务角色。作为现实生活的一个社会人,一生中可能会扮演多种角色,但各种角色的转换与实现并不是一件容易的事。无论是谁,只要一到酒店上班,就统一成了服务角色。国外的酒店有一项不成文的规定:凡是到酒店的新员工,都必须从洗厕所开始干起。只有通过这一关的人,才能端正工作态度,实现角色的转换。

### 相关知识

#### 一　态度及构成

态度是指个人对某一对象所持有的评价与行为倾向。人们对一个对象会做出赞成或反对、肯定或否定的评价,同时还会表现出一种反应的倾向性。这种倾向性就为人们的心理活动提供了准备状态。所以,一个人的态度,会影响到他的行为取向。

美国心理学家罗森伯格认为态度的心理结构主要包括认知、情感和意向三方面的因素。

### (一) 认知因素

认知因素是指对事物的认识、理解和评价,也就是平时所说的印象。认知因素是构成态度的基础。比如,某游客认为杭州是个好地方,拥有秀丽的西湖、悠久的历史,环境整洁优美、气候湿润宜人,这就是这位游客对杭州的认识、印象和评价。

### (二) 情感因素

情感因素是指人对事物的情感判断。这种判断有好与不好两重,诸如喜欢与厌恶、亲近与疏远等。情感因素是构成态度的核心,在态度中起着调节作用。比如,当上述这位游客进一步认为"杭州是一个美丽、可爱的城市"时,他的态度中就有了积极的情感成分。

### (三) 意向因素

意向因素是指肯定或否定的反映倾向,它具有外显性,制约着人们对某一事物的行为方向。意向因素构成了态度的准备状态。比如,上述这位游客对杭州产生了积极肯定的情绪情感后,他就会产生向周围人推荐的意向或自己在心理上积极地做各种准备,一旦外部条件成熟就可能去杭州旅游。

态度的三种因素是缺一不可的,三者的协调程度越高则态度越稳定,反之则不稳定。

态度这种内在的心理体验,不能直接被观察,只能通过人们的语言、表情、动作等进行判断。比如,客人对旅游服务感到满意,常常表现出温和、友好、礼貌、赞赏等;如果客人不满意,就可能表现出烦躁、易怒等,并且容易制造事端。所以在旅游服务中如果发生客人投诉或产生矛盾冲突后我们在寻找原因时就不能仅仅把眼光放在当前具体事件上,很可能这不过是客人不满意态度的一种外在表现。

## 二 态度的特征

态度常带有以下几个方面的特征。

### (一) 对象性

旅游者的态度总是针对某一对象而产生的,不管这个对象是有形的还是无形的。人们做任何事情都会基于某种态度,在谈到某一态度时,就会提到产生态度的对象。

### (二) 社会性

态度不是先天决定的,而是后天学习来的。态度不是本能行为,虽然本能行为也有倾向性,但那是不学就会的。比如,客人对某酒店的态度,或者是他自己在接受服务过程中通过亲自观察得来的,或者是通过广告宣传、他人评价等间接影响而形成的。

### (三) 内隐性

态度是一种内在心理倾向。一个人究竟具有什么样的态度,只能通过其外显的行为加以推测。

### (四) 相对稳定性

人们的态度在结构上、因果关系上有一定的规律性,表现出一定的稳定性。比如,客人在某酒店接受了良好的服务后,感觉很好,从而形成了对这家酒店的肯定的态度。以后当他再有这种需要时,很有可能还选择这家酒店,这也就是人们常说的"回头客"。回头客的多少,既反映了酒店服务质量的高低,也反映了客人态度的稳定性。

态度的稳定性是相对的,由于主观和客观因素的多变性,态度是可以改变的。态度的可变性功能有助于人们更好地适应环境,保持一致性。对旅游者来说,有助于在心理上适应新的或困难的处境,使自己不必亲身经历或付出代价而达到态度的改变。在旅游活动中最常见的,就是人们根据他人或社会的奖惩来调整或改变某种态度。例如,某旅游者准备到某旅游胜地去度假,当其同事或朋友表示了不同意的看法,或看到有游客在此地受到不公正对待的新闻后,他就很可能改变原来的态度而取消这次旅游或改变旅游目的地。

### (五) 价值性

价值观是态度的核心。价值是指态度对象对人所具有的价值意义。G·奥尔波特提出了事物的六种价值有参考意义:一是理论价值,二是实用价值,三是美学价值,四是社会价值,五是权利价值,六是宗教价值。

事物的价值大小取决于事物本身和个体主观因素两个方面。就事物本身而言,旅游者对旅游活动的态度主要取决于旅游活动能为客人提供什么,如社会价值、实用价值等;就主观因素来看,它受旅游者的需要、兴趣、爱好、动机、性格、信念等因素制约。所以,人们的价值观念不一样,对待同一事物便会产生不同的态度:对能满足个人需求、适合个人兴趣爱好、与个人价值观念相符的事物,人们会产生积极的态度;反之,则会产生消极的态度。

### (六) 调整性

态度的一个重要特点就是它具有调整功能。所谓调整就是当事人在社会奖励或亲朋意见及榜样示范作用下改变自己态度的情况,这种功能有助于旅游者在心理上适应新的环境,使自己不必付出太多代价而达到态度的改变。

态度除以上六个较明显的特征外,还有其他一些特征,如复杂性、协调性、情感性、评价性和广泛性等。

### 三 态度的形成

旅游者的态度是在一定的社会环境中形成的。刚出生的婴儿无所谓态度,在其发育成长过程中不断接触周围的事物,从而在大脑中形成各种印象、看法,获得了相应的情绪体验,于是逐渐形成了对事物的态度。

#### (一)态度形成的条件

1. 态度是在满足个人社会性需要的基础上产生的

当某一事物能满足个人的需要,并能排除由需要引起的心理紧张,人们便会对态度对象形成积极的态度。反之,当某一事物不是缓和而是增加人的紧张状态,则形成对该事物消极的态度。由于旅游活动本身具有缓解人们心理紧张和疲劳的作用,因此,绝大多数人对旅游活动都持有积极、肯定的态度。

2. 态度的形成离不开外界环境

态度属于个体与外界事物的关系范畴,离开了外界环境,态度就失去了对象。

#### (二)态度形成的过程

心理学家凯尔曼提出了态度形成的三阶段,我们以此来看旅游者的态度形成的过程。

1. 服从阶段

服从是指人们为了获得物质与精神的报酬或避免惩罚而采取的表面顺从的行为。服从阶段的行为不是个体真心愿意的行为,而是一时顺应环境要求的行为。其目的在于获得奖赏、赞扬、被他人承认,或者为了避免处罚和损失等。当环境中奖励或惩罚的可能性消失时,服从阶段的行为和态度就会马上消失。

服从阶段的态度在日常生活中普遍存在。比如,刚入学的大学生对于学校规定的出早操的要求,有些学生没有早起的习惯,刚开始觉得非常别扭,甚至觉得学校是多此一举。可是学校的规定必须执行,否则就要受到惩罚,无奈只能出早操,这种不愿意早起又不得不早起的行为就是服从行为。

2. 同化阶段

同化阶段与服从阶段的不同之处,就是同化阶段不是在环境的压力下形成或转变的,而是出于个体的自觉或自愿。它的特点是个体不是被迫而是自愿地接受他人的观点、信念,使自己的态度与他人的要求一致。以大学生出早操为例,某学生坚持了一段时间以后,由于出早操给他的身体和精神都带来了好处,即使不出操也不会有任何惩罚,他也会主动遵守学校这一规定。又如一个人想要加入某个有吸引力的社会团体,他就会自觉遵守该团体的章程,愿意以该团体的规范来约束自己的行为,接受该团体对他的要求和指导,并以该团体一分子的态度对待工作和生活。

3. 内化阶段

内化阶段是指个体从内心深处真正相信并接受他人观点,而彻底转变自己的态度,并自觉地以此观点指导自己的思想和行动。在这一阶段,个体将新观点、新思想纳入了自己的价值体系,以新态度取代旧态度。

态度的形成从服从阶段到同化阶段再到内化阶段,这是一个复杂的心理过程,并不是对所有事物的态度都要或都能完成这个过程。人们对某些事物的态度的形成可能完成了整个过程,但是对另一些事物可能只停留在服从或同化阶段。

## 工作任务二　旅游者的态度与旅游行为

任务导入

案例1　某饭店,一位客人进入餐厅坐下,桌上的残羹冷炙还没有收拾。客人耐心等了一会儿不见动静,只得连声呼唤,过了一会,服务员才姗姗而来,收拾起来慢不说,而且其动作之粗放,真可谓"大刀阔斧"。客人问有什么饮料,服务员低着头,突然一连串报上八九种饮料名,客人根本无法听清,只能斗胆问上一声:"请问有没有柠檬茶?"服务员不耐烦地说:"刚才我说有了吗?"说罢,扭头就走。客人不知所措。10多分钟过去了,不见有人来,客人只好再叫。当问服务员为什么不上来服务时,服务员说:"你举手了吗?难道你连举手招呼服务员这点常识都不懂吗?"这一番话终于使客人愤然而去。

案例2　某饭店中餐厅,午饭时间,几位客人落座之后开始点菜,并不时向服务员征询意见,结果过了半天,客人一个菜也没点,仍然问这问那,服务员还是很耐心地说:"几位初到本饭店吧?这里的菜肴很多,你们可以慢慢点。"几位客人终于点好了菜,服务员刚要离开,他们又要求换菜,服务员没走远几步后,客人又改变主意要换菜,服务员仍笑脸相迎:"没关系,使你们得到满意的服务是我们的责任和义务。"

1. 讨论两个案例中服务员的态度对顾客的影响。
2. 如何使服务员在服务中保持良好的服务态度?

任务解析

在旅游服务行业中,服务态度对做好服务工作有重要作用,上面两个案例从正反两方面说明了这个问题。两种截然不同的服务态度对客人的行为影响也是截然不同的。良好的服务态度会使客人变成回头客,反之,则会使客人愤然而去。要使旅游服务人员在服务中能够表现出良好的服务态度,要从四个方面做起:自我尊重;自我提高;完善服务行为;改善服务环境。只有具备良好的服务态度,才能使客人对旅游企业有好感,并为旅游企业带来经济效益。

### 相关知识

#### 一 旅游态度的基本概念

旅游态度是人们对旅游对象和旅游条件做出行为反应的心理倾向。也可以说,是个人对旅游对象和旅游条件以一定方式做出反应时所持的评价性的、较稳定的内部心理倾向。美国心理学家奥尔波特认为,态度是社会心理学中最突出、最不可忽视的概念,同样,在解释旅游行为时,旅游态度也是旅游心理学不可或缺的概念。

人类的旅游活动是一种社会现象。人们对旅游活动有不同看法,有些人认为它是有益的、良好的、有意义的、有价值的,从而赞成或喜欢旅游活动;也有人认为,是花钱的活动,人生地不熟会被人"宰"、被人"欺",自己不喜欢、不赞成,也不同意别人参加,对旅游活动是喜欢,还是不喜欢,这就构成了人们的旅游态度。

旅游态度是人们对旅游做出行为反应的心理倾向,是行为反应的心理准备状态,它虽然不是旅游行为反应本身,也不是旅游行为反应的现实,但却包含和预示着人们做出的旅游行为反应的潜在可能性。旅游者对每一个旅游景点,对每一项旅游活动中接触的人、事和物,以及对开展旅游活动的所必需的各种旅游条件,都会产生不同的具体态度,从而预示旅游者对旅游对象和旅游条件将做出什么样的选择。这就是旅游资源开发者和旅游业经营者关心人们的旅游态度的根本原因,也是旅游心理学必须将旅游态度作为重要研究课题的缘由。

#### 二 态度与旅游偏爱

心理学的研究指出,态度与偏爱之间有着必然的联系。人们对旅游态度一旦形成,将会产生一种对旅游的偏爱。由于对旅游的偏爱,又将直接导致人们的旅游行为。

所谓旅游偏爱是指人们趋向于某一旅游目标的一种心理倾向。这种倾向取决于人们对某事物所持态度的强度和对该事物所拥有的信息量和信息种类的多少。也有学者认为,旅游偏爱是建立在旅游者极端肯定基础之上的一种针对态度对象的行为倾向。旅游偏爱与旅游行为之间的关系,比旅游态度与旅游行为之间的关系更为密切。

态度是偏好形成的基础,其强度和复杂性对偏好的形成具有重要影响。

人们在形成旅游态度的过程中,要先权衡和评价某个旅游对象对自己的收获有多大。如果经过仔细分析、评估,认为各种收获皆可以满足自己的旅游需要,他会对这一对象产生旅游偏爱。

旅游者在选择旅游目的地进行旅游消费时，会综合来自外界环境的有关对象的各种信息，考虑对象能提供哪些利益，即旅游目的地满足其旅游需要的程度，进而产生其对旅游目的地相对偏爱。

个体对旅游目的地旅游偏爱的形成，主要取决于该旅游目的地吸引力的大小。对于旅游者来说，旅游目的地吸引力不仅与其期望的特定利益获得有关，而且也与该旅游目的地提供这种利益的能力大小有关。可用下列公式来表示旅游吸引力：

旅游吸引力＝个人利益获得的相对重要性×个体认识到的旅游目的地所提供利益能力大小

这里的论述虽然集中在旅游目的地的选择上，但同样适用于旅游者关于交通工具、酒店、旅行社、餐饮企业、休闲度假活动等方面的决策过程。

### 三、态度与旅游行为

旅游态度对旅游行为的影响直接体现在对旅游决策的影响上。对经营旅游服务的人来说，了解态度与旅游决策的关系，能够更好地理解如何促使旅游者态度的改变进而导致其行为改变。旅游决策过程也同消费者大多数其他类型的决策过程一样，一般而言，旅游者的决策过程经历了识别旅游需求或旅游环境、寻找旅游相关信息、做出旅游决策三个阶段，概括来讲，主要有以下三个方面。

#### （一）意识到

首先决策者必须意识到该选择是一个潜在的选择，否则任何选择都不能被纳入决策系统中来加以评估。例如，河南新乡市八里沟在作为一个旅游景点来加以评估之前，人们必须意识到它的存在，知道它能够供旅游者游览。

#### （二）能否实现

意识到某一选择之后，决策者还必须判断它是否能实现，即从它是否有力量担负这一选择的角度去考虑这个问题。比如，去八里沟旅游能否解决食宿问题和交通问题，那里的安全问题有没有保证等，这些问题都可以解决，那么八里沟就成为人们可实现的选择。当然，在人们意识到的选择中，有些选择是不能实现的选择，但经过一段时间后问题得到解决，这个选择可能又变为可实现的选择，这种现象是经常遇到的。

#### （三）初步筛选

在意识到某一特定选择是否能实现之后，旅游者就会对该项选择按照偏爱形成过程去做初步的判断。判断可能会出现三种情况：第一，选择被否定；第二，对选择犹豫不决；第三，认为选择是可行的。这三种情况中，第一种情况对旅游决策者来说已无意义；第二种情况有可能在获得更多的信息之后，决策者会对它做出肯定或否定的判决；第三种情况是某项选择会被决策者列入可行的选择范围内,但还要作更为详尽的评估,才能成为一种抉择。对于旅游销售人员和服务人员来说,要想通过改变旅游者的态度影响其行为,就必须设法使旅游者意识到旅游业所提供的具体服务项目和内容,并设法使旅游者在心目中形成这些服务项目和内容是可以得到的看法,这样,旅游者就会把这些服务项目和内容看作解决旅游问题的可行选择。

## 任务拓展

### 咬不动的牛排

某天晚上,一位外国客人到某酒店餐厅用餐,他点了个中式牛排,一个蛋汤,一碟青菜。等菜上齐后,他就迫不及待地吃了起来。只见他将一块牛排放进嘴里咬了几下,就把牛排吐在骨碟上,接着又连着试了几次,都是如此。他无可奈何地擦擦嘴,招手示意服务员过来。当服务员走到他面前时,他幽默地说:"小伙子,你们这里的牛一定比我的爷爷还老,你看看我的嘴对它不高兴,能否来一点让它高兴呢?"说完,他笑眯眯地望着服务员,等候他的回答。服务员说了声对不起,便马上去找主管。主管来了后,望了望桌上的菜,对客人说:"这个菜是本酒店送的,免费。"说完就径直走开了。这位客人无可奈何地摇摇头,买完单,失望地离开了酒店餐厅。

试分析:如果你是主管会怎么处理?怎样转变客人的态度?

## 知识链接

### 霍夫兰态度改变模型

霍夫兰提出了态度改变说服模型(见图5-1),他认为,人格态度的改变都是因为一个人的原有态度与外部存在着一些不同的看法(或态度)发生差异而造成的,这种差异会产生压力,引起内心冲突,或称不协调、不平衡、不一致,为缩小这种差异,减少压力,人具有恢复心理协调的能力,其方式之一是接受外来形象,改变自己原有的态度;方式之二是采取各种办法去否定或抵制外部影响,以维持原有态度,这些抵制的办法有:①贬损信誉;②歪曲信息;③掩盖拒绝。

贬损信誉:当人们有时无法驳倒对方的论点时,常采用贬低或损坏影响者的声誉来表明信息不可靠或降低劝说信息的价值,从而加以拒绝。这是直接针对传达者采取的攻击,通过贬损对手,贬损他的能力权威甚至进行人身攻击,而使对方的论点失去力量。

歪曲信息:即有意无意地或断章取义地将对方某些实质上不同于己的观点看作和自己的看法相近或相同,或者相反,把对方的观点故意夸大到极端,失去可靠性甚至变得荒唐可笑,前者叫作同化作用,后者叫作反向或逆向作用。无论是认为相近或是认为对方观点完全不可信,都在于缩小或取消差异,因而也就不存在压力而去改变其态度。

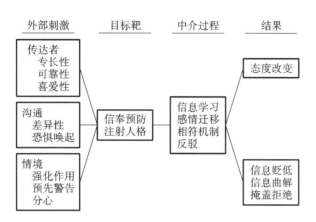

图 5-1 态度改变说服模型

掩盖拒绝：有两种方式，一是以文饰或美化自己的真正看法和态度来拒绝外部的劝说或影响，另一种方法是不理睬，不回答对方的意见，也很少说不，而是毫无道理地拒绝对方的一切论据，从而继续维持自己的见解。

霍夫兰提出的态度改变说服模型从态度改变的过程及影响因素角度入手，对态度改变度过程中涉及的各因素加以考虑，将态度作为一个由简单到复杂的系统，整体地考查它的结果与功能。其并没有针对单一的态度进行研究，而是从多个层次、多个维度上进行研究。态度改变的过程实际上就是外部信息作用于个体的社会判断，进而对个体的态度产生影响的过程，这一影响的结果可能导致态度的改变，也可能使态度不发生改变。由此我们可以得出以下态度改变的简化模型：外部信息→社会判断→态度改变/不改变。

## 工作任务三　旅游者态度的改变

### 任务导入

斯通尼菲尔餐馆最初希望成为一家面向高档消费客人并提供宴会式服务的餐馆。该餐馆位于一座小山上的葡萄酒厂里，毗邻阿德莱德市郊的富人区。在烛光之中和盛满陈年佳酿的酒桶之间进餐是该餐馆的独特魅力。尽管起初生意兴隆，但随着人们外出就餐趋向于较为随便并寻求较低价位，该餐馆的营业额逐渐下降。斯通尼菲尔餐馆原先的定位是：老酒厂里的餐馆——饭菜味道可口，但面向上流社会且价格不菲。但是这一定位已经不再奏效，因此，业主决定尽快改变餐馆的形象和定位。改变过程的第一个对象就是较为年轻，年龄在 25 至 35 岁之间的人。这一年龄段的人构成了社会经济群体中的中层和中下层。他们期望在中档价格范围内享受轻松随便、无拘无束的进餐体验。

斯通尼菲尔餐馆选择了大陆式餐馆与烤肉馆混合体的经营风格，撤掉了桌布，在凹凸不平、光秃秃的桌面上摆放了餐具垫。服务员脱掉晚餐制服，换上T恤衫和黑色长裤或裙子，使服务变得更具个性化、更为轻松，并且刻意提供各种烤肉以外的其他特别的美味小吃。客人们可以品尝各种葡萄酒以便做出选择，可以亲自取食或在餐桌旁等候服务员上菜。斯通尼菲尔餐馆向一个不同类型的市场推出了全新的就餐体验，并通过广告以及附近地区的住户信箱投放散页广告等方式大力宣传，尽管销售额并未在一夜之间激升，但是在6个月至1年之后，该餐馆成为城里较成功的餐馆之一。

由于新的定位，该餐馆还获得了餐饮评审奖。这家餐馆没有改变名称和地点，并且除了添加一些餐具垫外他没有花钱重新装修。它仍然是斯通尼菲尔餐馆，而且以葡萄酒厂里的餐馆而闻名。但是现在的定位信息是：本餐馆轻松幽雅，热情友好且价格不贵，是个寻找乐趣的好去处。新的定位策略并非仅仅改变名称或变换信息。新的定位策略必须基于一些可以令人感受到的改进和变化。在大多数情况下，这是一种产品和服务策略的变化以及可以让客人改变态度的一种全新经历。

1. 斯通尼菲尔餐馆的成功之处在哪里？
2. 改变顾客态度的途径有哪些？

### 任务解析

个人的态度受主客观因素的影响，通过适当的途径，采取正确的方法，可以有效地改变人们的态度。

首先，斯通尼菲尔餐馆就是通过原来的面向高档消费客人并提供宴会式服务的餐馆定位，变成了大陆式餐馆与烤肉馆混合体的经营风格。面向较为年轻，年龄在25至35岁之间的人，他们期望在中档价格范围内享受轻松随便、无拘无束的进餐体验的定位，它改变了产品本身；其次，它改变了原有的形象。老酒厂里的餐馆——饭菜味道可口，但面向上流社会且价格不菲，重新树立了餐馆轻松幽雅、热情友好且价格不贵，是个寻找乐趣的好去处的形象，从而改变了人们对它的知觉。因此，改变了人们对它的态度。

### 相关知识

#### 一 影响旅游者态度的因素

旅游者态度的改变有两种情况：一是方向的改变，另一种是强度的改变。比如原来不喜欢某种交通工具，后来变得喜欢了，这是方向的变化；原来对去某旅游地有犹豫不决的态度，后来表示坚定不移地要去或不去，这是强度的变化。当然，方向与强度也有关系，从一个极端向另一个极端的转变，既是方向的改变，又是强度的改变。

影响旅游者态度的因素主要有以下几个方面。

## (一) 旅游者的个性

### 1. 旅游者的需要

态度的改变与旅游者当时的需要密切相关,如果某旅游活动或旅游服务能最大限度地满足旅游者当时的需要,则容易使其改变态度。

### 2. 旅游者的兴趣

兴趣是人们力求认识某种事物和从事某种活动的意识倾向。它表现为人们对某种事物、某项活动的选择性态度和积极的情绪反应。兴趣是在需要的基础上,通过社会实践而形成和发展起来的。人的需要多种多样、因人而异,因而人的兴趣也是多种多样、各不相同的。爱打扮的姑娘对服装感兴趣;爱看球的小伙对球赛感兴趣。人的需要改变了,兴趣也随之改变。但需要并不一定表现为兴趣,人有睡眠的需要,这不等于人对睡眠有兴趣。兴趣与好奇心不同,好奇心是天然的、内在的产物,而兴趣是一种具体的心理倾向,它必须存在具体的对象。兴趣是产生态度的前提,是认知过程的保证。当兴趣发展成为从事实际活动的倾向时,就成为爱好,成为一种特殊的动机。不过人对某种活动产生的动机,未必一定能发展为兴趣。兴趣是人的认识中的一种倾向,而爱好是人的活动中的倾向。多数情况下两者方向一致、对象相同。

兴趣可分为有趣、乐趣、志趣三种。有趣常常是稍纵即逝,一笑了之;乐趣总有些"乘兴而来,兴尽而返",靠客观事物的趣味性诱发而来;志趣则带有目的性和方向性,是最高级的形态,它可以使人如痴如醉,并废寝忘食、持之以恒地攀登成功的阶梯。有趣和乐趣统称为情趣,情趣是主体热衷于某种创重性活动的倾向。情趣是志趣的广泛心理基础,比志趣发生的范围广;志趣是某种情趣高度发展的表现,比情趣发生的程度深厚。

兴趣对旅游的作用体现在以下几个方面。

(1) 兴趣能促使旅游者易于做出旅游决策。

(2) 兴趣有助于旅游者为未来的旅游活动作准备。

(3) 兴趣可以刺激旅游者对某种旅游产品重复购买或产生长期使用偏爱。

(4) 兴趣的个体差异影响旅游者的购买倾向。

(5) 兴趣变化促使旅游者购买倾向的变化。

### 3. 旅游者的人格特征

(1) 从性格上看,凡是依赖性强、暗示性高或比较随和的人容易相信权威、崇拜他人,因而容易改变态度;反之,独立性强、自信心高的人则不容易被他人说服,因而不容易改变态度。

（2）从智力水平上看，就一般而言，智力水平高的，由于具有较强的判断能力，能准确分析各种观点，不容易受他人左右；反之，智力水平低的人，难以判断是非，常常人云亦云，因而容易改变态度。

（3）从自我意识上看，自我意识水平高、自尊心强的人，心理防卫能力较强，不容易接受他人的劝告，因而态度改变也比较难；反之，自我意识水平低、自尊心弱的人则敏感易变。其他如受教育程度高和社会地位高的人要想改变他们的态度也比较难。

### （二）原有态度的特点

#### 1. 态度构成要素的一致性

构成态度的三种要素（认知成分、情感成分、意向成分）一致性越强，越不容易改变。如果三者之间直接出现分歧、不一致，则态度的稳定性较差，也就比较容易改变。

#### 2. 态度的强度

态度的强度是指旅游者对某一旅游对象赞成或不赞成、喜爱或厌恶的程度。一般来说，旅游者受到的刺激越强烈、越深刻，态度的强度就越大，因而形成的态度越稳固，也越不容易改变。人们对某一对象的态度强度与态度对象的突出属性有关，而态度对象的突出属性对人的重要程度是因人而异的。不仅如此，对同一个人来说，随着他的需要或目标的改变，其态度对象的突出属性也会发生变化。这里指的需要或目标就是人们期望通过旅游所获得的主要收获。收获在旅游行为和旅游抉择中是一个重要的概念。人们正是为了某种收获才去旅游的。当然，收获的含义是非常广泛的。比如，人们并不是为了西湖本身而来杭州，而是因为西湖对他们确实有某些好处，如在西湖里可以划船，利用西湖边美丽的景色和一流服务设施可以游览、娱乐等等。同样，人们也并不是为了产品或服务本身才出钱去购买，而是因为这些产品或服务能够提供某种收获。

因此，对于旅游工作者来说，重要的是要按照旅游者所寻求的收获去理解旅游者的行为，要能够识别与他们的服务相联系的突出属性。也就是说，要真正做到自己提供的正是旅游者所需要的。所以，在理解旅游者希望得到的收获时要做到因人而异，而不是以己度人、想当然。

#### 3. 态度的复杂性

态度的复杂性是指人们对态度对象所掌握的信息量和信息种类的多少，反映了人们对态度对象的认知水平。人们对态度对象所掌握的信息量和信息种类越多，所形成的态度就越复杂。比如，对于某家特定航空公司的态度就可能很简单，除了起飞时间、服务及其他时间方面的便利外，人们往往觉得相互竞争的大航空公司之间差别很小。然而对于整个航空旅行的态度则比对于个别航空公司的态度要复杂得多。对航空旅行的态度涉及速度、方便程度、节约时间、费用、身份、声望、空中服务、行李携带等多方面的问题。对于旅游者来说，最复杂的态度也许是对国外旅游目的地的态度。这些态度至少涉及陌生的旅馆、异国风味的食品、陌生的语言、不同的传统等很多方面。

一般说来,复杂的态度比简单的态度更难以改变。比如,对旅行支票的态度属于简单态度。如果一位旅游者之所以对旅行支票持否定态度,只是因为他并不认为这些旅行支票真的有用,那么只要向他指出一个人离家在外时丢失钱包是多么不方便,他就会改变这种态度。然而,一个对于出国旅游持否定态度的人,要改变他的态度倾向就非常难。即使他相信别人所说的出国旅行的费用很合理,可能仍然会坚持自己的否定态度,理由是文化环境陌生、饮食或传统不同等等。要改变他对出国旅游的否定态度,必须改变整个态度中的许多成分。可见,态度越复杂,就越难以改变。同样,态度形成的因素越复杂,越不容易改变。例如,一个客人对某旅馆的否定态度如果只依据一个事实,那么只要证明这个事实是纯偶然因素造成,客人的态度就容易改变。而如果态度是建立在很多事实的基础上的,那么要改变态度就比较难。

4. 态度的价值性

态度的价值性是指态度的对象对人的价值和意义的大小。如果态度的对象对旅游者的价值很大,那么对他的影响就会很深刻,因而一旦形成某种态度后,就很难改变;反之,态度的对象对旅游者的价值小,则他的态度就容易改变。

5. 态度改变的幅度

要转变一个人的态度取决于他原来的态度如何,如果两者差距太大,往往不仅难以改变,反而会更加坚持原来的态度,甚至持对立的情绪。例如,要让一个恐高症患者或在一次空难中死里逃生的人乘飞机旅行很难,甚至不可能。

(三) 旅游者的期望值

旅游者的期望值是人的旅游需要的一种期待,它是人的旅游行为所要追求的预期的结果在头脑中的一种超前反映。期望值的心理功能有:始动功能、导向功能和激励功能。期望值作为引发旅游动机的诱因,主要是由期望值的大小和成功概率来决定的。一般说来,对期望值看得较大,他就表现出较高的积极性,激发力量就较强,反之激发力量就弱;目标实现的可能性大,人就会增强信心,提高积极性,目标激励力量就大,反之就无激励作用。

(四) 外部条件的影响

除了旅游者和态度本身的特点影响态度的改变外,还有以下一些外部条件也能改变旅游者的态度。

1. 旅游产品的改变

旅游产品是旅游者在旅游过程中所购买的各种物质产品和服务的总和。旅游产品的改变包括产品或服务的形式、质量、价格等方面的改变。它是影响旅游者态度改变的重要因素,必须运用好旅游产品改变的心理策略。从某种意义上讲,根据旅游者的需要不断地更新旅游产品、提高产品的质量、降低成本和增加旅游目标的吸引力是改变旅游者态度的有效方法。

什么才能激发人的旅游动机呢？

其一，旅游产品必须有吸引力。

其二，旅游产品必须具有满足旅游者需要的能力。若旅游目的地或旅游企业不能提供名胜古迹、秀丽风光、风土人情、宏伟建筑和优质服务，就难以产生吸引力。一定的数量和齐全的品类也是满足人们需要的保证。人们外出旅游，都希望得到他们所希望的一切，如果其他旅游产品有限，主产品虽具有较大的吸引力，假如进不去、住不下、玩不开、走不动、得不到，也会使人们失望。若产品品类单不能满足不同层次、不同水平、不同类型人的需要和尊重，该产品也不会对人们的旅游动机起激励作用。

鉴于这种情况，为了改变旅游者的态度并促进旅游业本身的持续发展，必须更新旅游产品，不断提高旅游产品的质量。

（1）改善旅游基础设施的建设。旅游基础设施包括交通、通信、金融、文化娱乐、酒店宾馆等旅游接待元素，设施的建设要跟上时代发展的进步，要适应日益繁荣的经济环境的要求，运用先进技术，提高服务水平。

（2）运用先进的科学技术。这样可以简化服务过程，既节省了时间又方便了旅游者，有助于旅游者形成更加肯定的态度或变消极的态度为积极的态度。

（3）对旅游从业人员进行业务训练，来提高人际交往的能力。比如，美国航空公司对所有雇员进行了"业务分析"的训练，提高一线员工的人际交往能力和技巧。

（4）运用价格策略。对一般人来说，旅游服务项目的价格是一个比较突出、比较敏感的问题。因此，适当地运用价格策略，可以使旅游者产生"公平合理"的感觉。例如，在物价上涨的情况下，降低一些产品的价格或保持价格不动，但增加服务的品种和项目，可以获得较好的效果。此外，也可以改变服务的手段和策略，如预订车船票、代办金融信贷等业务，这些都可以改变旅游者的态度。

2. 其他信息的改变

从某种意义上来说，旅游者的态度是他们在接受各种信息的基础上形成或改变的。

（1）信息作用的一致性。

旅游者在行动前，会主动收集各种有关的信息。各种信息间的一致性越强，形成的态度越稳固，因而越不容易改变。

（2）旅游者之间的相互感染。

态度具有相互影响的特点。这在作为消费者的旅游者之间表现得尤为明显。因为旅游者之间的意见交流不会被认为是出于个人的某种利益，也不会被认为是有劝说其改变态度的目的，因而不存在戒备心理；此外由于旅游者之间角色身份、目的和利益的相同或相似性,彼此的意见也容易被接受。事实证明,当个人认为某种意见是来自与他自己利益一致的一方时,人们就乐于接受这种意见,有时甚至主动征询他人的意见,以作为自己的参考。

(3) 团体的规范、习惯力量等压力的影响。

旅游者的态度通常是与其所属团体的要求和期望相一致的。这是因为团体的规范和习惯力量会无形中形成一种压力影响团体成员的态度。如果个人与所属团体内大多数人的意见相一致时,他就会得到有力的支持;否则,就会感受到来自团体的压力。总之,旅游者态度在旅游选择的形成过程中有着重要地位,而影响旅游者态度的因素极为复杂,若将这些复杂的因素加以分析和整合,会发现旅游者态度形成或改变的一些心理规律,可以为旅游工作者进一步寻找相应的经营策略提供心理依据。

## 二 改变旅游者态度的方法

### (一) 改变旅游者态度的根本途径

提高旅游产品或服务的质量,赢得游客的信誉,是改变旅游者态度的根本途径。旅游产品是旅游者在旅游过程中所购买的各种物质产品和服务的总和。从某种意义上讲,更新旅游产品是改变旅游者态度的最基本、有效的方法。只有不断更新旅游产品,提高旅游产品质量,才能长期占有稳定的市场,保持源源不断的客源,促进旅游事业的持续发展。

1. 更新旅游产品,提高旅游产品质量

(1) 改善旅游基础设施的建设。旅游基础设施包括景点、交通、通信、金融、文化娱乐、酒店宾馆等,旅游接待设施的建设要符合人们的消费需要,要适应日益繁荣的经济环境的要求。

(2) 运用科学方法,完善服务的手段和策略,提高服务质量。运用科学方法对旅游从业人员进行业务训练,提高他们的服务水平,简化服务流程,有利于旅游者形成更加肯定的态度或变消极的态度为积极的态度。

2. 重视旅游产品的信息宣传

态度的形成首先来自对旅游产品的认知,通过旅游信息的宣传,向旅游者传送丰富的信息,有助于旅游态度的形成与改变。在旅游宣传的过程中,要注意以下几个方面的问题。

(1) 要加大旅游宣传的力度,不断开拓新的旅游市场,并进行全方位的宣传。

(2) 要有针对性地组织宣传,突出自身特点。针对特定旅游产品的宣传一定要以自身特点为重点。总之,通过提高旅游产品形象来赢得旅游者的信任,有利于旅游者对旅游产品服务形成积极的态度,激发旅游者的潜在动机,从而产生旅游行为,是改变旅游者态度的根本途径。

## (二) 改变旅游者态度的具体方法

### 1. 注意心理共鸣

注意心理共鸣指的是由他人的某种情绪引起的相同情绪,从而愿意受到他人的影响,产生他人所期待的行为。

旅游工作怎样才能调动人的积极情绪,从而引起共鸣呢?

首先要注意诱发人们的情感。要避免枯燥乏味、单调重复的形式,采用多种方法诱发人的情感,改变旅游者的态度。比如:"您想看同一纬度的另一个国家吗?我们这里跟您的国家处于同纬度,但风光人情另有意境,能让您难以忘怀。""您想了解日本文字、奈良舞乐、佛教和筑的渊源吗?请到中国来!在这里您可以了解两国之间的友好历史。"这样的宣传,令人觉得亲切,易于引起感情共鸣。因此,这样的宣传不易导致厌烦心理,使人更容易接受。

其次要注意运用权威暗示手段。权威由于在思想、品质、习惯、知识、成就等方面为人敬慕,他们的言行对其他人的心理有积极的暗示作用,使人直接或间接地、自觉或不自觉地认为权威言行是可信的,并模仿、追随权威的言行。权威的言行还是造成时尚(时髦)心理的主要原因,人们可能因某种一般号召(如探险、运动、节约、衣饰)而自觉地模仿,也可能有意识地仿效名人的行为,去购买某种服饰和纪念品。只要在社会上出现某种新奇行为,就会多人起而效之,于是模仿就造成时尚的流行。许多国家的旅游宣传机构利用名人、权威去旅游过的地方和购买用过的商品大做宣传广告,使得许多人竞相模仿,形成到某地的"旅游热"和"购买热"。权威越大,威信越高,对人产生的心理暗示效果越大。

同样,如果一个地方接待过政府高级官员、知名人士或举行过重要的国际会议等,那么这个地方会成为新闻报道的重点,新闻机构会将该地的旅游设施、风景名胜和这些人物、会议一起突出宣传,进行专栏报道、电视新闻报道,这样可以大大扩大宣传范围(往往遍及全世界),提高这个旅游地区及旅游企业和设施的声誉。名人到过该地该处这一行动本身会给人们一种暗示,使人相信此地非同一般,值得一游或值得一来。名人回去后如果评论自己的旅行,会产生更广泛的宣传作用,影响更多的人形成至该地旅游的愿望,那么这个名气大增的地方很快就会成为旅游热点。

最后要注意运用中立舆论的心理效果。人们并不是总相信一切宣传的,尤其是对那些明显自相矛盾、弄虚作假、吹牛浮夸的宣传,人们还会产生猜疑和厌烦心理。因此,我们要使人们消除猜疑心理和不信任感,产生积极的旅游态度,除了本身的旅游宣传要实事求是以外,借助中立舆论对人们的心理施加影响,也是一个很重要的策略。

利用权威暗示不是每个地方或企业都能办到的,但中立舆论却是大家都可以利用的。日本国际旅游振兴会每年都邀请大批外国作家、记者和旅游商到日本访问,埃及每年到旅游淡季时会邀请许多新闻团体访问,由于是以第三者的身份出现,在心理上会形成"自己人效应",容易产生信任感,其效果往往比旅游东道国或旅游企业自己作广告宣传更好。

### 2. 巧用逆反心理

人们常说："禁果最甜。"不少东西，你不想让他得到，他偏要得到；不想让他知道，他却更想知道。这便是逆反心理的一种表现。这种逆反心理在转变旅游者的态度中是可以利用的。有一种被称为"反宣传"的方式，就是借反对某种东西而宣传这种东西。如西方许多国家不准做香烟宣传广告，有的厂家就利用"反宣传"进行宣传，发布广告说："吸烟损害健康，我厂生产的某某牌香烟也不例外。"这看起来是在反对吸烟，而实际上却在诱惑吸烟者买他们的香烟。还有一种"反宣传"，就是通过对一种新观点的"质疑"、商榷和讨论来达到传播的目的，从而使新观点传播得更迅速、更普遍、更深入。

另外，还有一种方式，就是通过"揭短"来引发兴趣，如美国得克萨斯州有个小城市，人口只有8000人，毫无特色可言。该地大做广告说："此地没有发生过重大事件，此地没有任何奇特景致，这是一个处于我国末端的小城市。谁要想看一个毫无特色、微不足道的小城市，那就非光临我市不可。"这个广告说老实话，虽然揭示了自己的短处，但又突出了"我国末端的小城市"这一特点，很适合一些旅游者的猎奇心理，反而激起人们强烈的兴趣，引来了成千上万的旅游者。

### 3. 采取多样化营销手段

旅游营销是改变人们的旅游态度，推销旅游产品的主要手段。世界各旅游接待国为了争取客源，在对外营销方面展开了竞争，在"吸引力"问题上研究了很多对策。以日本为例，在该国的一次"观光状况年次报告"中，对海外的营销活动作了专题论述。他们在研究了国际旅游市场的动向、访日旅游者的兴趣和爱好之后，提出了国外宣传的主要策略，具体如下。

（1）广告、专栏报道。

（2）举办旅游讲座。

（3）邀请外国旅游商和国外报道联络员配合选题。

（4）参加或举办海外展览，如交易会、展览会等。

（5）在国外演出，对乡土艺术进行宣传。

（6）派遣旅游代表团出国作访问宣传。

（7）宣传印刷品的编辑、发行。编辑、发行宣传印刷品的小册子、地图、广告画、旅游手册等，印有彩色照片、介绍风光的旅游指南。

（8）电影的摄制、发行。

（9）与国际旅游单位配合共同宣传。

### 4. 提高旅游产品形象

旅游产品形象是旅游者和潜在旅游者对旅游产品的总体评价，是旅游产品的特征与服务在旅游者和潜在旅游者心目中的反映。好的形象会产生好的感受,对增强或改进旅游者或潜在游者的态度起着重要作用,对促进旅游者或潜在旅游者接受和使用该旅游产品或享受服务有重大影响。

因此,我们要注意树立产品形象观念:要以市场为导向,根据客源市场的需求特点及变化,进行旅游产品的设计;要以旅游资源为基础,把旅游产品的各个要素有机结合起来,进行旅游产品的设计和开发,特别要注意在旅游产品设计中注入文化因素,增强旅游产品的吸引力;要树立旅游产品的形象,充分考虑旅游产品的品位、质量及规模,突出旅游产品的特色,努力开发具有影响力的拳头产品和名牌产品;要随时跟踪分析和预测旅游产品的市场生命周期,根据不同时期旅游市场的变化和旅游需求,及时开发和设计适销对路的旅游新产品,不断改造和完善旅游老产品,从而保持旅游业的持续发展。

## 任务拓展

### 华人受辱致中国游客锐减36% 大马高官来华救市

2005年,多起"华人受辱事件"使中国游客赴马来西亚旅游大受影响,"2005年到马来西亚旅游的中国游客数量是35万多人,而2004年这一数字是55万。"时任马来西亚旅游部副部长拿督林祥才坦言,访马来西亚的中国游客大幅减少,为此今后该国将推出多项优惠措施,希望能吸引更多的中国游客。

林祥才认为,到马来西亚旅游的中国游客的减少,并不仅仅是因为"华人受辱"等事件,而是出现这些负面报道后,没有向媒体好好解释。此外,随着欧洲等越来越多的国家成为中国公民的旅游目的地,游客大量分流。

多重原因导致了2005年马来西亚中国游客比2004年减少36%,游客数量的大幅急速下滑,使得林祥才在两个月时间内两次赴华,以便尽快恢复中国的客源市场。他表明,马来西亚将为中国游客提供更多优惠的节日旅游套餐和购物优惠券,来吸引中国游客。

思考:

1. 试分析中国游客对马来西亚态度的变化过程。

2. 试讨论应对措施,并以角色扮演的形式,进行事件模拟。

## 知识链接

### 态度改变强化理论

这一理论的代表人物是哈弗兰德、斯塔茨和贾尼斯等人。强化理论认为,态度是在刺激作用下不断形成和改变的,人们生活的态度就像对事物的概念、思想意识、思维方式和习惯一样,是在刺激作用下,通过反应而不断学习获得的。强化理论是以行为主义为基础,强调条件反射、刺激-反应和强化在态度改变中的作用。强化理论认为,态度的获得经历了联系、强化、模仿三个相互联系的过程。

当几个相关刺激经常出现时,就发生联想作用,就其机制而言是形成暂时神经联系。这种暂时神经联系逐渐地固定化,形成新的定式,从而使人形成新的态度,改变旧的态度。

强化也是态度形成与改变中不可缺少的,它在建立暂时神经系统的过程中起着重要作用。强化有正负之分,奖励、赞赏、社会认同等能形成正强化,促进心理倾向的持续,产生肯定的态度;而惩罚、批判则形成负强化,引起对某种对象的否定态度。

强化作用有助于解释态度与行为不一致的现象,也有助于解释部分态度的形成与改变过程。强化理论认为,在有些环境下从事与态度不一致活动的较大的刺激,会比较小的刺激产生更多的态度变化,特别是新增加的刺激起到强化作用时,其现象表现得更为明显。强化能够增加说服性交流信息的作用,外在的强化促进了态度的变化,强化作用越大,态度的变化就越大。

态度也可以通过模仿和学习获得,在模仿他人的行为和态度时,一般倾向于模仿自己所爱、崇拜的对象。儿童往往模仿自己的父母与兄长的态度,随着儿童交往的深入,模仿的对象就不仅是父母了,教师、模范、朋友、知名人士都可成为模仿的对象。

# 项目六
# 旅游者群体

### ◇知识目标

了解团队旅游与散客旅游的区别,掌握各旅游者心理及服务技巧;

掌握出、入境旅游者共同的心理特点;

掌握不同年龄段旅游者的心理以及相应标准的接待服务。

### ◇能力目标

综合把握几种典型旅游者群体心理,能用来解决实际问题。

### ◇素质目标

使学生具备有效群体管理的能力。

# 工作任务一　认识群体

### 任务导入

H市××旅行社的地陪小王接了一个团,该团到H市时已是行程倒数第二站了。带团过程中,小王发现不管是在餐厅,还是在景点,有一位姓施的游客与其他的团友总是不合群。小王很纳闷,他想,一位游客如果不合群,那出门旅游还有什么乐趣可言呢?小王想解决这个问题,于是他去问全陪。全陪告诉他,这个旅游团的游客,除施先生外,其他都是一个单位的员工。施先生到旅行社报名时,刚好这一团成行,且行程也一样,于是旅行社便把他安插进了这个旅游团。知道原委后,小王采取了一些措施,如在用餐时,他特意询问该游客,饮食是否符合胃口;在游览过程中,他故意与该旅游走在一起并与其聊天等,目的是以此引起其他游客的注意,但因为行程已接近尾声,收效不大,其他游客与他的交往很少。

那么,作为导游人员,在带团过程中碰到类似本案例中的情况应怎么办呢?

### 任务解析

人不能脱离社会群体而独立生存,社会群体通过从众心理对个人的行为有着明显的影响。旅游者个体的旅游行为除了受知觉、学习、动机、个性以及态度等个体心理因素影响之外,还要受到社会群体的影响。家庭、学校、机关、部队以及各种协会、学会、社会阶层、旅游团体等都是社会群体,社会是由相应的社会群体构成的。

### 相关知识

#### 一　群体的概念

群体是指在共同目标的基础上,由两个以上的人所组成的相互依存、相互作用的有机组合体。群体并不是个体的简单集合,几个人偶然坐在火车上的邻近的座位上,几十个人在海滨游泳戏水,都不能称为群体,群体是指在共同目标的基础上,由两个以上的人所组成的相互依存、相互作用的有机组合体。

#### 二　群体的特征

群体作为一种由人组成的有机组合体,它时时刻刻都对个体和组织发生着影响,并由此体现出自身的特征,其本质特征表现为以下几个方面。

### （一）成员们的目标共同性

群体之所以能够形成，它是以若干人的共同的活动目标为基础的，正是有了共同的目标，他们才能走到一起并彼此合作，以己之长，补他人之短，以他人之长，弥合自己之短，使群体爆发出超出单个个体之和的能量。群体的这一特性，也是群体建立和维系的基本条件。

### （二）群体自身的相对独立性

群体虽然是由一个个的个体所构成的，但一个群体，又有自己相对独立的一面。它有着自身的行为规范、行动计划，有自己的舆论，而这些规范、计划和舆论，不会因为个别成员的去留而改变。

### （三）群体成员的群体意识性

作为一个群体，它之所以能对各个成员产生影响，并能产生巨大的动力，就是因为群体中的每个成员都意识到自己是生活在某一个群体里，在这个群体中，成员之间在行为上相互作用，互相影响，互相依存，互相制约。在心理上，彼此之间都意识到对方的存在，也意识到自己是群体中的成员。

### （四）群体的有机组合性

群体不是一个个个体的简单组合，而是一个有机的整体，每个成员都在这个群体中扮演一定的角色，有一定的职务，负一定的责任，并以做好自己的工作而配合他人的活动，使群体成为一个聚集着强大动力的活动体。

在这个问题上，美国心理学家霍曼斯经过研究认为，任何一个群体的社交行为，都包括以下三个因素。

1. 任务活动因素

任务活动因素即人们所从事的工作活动。这种活动属于浅层外显活动，一般容易为他人所觉察。例如，交谈、工作、学习、社交等等，它常常是组织衡量一个人工作效率的依据。

2. 相互作用因素

相互作用因素就是在完成任务时，人与人之间的行为影响，例如，彼此之间语言行为和非语言行为的相互沟通和接触，以及对他人的活动进行分析，他人的行为与自己的关系等等。

3. 情感活动因素

情感活动因素即个人之间以及个人与群体、个人与活动之间的情感反应。这种因素是属于深层的内隐的因素,一般不易直接观察到,但是,可以通过活动特点和他人的相互作用的方式等来了解,这可进一步加深相互之间的认识,有利于进行更加密切的配合。

这三个因素之间的关系可以用一句话来概括:三个因素互为双向反应。后来许多研究者也认为,群体的存在,一般都离不开这三个因素。首先,必须有共同活动的内容,没有共同活动的内容,群体也就不可能存在下去;其次,活动的成败又取决于人们对活动的认识、态度和情感,同时为了使活动顺利进行而又必须得到人们的相互协作和密切的配合;最后,在群体中,人们的感情交往往往占有重要地位,它不仅仅与活动的顺利进行有关,而且与人们之间的交往有关,交往产生感情,感情促进交往和协作。

### 三 群体的种类

由于构成群体的维度不同以及各种维度之间的关系有别,群体也就有许多不同的种类。

#### (一)平面群体和立体群体

这是就参加群体人员的成分而言的。所谓平面集体,是指参加这一群体的人员,在年龄特征上、知识结构上、能力层次上以及专业水平上,基本上大同小异,属于同一类型。这样的群体,活动比较单一,服务面也比较窄。而立体群体,则是由四种基本维度水平相差较大的成员所组成,他们虽有差异,但却各有所长,这既可以做到各发挥优势,又可进行相互弥补,使群体成为一个可以进行复杂活动且服务面也非常广的群体。这种群体有着强大的活力。例如,有的单位,由于人员素质好,各具所长,所以,当活动需要转向时,很容易就能转过去,而且很快就能站住脚,像这样的群体,就属立体型群体。

#### (二)大群体和小群体

这是根据群体人数的多少而划分的。所谓小群体,是成员之间能够直接在心理上相互沟通,在行为上相互接触和影响的群体。这种群体一般以 $7\pm2$ 人为最佳,但也有人认为,可以有十几个或二三十人,但上限不能超过 40 人。具体地说,这种群体如部队的班排、学校的班级、工人的班组、机关的科室、行政领导班子等等。而大群体,人员较多,成员之间的接触联系就不太直接了,相对来说,在这种群体里,人与人之间关系的维系,社会因素占的成分比心理因素大,具体来讲,大群体可以大到阶级群体、阶层群体、民族群体和区域群体,也可以小到一个厂、一个公司等。

#### (三)假设群体和实际群体

这是就群体是否实际存在而言的。所谓假设群体,是指虽有其名,而无其实,在实际中并不存在的一种群体。它是为了某种需要,人为地将人群按不同的方式加以划分。例如,凡是下过乡的知青,都不自觉地归入"锻炼类"。一般同种经历的人相遇,就觉得亲近几分。再如,目前我国正处于经济建设的高潮期,大量的年富力强的知识分子就成了中坚力量,于是，社会上就把40~50岁的知识分子称为"中年知识分子"等等。这些群体都属假设群体，因为这些人从没有自觉地聚集在一起，也没有直接交往，甚至根本就不认识，只是因为他们在某些方面具有共同点而已，如共同的经历，共同的年龄特征、职业特征，典型的社会心理特征等，由此可见，这些群体实际并不存在，只是为了研究的方便而创设的，故称之为假设群体。

实际群体则是现实生活中实际存在的，其成员之间有着各种各样的联系。如工厂中的车间、班组、行政机构中的科室等，都是实际群体。

### （四）参照群体和一般群体

这是就群体在人们心目中的地位而言的。参照群体也叫标准群体，所谓参照群体是指这类群体的行动规范和目标，会成为人们行动的指南，成为人们所达到的标准。个人会自觉地把自己的行业与这种群体的标准相对照，如果不符合这些标准，就会立即修正。这种群体对人的影响很大，美国心理学家米德认为，这种群体的行为标准和行为目标会成为个人的"内在中心"。例如，某些先进的班组、科室和连队，它们的规范自然而然地变成每个成员的行为准则。在现实生活中，各人所参加的群体不一定是心目中的参照群体，往往有这样的情况，一个人参加了某一群体，但在他心目中却把另一群体作为自己的参照群体。在这种情况下，如果处理不好，往往会造成对自己所处的群体感情淡薄，有的甚至会走向反面。当今社会上青少年犯罪率之所以增高，和这些不无关系。要改造他们，就要设法使他们置身于参照群体。

一般群体则是指参照群体以外的群体。

### （五）正式群体和非正式群体

这是指群体的构成形式而言的。这种划分最早来自美国心理学家梅约的霍桑实验。所谓正式群体，是指由官方正式文件明文规定的群体。群体的规格严格按官方的规定建设，有固定的成员编制，有规定的权利和义务，有明确的职责分工。为了保证组织目标的实现，有统一的规章制度、组织纪律和行为准则。我们平时所见到的工厂的车间、班组，学校的班级、教研室、党团、行政组织，部队的班、排等，都属于正式群体。

非正式群体则是未经官方正式规定而自发形成的群体。它是人们在共同的活动中，以共同利益、爱好、友谊及"两缘"（血缘、地缘）为基础自然形成的群体。它没有人员的规定，没有明文规定各个成员的职责。它追求的是人与人之间的平等，活动的目的是使每个成员的社会需求得到满足。它的"领袖"人物是自然产生的，他们的行为受群体的不成文的"规范"来调节。例如，"棋友"、"球友"等同行的友好伙伴，某种具有反社会倾向的团伙等都属于非正式群体。非正式群体在某种情况下具有特殊的作用，有时甚至比正式群体的作用还大。

除了上述群体外，在我们的生活中还存在着以成员的相互关系的程度和发展水平而进行划分的群体，如松散群体、联合式群体等。

## 四 群体的功能

群体之所以形成、存在和发展,主要在于它有一定的特殊功能。概括地说,群体具有两大功能:一是群体对组织的功能;二是群体对个人的功能。

### (一) 完成组织任务,实现组织的目标

这一功能,是对组织而言的。作为一个群体,只能在活动中生存,它的活动,就是为了完成组织的任务。群体是一个由若干人组织起来的有机组合体,它具有单个人进行活动时所没有的优越性,成员之间为了共同的奋斗目标,互相协作,互发所长,互补不足,使群体产生巨大的动力,促使活动顺利进行,圆满地完成任务,俗话说,"众人拾柴火焰高",群体的力量是巨大的。

### (二) 满足群体成员的多种需要

群体的这一功能,是指群体对个体而言的。群体形成后,其成员的各种需要,就以其为依托而得以满足。而群体本身也正好具备这一功能。

1. 使成员获得安全感

作为一个个体,只有当他属于群体时,才能免于孤独的恐惧感,获得心理上的安全。

2. 满足成员亲和和认同的需求

群体是一个社会的构成物,在群体中,人们的社会需求可以得到满足。群体给人提供了相互交往的机会,通过交往,可以促进人际间的信任和合作,并在交往中获得友谊、关怀、支持和帮助。

3. 满足成就感和自尊的需求

在群体中,随着群体活动成功的增长,成员的成就感也得到了相应的满足,并从成就感中勃发出新的动力;与成就感相伴随的,是人们对自尊的需求。而在群体中,各人有各人的位置,处于各种不同位置的人,都会彼此尊重。所以说,每个人在群体中的自身活动,都是满足自尊的一种最好的形式。

4. 在满足需求的基础上产生自信心和力量感

这是群体活动的动力来源。群体的两大功能之所以能得以充分发挥,是和群体有其强大的动力源泉分不开的。作为一个群体,一方面它表现出自己的能量,另一方面,也积蓄着供自己活动的动力,只有这样,群体才是一个健康的群体。在日常生活中,有些群体之所以由盛到衰,很大程度上是因为群体自己不再拥有"造血"的功能。

### 任务拓展

据江西省旅发委通报,2016年3月20日下午,南昌新旅程旅行社导游人员因游客不满团队行程问题而与游客发生冲突,在九江遭北京游客殴打,之后形成群体性事件。截至3月21日18时20分,被打导游人员与游客基本达成治安调解协议,目前相关善后工作仍在进行之中。

## 工作任务二　团队与散客旅游者心理

### 任务导入

#### 制止游客迟到、拖沓的行为

"各位团友,现在我们要去游览的是江南名刹——灵隐寺,我们在灵隐寺游览的时间是一个半小时,下车后请大家跟我走。如果有不去游灵隐寺的,可以下车自由活动,但11∶00一定要上车,请记住我们车子的颜色和车号……"在到灵隐寺时,导游人员赖小姐正对着她的游客宣布注意事项。在两天的游览过程中,总有那么几个游客时常迟到,说好8∶00去用早餐的,有的却拖到8∶30才从客房出来;景点游览也一样,有几个游客总喜欢让人家等他们,赖小姐提醒他们不要迟到、拖沓,但他们总有十足的理由,对此一些游客也颇有微词。

赖小姐带游客游览灵隐寺,上车时是10∶55,但到了11∶00,又有两个游客未准时上车,与以前一样,还是要等他们。她想,如果不及时采取措施,会导致旅游团的涣散;另外,若经常为此事而提醒,守时的游客听了也会不耐烦,等到11∶05,两位游客仍未上车,赖小姐拿起车上的麦克风笑着对车上的游客说:"我们说好11∶00准时上车,现在还有×小姐和×小姐没回来,她们回来后,我们罚她们唱一首歌,好不好?"游客齐声附和。过了七八分钟,两位小姐终于姗姗而来。赖小姐照事先安排,让游客出面,罚那两位迟到的小姐唱首歌,两位小姐在游客们的一致要求下,只好唱了歌。为了给这两位小姐面子,她们唱完后,赖小姐自己也唱了一首歌。唱完后,赖小姐一边笑一边反话正说:"欢迎大家迟到。我们定一个规矩:第一次迟到者唱歌;第二次迟到者跳舞;第三次迟到者载歌载舞。大家说好不好?"游客们齐声叫"好"。至此之后,迟到、拖沓的事情再也没有发生。

如何接待团队旅游者?

### 任务解析

随着旅游市场的日趋成熟、游客自主意识的增强、旅游者消费观念的改变、交通和通信的进步以及散客接待条件的改善,团队旅游有安全感、省时方便、价格便宜的优势对旅游者的吸引力已有所下降,而针对团队旅游的弱势而产生的散客旅游以其独特的优点吸引着广大旅游者。

### 相关知识

## 一 团体旅游与散客旅游

### (一)团体旅游

团体旅游,也称集体综合旅游,旅游者一般按旅游批发商制定的日程、路线、交通工具、收费标准等做出抉择后事先登记,付款后到时成行。优点是日程、线路、所住旅馆、参观节目都按计划进行,收费比单独出游低,尤其去某些语言不通的国家和地区,团队派有导游人员,颇受旅客欢迎。

### (二)散客旅游

1. 含义

散客旅游,也称个别旅游,其旅游日程、线路等由旅游者自己选定,然后再由旅行社作某些安排,如机票、酒店等。因散客旅游灵活、自由,可选择性强,因此为很多旅游者所喜爱。换句话说,散客旅游是由旅游者自行安排旅游行程,零星现付各项旅游费用的旅游形式。

散客旅游并不意味着全部旅游事务都由游客自己办理而完全不依靠旅行社。实际上,不少散客的旅游活动均借助了旅行社的帮助,如出游前的旅游咨询;交通票据和酒店客房的代订;委托旅行社派遣人员途中接送;参加旅行社组织的菜单式旅游等。散客旅游也并不意味着只是单个游客,它可以是单个游客,也可以是一个家庭或几个亲朋好友,还可以是临时组织起来的散客旅游团,人数通常少于旅游团队。

2. 散客旅游的特点

(1)规模小、批次多。

由于散客旅游多为游客本人单独出行或与朋友、家人结伴而行,因此同团体旅游相比,人数规模小。对旅行社而言,接待散客旅游的批量比接待团体旅游的批量要小得多。虽然散客旅游的规模小、批量小,但由于散客旅游发展迅速,采用散客旅游形式的游客人数大大超过团体游客人数,各国、各地都在积极发展散客旅游业务,为其发展提供了各种便利条件,散客旅游更得到长足的发展。旅行社在向散客提供旅游服务时,由于其批量小、总人数多的特征,从而形成了批次多的特点。

(2) 消费高、要求多。

散客旅游中，大量的公务和商务游客的旅行费用多由其所在的单位或公司全部或部分承担，他们在旅游过程中的许多交际应酬及其他活动，一般都要求旅行社为他们安排，这种活动不仅消费水平较高，而且对服务的要求也较多。

(3) 变化大。

由于散客的旅游经验还有待完善，在出游前对旅游计划的安排缺乏周密细致的考虑，因而在旅游过程中常常需临时变更其旅游计划，导致更改或全部取消出发前向旅行社预订的服务项目，而要求旅行社为其预订新的服务项目。

(4) 预定期短。

同团体旅游相比，散客旅游的预定期比较短。因为散客旅游要求旅行社提供的不是全套旅游服务，而是一项或几项服务，有时是在出发前临时提出的，有时是在旅行过程中遇到的，他们往往要求旅行社能够在较短时间内安排或办妥有关的旅行手续，从而对旅行社的工作效率提出了更高的要求。

(5) 服务项目少。

散客旅游服务项目完全是散客个人自主选择而定，所以除散客包价旅游之外，其他形式的散客导游服务在服务项目上相对较少，有的只要求单项服务，如接站服务、送站服务等。

3. 团队旅游与散客旅游方式的区别

(1) 旅游方式。

旅游团队的食、住、行、游、购、娱通常是由旅行社或旅游服务中介机构提前安排，而散客旅游则不同，其外出旅游的计划和旅游行程都是由自己来安排，但不排除他们与旅行社产生各种各样的联系。

(2) 人数。

旅游团队一般是由 10 人以上的旅游者组成，而散客旅游以人数少为特点，一般由一个人或几个人组成，可以是单个的旅游者，也可以是一个家庭，还可以是几个好友组成。

(3) 服务内容。

旅游团队是有组织按预定的行程、计划进行旅游。而散客旅游的随意性很强，变化多，服务项目不固定，而且自由度大。

(4) 付款方式和价格。

旅游团队是通过旅行社或旅游服务中介机构，采取支付综合包价的形式，即全部或部分旅游服务费用由旅游者在出游前一次性支付。而散客旅游的付款方式是零星现付，即购买什么，购买多少，按零售价格当场现付。由于团体旅游的人数多，购买量大，在价格上有一定的优惠。而散客旅游则是零星购买,相对而言,数量较少。所以,散客旅游的服务项目的价格比团队旅游的服务项目的价格就相对贵一些。另外,每个服务项目,散客都按零售价格支付,而团队旅游在某些服务项目(如机票、住房)上可以享受折扣或优惠,因而,相对较为便宜。

## 二 团队旅游者心理及服务技巧

### (一)团队旅游者心理

参加旅游团队的游客只是世界出游大军的一部分,但这部分游客的绝对数量是可观的。团队旅游者的心理需求体现在以下几个方面。

1. 求省心

"我在度假,我不想为任何事情担忧",这是参加旅游团队游客的普遍心理。团队游过程中,食、住、行、游、购、娱通常是由旅行社或旅游服务中介机构提前为旅游者安排的,不需要为行程、食宿等事情操心,可省去很多繁琐的工作,尤其是人数较多的话,旅行社的操作经验较足,旅行者也比较放心,不用自己做决定,只要享受旅游过程就好。

2. 图实惠——省时省钱

一次设计合理的旅游能减少浪费的时间,能确保游客用一种方便而有效的方式,看到所有重点的景点。并且由于旅游团队人多,游客多,旅行社在预订酒店、预订交通票时获得的价格优惠会部分转让给游客,使游客的出行比自己单独出行更便宜,长距离的跨国旅行更是如此。

3. 求友谊

一般而言,出游的目的地及其相关价格预先决定了旅游团成员的社会经济水平与在旅行期间,因为同游、交谈、相互关照,旅游团成员之间会建立起友谊,满足旅游者社会交往的心理需求。

4. 求安全

人会因环境陌生感产生惶恐感,环境越是陌生,认知的经验越少,就越是如此。这是大部分游客的共同心理,表现为人地生疏而引起的神经质,语言上的隔阂引起的不安,以及风俗习惯不同而带来的紧张等。优秀的导游人员能给游客信任感,消除游客的不安感和紧张感,使游客有信心去探访陌生、不寻常的地方,人只有有了归属感,才会有高度的心理稳定感。当游客参加特种旅游或有老人、儿童同游时,导游的安排就显得更有必要。

5. 求品质

希望对看到的景物、到过的地方有正确、深入、全面的了解,导游人员丰富的相关知识能满足游客的这种需求。

### (二) 服务技巧

#### 1. 准备充分,落实稳当

接团前,旅游服务人员要做好充分准备,熟悉并掌握旅游团的相关情况,注意其中的特殊要求和注意事项;落实旅游车辆、接待、住房、用餐、行李运送等相关事宜;核对旅游活动的日程内容;准备好接团用的导游证、胸卡、导游旗、接站牌、结算凭证等物品,保证无遗漏;同时做好自身知识、形象、心理准备等。保证万无一失,使团队旅游者省心。

#### 2. 多提供个性化服务

个性化服务是一种建立在理解人、体贴人的基础上的富有人情味的服务。导游人员要在做好旅游合同规定的导游服务的同时,对旅游者的特别需求给予"特别关照",使他们感觉受到了优待,产生自豪感。多提供个性化服务的关键在于导游人员心中是否有游客,眼中是否有"活儿",是否能主动服务。"细微之处见真诚,莫因小事而不为"应当是导游人员的箴言。导游人员在带团过程中,将自己定位于旅游者的朋友。行动中也的确时时处处像朋友一样为他们着想,让游客感到宾至如归之感,而且可以尽享旅游之美、之乐;同时也会让导游人员工作中出现的小失误,得到游客真心的谅解,从而使工作更加顺利、愉快。

#### 3. 协调好各方关系

有经验的导游人员一定会处理好团队中方方面面的关系,即导游人员与领队、司机、全陪、地陪、旅游者的关系,这些关系处理好了,带团工作就成功了一半了。在实际工作中,即使导游人员做到了"一视同仁",旅游者也会根据某些待遇上的差别来指责导游人员有亲疏远近之别。有经验的导游人员会尽量避免让一个旅游团的客人得到不同的待遇,例如进餐安排的先后、乘坐的旅游车的好坏等。实在不能避免,导游人员事先一定要和旅游者商量,取得他们的谅解。对于"吃亏"的客人,事后应给予一些补偿,使他们保持心理平衡。此外,还有一方面的关系必须协调好,那就是团队内部成员之间的关系。

## 三 散客旅游者心理及服务技巧

### (一) 散客旅游者心理

#### 1. 自主意识增强

在社会稳定和具备一定经济基础的前提下,旅游者选择旅游目的地和旅游方式更注重体现个人的自主意识,而随着信息产业的发展,人们更容易获得各种旅游方面的知识。知识的积累和旅行经验的丰富,使人们对旅行社及旅游中介机构的依赖性逐渐减弱,人们出游的自主意识和参与意识日趋增强,使越来越多的人喜欢结伴旅游或全家一起出游,自主地选择目的地、参观的景点及其他旅游活动。求自主,反包办;求自由,反干预。

2. 心理成熟度提高

心理成熟表现为有较大的选择性和独立性,从茫然和胆怯到经验丰富、信心十足;从必须加入旅游团到往往宁愿做"散客";从随大流地购买标准化的旅游产品到选购甚至"定制"个性化的旅游产品,从慕名前往一些众所周知的旅游胜地到自己去发现"旅游胜地";从匆匆忙忙、东奔西跑进行"走马观花式"的巡游,到选定一两个地方进行"走马观花式"的滞留型旅游;在旅游中,从只是"旁观"到也要"参与",从只是"领受"到也要做出自己的"贡献";从只重视旅游的"结果"到既重视旅游的"结果"也重视旅游的"过程";从只是"被组织"、"被安排"到"自己组织"、"自己安排"。

3. 需求层次提高

现代旅游者之所以要花费时间和金钱,去过一段不同于日常生活的生活,为的是寻求补偿和解脱,从日常生活所造成的精神紧张中解脱出来,去接触一些日常生活中接触不到的事物,做一些日常生活中想做而没有条件去做的事情。现代旅游者不想从日常生活的围城中冲出来,又跳进团队旅游的围城中去,尤其是在旅游者中,中青年人数在增加,他们中相当多的人性格大胆,富有冒险精神,带着明显的个人爱好寻求旅游目的地和旅游方式,不愿受到限制和束缚。他们寻求表现自己、突出自己、充实和提高自己的机会。

4. 个性消费明显

旅游市场的飞速发展,使身处其中的旅游消费者发生着观念的变化,以及由心理的变化带来的观念的变化和旅游行为的变化。旅游者不仅仅把旅游看成是一种花钱买享用和观赏的经历,而且把旅游看成是一种花钱买操作和表现的经历。单一形态的团队旅游形式对旅游者的吸引力有所下降,而且越来越明显的是,旅游消费者越来越趋向于选择能体现自己的生活质量、个性特征,能让自己由被动变主动、积极参与到其中的散客旅游方式。这样,一些诸如"民俗旅游"、"探险旅游"、"体育旅游"、"回归自然旅游"、"环保旅游"等项目悄然兴起,并深受旅游消费者的欢迎。

5. 购买力增强

旅行社的出现就是为了给旅游者提供低廉的价格、优质的服务,因而大受欢迎。现在旅行社通过批量购买、强劲的计价还价实力,在交通费用、住宿餐饮和景区门票等方面获得折扣,从而降低了旅游者的旅游花费。这种价格比旅游者个人自助旅游的花费要低得多,因此,参加旅行社旅游一直是观光旅游的主要组织方式。但随着经济水平的提高,人们购买力逐渐增强,对经济支出的心理承受能力提高,对价格的关注程度下降,而对旅游经验更加重视。自助旅游行程灵活、购物灵活,能满足旅游者的心理需要,因此散客旅游迅速发展。

## (二) 散客旅游者导游服务的要求

### 1. 接待服务效率高

散客旅游由于游客自主意识强,往往要求导游人员有较强的时间观念,能够在较短的时间内为其提供快速高效的服务。

在接站、送站时,散客不仅要求导游人员要准时抵达接、送现场,而且也急于了解行程的距离和所需的时间,希望能够尽快抵达目的地,所以要求导游人员能迅速办理好各种有关手续。

### 2. 导游服务质量高

一般选择散客旅游的,往往旅游经验较为丰富,希望导游人员的讲解更突出文化内涵和地方特色,能圆满回答他们提出的各种问题,以满足其个性化、多样化的需求。因此,导游人员在对散客服务时,要有充分的思想准备和知识准备,以便为游客提供高质量的导游服务。

### 3. 独立工作能力强

散客旅游没有领队和全陪,导游服务的各项工作均由导游人员一人承担,出现问题时,无论是哪方面的原因,导游人员都需要独自处理。所以,散客导游服务要求导游人员的独立工作能力强,能够独自处理导游活动中发生的一切问题。

### 4. 语言运用能力强

由于散客的情况比较复杂,他们中有不同国家或地区的、不同文化层次的、不同信仰的游客。在带领选择性旅游团时,导游人员进行讲解时在语言运用上需综合考虑各种情况,使所有的游客均能从中受益,切忌偏重某一方。

## (三) 服务技巧

散客旅游的发展是旅游业的发展进入更高层次、更新阶段的产物,也是旅游业发展的必然趋势。旅游部门要利用自身的资源、信息和规模经济优势,协助散客旅游者得到更好的旅游经历,获得低廉的价格和更优质的服务。

### 1. 尊重旅游者的自主意识,满足其高层次需要

旅游业原本给旅游者提供了方便,但为旅游者提供老一套"标准化"的产品,把大批的旅游者像货物一样来"运送"和"分发",这对旅行社来说很方便,但毫无疑问不会受到旅游者,特别是成熟型的旅游者的欢迎。他们需要的不仅仅是方便,更需要亲切感、自豪感和新鲜感,旅游从业人员要认真研究旅游者的需要,并提供相应的服务。旅游者的旅游需要是在已有的方便和安全的基础上,体现自己的生活品位、个性特征;解脱日常生活的束缚,充

分享受自由和放松；充实、提高自己，让自己成长。

2. 针对旅游者的个性特征，转变旅游服务人员的角色作用

在散客旅游中，旅游者因为环境陌生、人地生疏、语言隔阂、风俗习惯不同等原因，在旅游准备阶段和初次抵达旅游地时会产生不安、激动和兴奋的心理，同时，散客导游人员的作用与团队导游人员的作用又不大相同，导游人员面对的不是一个团队，而是几个甚至是一个游客，其作用更侧重于翻译、向导和沟通。因此，导游人员应该提供更加专业、更加个性化的服务，以满足散客旅游者的需求。

3. 健全完善游客的接待设施，加强旅游信息的功能

现阶段散客旅游的接待设施虽已初步具备，但仍需继续完善，如加强旅行社与旅游饭店的结合服务，建立和健全散客旅游接待的社会综合信息服务网络等。

总之，散客旅游的兴起和发展是世界旅游发展的必然趋势，散客旅游的市场发展潜力是相当可观的。旅游企业应该认真研究这一趋势，加快散客旅游市场的开发，探索新的旅游业管理模式，以适应世界旅游市场的发展。

### 任务拓展

由于天气的原因，小朱接待的这个团已经三进机场了。小朱从问讯处得知今天的航班仍因天气原因延期，当他把原因告诉游客后，他们竟冲着小朱嚷开了。

"我看不是天气的原因吧，去北京、上海的飞机都能飞，为什么去重庆的就不能飞？我看是你们旅行社拿机票拿不过别人，每次都让别人把我们挤下来。"

"是不是以为我们好欺负，把我们当笨蛋，拿我们开涮？告诉你，小心点，我们不是那么好欺负的！"小朱耐心地解释说："中国幅员辽阔，各地的天气差别很大。重庆处在中国的第二个地理台阶的位置，目前的气象条件恶劣，所以现在还不能往那里飞……"小朱刚说完，马上有人说："你们既然知道这个情况，为什么还要让我们来旅游？你们完全可以不让我们来嘛！"

另一位游客接着说："你们可以改变旅游线路，让我们先到成都，再从成渝高速公路到重庆嘛。我看，真正的问题是你们旅行社只想赚钱，根本不管我们的死活！"

又有一位游客接着说："我看你这个姓朱的跟你们旅行社的头儿是一伙的，把我们糊弄过去之后，你可以多拿一份奖金哪！"

还有一个游客恶狠狠地说："朱大小姐，今天你得把你们旅行社的种种罪行给我们写下来，回去以后我们要到旅游局去告你们！到北京去告！"

小朱感到十分委屈，又十分窝火。她走到离客人远一点的地方，拿起手机，拨通了给她上过课的赵先生。赵先生听了小朱的诉说后，说："你这个团可能已经发生了'骚动'，游客的思维就是这个样子的。现在不必解释什么了。想想办法，先带他们去一个地方玩玩。"

小朱联系了一辆车,带客人回市区。坐在车上,那些客人还在那里你一句我一句地指桑骂槐。

### 知识链接

不同地区游客的个性心理分析及接待技巧

1. 东北地区(黑龙江、吉林、辽宁)

东北人以豪爽、重感情、好交往、讲义气著称,他们的言语、行动都比较实在、坦诚、耿直,具有幽默、不拘泥等特征。

针对东北地区游客的个性特点,旅游接待技巧如下:导游人员在接待时要善于进行感情投资,也要"够哥们,够朋友"。有经验的旅游服务人员正是抓住了东北人豪爽耿直的心理,和东北人处得宛如家人,这样就自然使接待工作得心应手。要热情大方,充分听取其意见,欢迎词多使用幽默风趣的语言,要态度诚恳,坦诚相待。

2. 以北京为代表的华北地区

主要指以北京、天津为中心的地区,也包括河北、山西等周边地区。该地区历史文化悠久,具有独特的燕赵文化韵味,即粗犷、豪放、激越、慷慨的雄风侠骨。在个性方面待人真诚、人情味浓,开朗幽默、能言善侃,文化素养较高。

针对这一地区游客的个性特点,旅游接待技巧如下:多谈些人文地理历史文化,且留有机会给他们发挥,满足他们爱"侃"的习惯;购物时最好是到品质较高,或是具有浓郁地方特色产品的场所。

3. 以上海为代表的华东地区(主要包括上海、江苏、浙江等地)

长江流域历史悠久,是中华文化的发祥地之一,江浙一带自古为繁华之地,上海是全国最大的工商业中心。经济的繁荣促进文化艺术的发展,在优越的自然环境和独特的历史发展过程中,华东一带逐步形成了以灵敏秀雅、尚文崇慧为特色的吴越文化,因此也凸显当地的个性特点。中西文化结合当地的特殊位置,塑造了上海人比其他地方人更开放的性格,恋家情结深,优越感强,婉约缠绵,精明细心,知识较为广博。

针对该地区游客的个性特点,旅游接待技巧如下:在接待时,多谈论历史人文的内容以满足他们的自豪感;对游览活动中添加的项目和所需费用要逐一项向他们说清楚,讲解时要尽量详细些,耐心地解答他们提出的问题,饮食方面他们喜好清淡些的食物,适当地加入一些具有当地特色的菜肴;提供感情服务,讲究导游艺术,只有规范+感情+艺术才能满足他们的要求。

4. 以广东为代表的华南地区(主要指广东、福建、海南等地)

这一带是异域色彩浓厚的岭南文化。改革开放后,广东商贸繁盛,经济发达,集传统和现代于一体,其个性特点鲜明,时间观念强,价值观念强,商品经济意识浓厚;富有开拓精神,敢为人先;适应环境能力强,自我表现意识强,讲面子,讲究避讳。他们的信仰多从面相、风水、命运等一类中寻找归宿,认为6、8为吉祥数。

针对该地区游客的个性特点,旅游接待技巧如下:与广东人打交道时说话要注意防忌,多用6与8,处处图利,接待时注意给足游客面子,用车的档次、餐厅的规格、宾馆的级别等都应做好相应的安排。广东人讲究吃,要安排好生活(晚上可以组织他们去吃夜宵,品尝当地的特色菜肴),可以与他们多谈论些生意经和饮食文化。

5. 西北地区(主要指内蒙古、宁夏、甘肃、新疆、陕西等地)

我国西北地区,幅员辽阔,地广人稀,有几十个民族聚居于此。广阔的荒漠与草原,交相辉映的雪峰与绿洲,充满传奇色彩的丝绸之路,独特的民族风情与游牧文化,由此赋予了这片土地独特的魅力。有史以来,西北地区以游牧民族为主,是北方少数民族生息繁衍的摇篮和最主要的活动舞台。

经过历史的演进,西北有近50个少数民族在此居住,这里人口数量在百万以上的民族有维吾尔族、蒙古族、回族和哈萨克族等,由此也形成了本区以传统游牧文化和伊斯兰文化为主要特色的多元民族文化。其群众粗犷豪放、热情好客,绝大多数人都信仰藏传佛教和伊斯兰教,信仰伊斯兰教者自称穆斯林。

针对该地区游客的个性特点,旅游接待技巧如下:尊重他们的民族习惯和宗教信仰,掌握各民族的饮食禁忌、生活习俗和礼仪习惯,在餐饮安排方面要严格注意饮食选择;接待来自这一地区的游客,一定要热情豪爽。

6. 西南地区(主要指广西、云南、贵州、四川、重庆等地)

西南地区自古以来是多民族聚居地,民俗风情各异,地域文化独特。由于地理和历史上的一些原因,这一地区的经济较之中原和沿海一带相对落后。在个性方面,也有其自身的特点:淳朴厚道,热情好客,讲究礼貌,能歌善舞;勤俭节约,吃苦耐劳,比较热衷于自然风景的旅游,特别是辽阔的大海风光、广袤的草原风情。

针对该地区游客的个性特点,旅游接待技巧如下:对待他们要热情友好,不能让他们有被歧视的感觉,若能够学些少数民族歌舞,对他们会更有亲和力,不要安排太多的购物活动,他们崇尚勤俭,购买欲望不是很强烈。

7. 以湖北、湖南等地为代表的华中地区

秀丽的江南江北风光,传统的荆楚文化塑造出该地人鲜活的个性特点:倔强,不服输;重友情,肯帮忙;讲情面。

针对该地区游客的个性特点,旅游接待技巧如下:与他们打交道时,要特别注意不能有损他们的面子;要充分理解他们说话的习惯,不要误认为是对自己的冒犯,真诚、热情、友好,即使是短时间的旅游接待,也要做他们的真心朋友。

8. 港、澳、台地区

港、澳居民祖籍大多为广东,生活习惯与风俗与广东相似。这一地区不仅有着深厚的中国传统文化的根基,同时又受异域文化的影响,人们的文化特征、生活习俗兼容了中西文化特征和生活习俗:民族有汉族、高山族等,语言主要是普通话、闽南话;宗教信仰有佛教、道教、天主教、基督教、伊斯兰教等。台湾游客有浓重的宗亲情结,台湾民俗与大陆大体相同,衣食住行、节日庆典、婚丧喜庆、礼赠禁忌方面,一般仍保持着闽、粤等地的特征。信教、崇拜神灵的习俗在港、澳、台地区比较盛行。香港游客好购物,高消费,喜欢吉祥号码,忌讳多,讲究吃的文化,喜欢新鲜食品。

针对该地区游客的个性特点,旅游接待技巧如下:港、澳、台地区的游客对祖国的人文历史、发展和变化非常感兴趣,应该对他们多讲解这方面的情况;要多了解他们的忌讳,以免产生不必要的误解;他们的经济条件一般都较宽裕,不太在乎花多少钱,可以考虑多安排一些文娱活动使他们玩得开心尽兴。

# 工作任务三 出境与入境旅游者心理

## 任务导入

导游人员雷先生接待了一个20多人的德国旅游团。那些游客年龄大都在40岁至50岁之间,都非常喜欢中国的传统文化。由于雷先生比较了解德国游客的习惯,因此他在旅游活动前与领队认真讨论了活动日程,尽量不改变计划上的安排。第二天,从酒店出发前,游客们很守时地在大厅内集合,没有人迟到。在游览过程中也没有人掉队或延误时间,大家都十分遵守纪律,因此雷先生的接待没有遇到什么麻烦。在接待中雷先生发现,游客们注重礼节,办事认真,但不死板。对雷先生的讲解,他们总是认真听讲,精彩之处还报以热烈的掌声,这极大地增加了雷先生的工作热情,所以他更积极地解答游客们提出的有关中国国内生活的问题。他组织大家表演节目,还请一位先生走上前来为大家高歌一曲,使车内的气氛达到了高潮。在参观兵马俑时,游客们被那宏伟的场面和高超的艺术深深吸引,他们又是拍照、观看电影,又是购买纪念品,久久不愿离去。购物时,游客们比较注重产品的质量,一定要在弄明白产品的性能和价格后才购买。

在参观华清池时,团内一位教授在商店看中了一副《清明上河图》的仿真画,开价800美元,他说他是研究中国历史的,对此画很感兴趣,但一定要了解此画的作者,以确定该画的价格。担任翻译的雷先生将教授的意思告诉了售货员,商店老板忙赶来解释说,这是西安一位有名的画家画的。经过讨价还价,商店最后同意以450美元的价格售出,并在晚上将画直接送到游客所住的酒店。

一天的活动结束后,大家略感疲劳,但对活动的安排很满意,纷纷对雷先生的接待服务表示了谢意。

◎ 任务解析

来我国旅游的游客主要有两类:一类是外国游客,主要是来自日本、美国、法国、英国、德国、韩国、加拿大等国家的旅游者,他们来华旅游的主要需要是了解悠久的中国文化,观赏美丽的自然风光,购买精美的手工艺品,品尝独特的美食佳肴等,他们非常注重旅游地的卫生条件、服务质量;另一类是外籍华人、海外侨胞等,他们来旅游的主要目的是探亲访友、观光旅游、商贸洽谈。入境旅游者来自不同的地区,有不同的心理需求;同样出境旅游者会选择不同的目的地,有不同的旅游需求。但是,无论是入境旅游者还是出境旅游者,他们都是到异国他乡,都会面临语言、环境等方面的问题,因此,他们最基本的心理特点应该是相同的。

◎ 相关知识

## 一 出境、入境旅游者共同的心理特点

旅游者在旅游过程中的心理活动异常复杂,决定旅游者心理变化的既有客观的因素,又有主观的因素,还有旅游者个体的因素,概括起来旅游者共同的心理需求主要包括以下几个方面。

### (一)兴奋、恐惧心理

旅游者在出发之前,通过媒介宣传等途径对旅游目的地产生了种种想象,心中有许多美好的期待,期待观赏到美好的景物,获得美妙的经历、难忘的体验。因此,当梦寐以求的愿望得以实现,来到异国他乡时,旅游者会有一种无比激动、兴奋的心情。但真正开始进行异地旅行时,旅游者会发现眼前的一切都是那样的陌生,语言不通,风俗不知,人地生疏,于是产生茫然和不安,甚至产生恐惧感。

### (二)安全、平安心理

安全的需求是人类的基本需求,无论是出境旅游者还是入境旅游者,都希望旅游顺利安全。身处异国他乡的旅游者,由于面对人地生疏的环境和个人非控制因素的增加,他们对安全的需要变得更突出、更迫切。旅游服务安全的心理需求包括交通工具安全、旅游住宿安全、饮食安全、旅游购物安全、旅游游览安全等。

### (三)求新、求知心理

旅游者到异国他乡旅游,摆脱了日常紧张的生活、繁琐的事务、忙碌的工作,成为无拘无束的自由人,希望自由自在地享受新的旅游生活。空间的变化、环境的更新、文化的差

异、饮食的独特无不吸引着人们去探求,通过求新开阔视野、增长见识。旅游的求知是没有精神压力的自觉学习,它寓教育于娱乐之中,人类不同历史时期创造的文化无私地展现在旅游者的面前,任凭你探索与学习,通过旅游,扩大了认知世界的视野,求知欲在旅游活动中得到充分的满足。

### (四)休闲愉悦心理

调剂生活方式,提高生活质量是现代人的追求,旅游所固有的娱乐、休闲等特点也正迎合了人们的这一追求,利用节假日朋友结伴、家庭联手,完全脱离每日都必须遵从的某种规律的精神压力,到全新环境中去充分享受自由,在旅游中得到休闲愉悦,激发情趣,全方位地满足了物质和精神享受,旅游成为人们生活的新时尚。

### (五)交往的心理

对于出境、入境旅游者而言,一般都有交往的心理,希望能探望到自己的亲朋好友。许多外籍华人、海外侨胞等,他们虽身在海外,但喜爱中国文化,关心祖国发展,另外,获得真诚、友好的服务也是旅游者最基本的心理需求,这种需求贯穿于旅游服务的全过程,既包括对旅游交通、饭店服务的需求,也包括对导游服务、购物服务等的需求。

## 二 服务技巧

### (一)消除旅游者陌生与恐惧的心理状态

对出境、入境旅游者而言,最急需解决的是如何消除陌生的心理状态以适应新的环境。旅行社的服务人员若能提供真挚、热情、友好的接待和周到细致的关心和服务,定能使旅游者备感亲切,收到宾至如归的良好效果。

### (二)把握旅游者心理上的变化,善于组织旅游活动

旅行社的服务人员应了解旅游者的共同心理,满足旅游者的不同心理需要。在旅游活动进行中,要安排各项服务,随时解决游客遇到的问题。不同的游客游览兴趣也不同,因此在安排旅游计划时,要充分考虑旅游者的兴趣。在实际讲解过程中,导游人员要善于利用各种讲解技巧,诱发游客的兴趣,紧紧抓住游客的注意力。注意生理因素对旅游行为的影响,导游人员要随时根据旅游者的反应,调整活动内容,安排足够的休息时间,避免使旅游者过度疲劳。随时观察旅游者的情绪变化,把握其心理变化,掌握服务工作主动权。旅游活动结束前,提前协助游客安排好离开前的准备工作。

### (三)充分尊重旅游者

尊重是人际关系中的一项基本准则。不管旅游者来自哪个国家、地区,也不管他们的种族、肤色、宗教信仰、消费水平如何,服务人员都要一视同仁。尊重旅游者,还表现在任何细微之处都礼貌待客,善于通过言行和各个服务环节在细微之处体现出对客人的尊重。比

如,客人到旅行社想要了解有关的旅游信息,由于服务人员一时忙不过来,不能立即为他服务,要先向他打个招呼。尽管对客人来说,有这句话是等,没这句话也是等,但是有了这句话就表现出服务人员对客人的尊重,具有"安定人心"的作用,反之就会使人产生被轻视、冷落的感觉。在服务中,要充分尊重旅游者的风俗习惯、宗教信仰等。

导游人员在接待前对各国游客的心理预测越充分细致,服务的满意度就越高。如果漫不经心,仓促上阵,常常会顾此失彼,导致失误。

### 任务拓展

导游人员王小姐接待了一个8人的意大利旅游团。该团是由一个家庭组成的。他们对中国的民俗风情和文化艺术很感兴趣,总是提出很多问题。针对游客的要求,王小姐便结合一些与中国有关的意大利历史人物给他们讲解,例如,在参观卢沟桥时,介绍了马可·波罗;在参观南堂时,提到了利玛窦;在故宫的绘画馆又详细介绍了郎世宁的作品风格。游客对这些内容产生了浓厚的兴趣。

他们在旅游活动中总是显得好奇心很强,有时还表现得很好胜。在去长城的路上,他们总是要求司机提高速度,超过前面的车。王小姐使用一句意大利谚语对他们讲:"谁走得慢些,就安全些,就会走得更远些。"

听了王小姐的话,他们表示可以理解。在用晚餐方面,意大利游客总是要求晚一些吃饭。王小姐告诉他们,旅游团的晚餐是事先预定好时间的,况且中国人吃晚饭的时间比较早,如果时间太晚,一些餐厅就会关门了,所以希望他们"入乡随俗"。

在接待中,王小姐发现,意大利游客们都听从乔瓦尼先生的指挥,他在整个团队中有威信。因此,她事事与乔瓦尼先生商量,征得他的同意。乔瓦尼先生对此感到很得意,有时主动帮助王小姐解决一些问题,起到了领队的作用,减少了王小姐的不少麻烦。

由于王小姐事先对意大利游客的风俗习惯和要求有所了解,服务周到、热情、耐心,因此得到了游客的信任和理解。临别时,大家都很满意,并表示今后有机会还要再来中国旅游。

试分析王小姐成功带团的原因。

# 工作任务四　男性与女性旅游者心理

### 任务导入

王女士参加某旅行社组织的旅游团到四川乐山大佛浏览,寺庙和尚推销"开光"玉佛饰物,称开过光的玉佛可以消病免灾。王女士身患多种慢性疾病,听后动心,花500元买下一枚。回家后,王女士并未感到"开光"玉佛的"灵验",即到居住城市中的寺庙"鉴定",结论是:此玉佛并未开过光;随后又到珠宝店寻价,发现其所购玉佛的价格也高出市场价格100多元,顿感上当受骗,即向旅游质量监督管理部门投诉,诉称其是在旅行社导游组织游览期间购买了"质价不符"的物品,旅行社有不可推卸的责任,应承担500元购物的损失。

试析女性游客的心理特点。

### 任务解析

金纳德和豪尔(Kinnaird and Hall,1994)指出,旅游发展与旅游活动各个方面都涉及性别这一概念。在旅游动机、旅游行为、旅游活动以及旅游体验方面,男性与女性有所差别。对于家庭旅游而言,男性与女性在旅游的不同阶段所承担的任务不同,例如,一个家庭中可能是妻子决定旅游目的地,丈夫则负责制订旅游计划。把握男性与女性游客在旅游行为及心理上的差异,可以让旅游市场营销人员更好地满足不同性别游客的旅游消费需求,将其产品信息以更高效率的方式传递给游客,使营销更为有效。

### 相关知识

## 一 男性旅游者的购物行为

### (一)迅速果断,自信心较强

男性旅游者的个性特点与女性旅游者的主要区别之一就是具有较强的理智性、自信心。他们善于控制自己的情绪,处理问题时能够冷静地权衡各种利弊因素,能够为大局着想。这些个性特点也直接影响他们在购买过程中的心理活动。

男性的购买行为比女性果断迅速,即使是处在比较复杂的情况下,如当几种购买动机发生矛盾冲突时,也能够果断处理,迅速做出决策。特别是许多男性不愿"斤斤计较",购买商品也只是询问大概情况,对某些细节不予追究,也不喜欢花较多的时间去比较、挑选,即使买到稍有毛病的商品,只要无关大局,也不去计较。

### (二)动机被动,行为机械

一般来说,男性旅游者不经常料理家务,照顾老人、小孩,因此购买活动远远不如女性频繁,购买动机也不如女性强烈,比较被动。在许多情况下,购买动机的形成往往是由于外界因素的作用,如家里人的嘱咐、同事朋友的委托、工作的需要等,动机的主动性、灵活性都比较差。

许多男性旅游者在购买商品时,往往事先记好所要购买的商品品名、式样、规格等,找到了目标就立即采取购买行动,否则,就放弃购买动机。

### (三)情绪低调,动机稳定

男性旅游者在购买活动中心境的变化不如女性强烈,不喜欢联想幻想。相应地,感情色彩也比较淡薄,所以,当动机形成后,稳定性较好,其购买行为也比较有规律。即使出现冲动性购买,也往往自信决策准确,很少反悔退货。他们在购买商品时,往往对具有明显男性特征的商品感兴趣,如烟、酒、服装等。

## 二 女性旅游者的购物行为

在我国,妇女是一支庞大的消费群体,在她们身上有着相当广阔的消费市场。这是由于女性在家庭中的特殊地位和作用决定的,在家庭中,她们承担了母亲、女儿、妻子、主妇等多种角色,她们不仅为自己购买商品,还要购买家庭其他成员的消费品或参与购买决策。据典型调查资料统计:家庭消费品的购买,女性占55%,男性占25%,夫妻双方在一起占16%,小孩占4%。由此可见,女性是家庭消费品购买的主要承担者。

同时,女性旅游者的购买行为具有较大的主动性,另外女性的心理特征之一就是感情丰富,心境变化快,富于联想,因而她们的购买行为带有强烈的感情色彩。

当然,这种心理特点也不可避免地使女性旅游者常常产生冲动性购买行为,以至于有时人还没有到家,就感到"错爱"了所买的某种商品。

### (一)女性旅游者的心理特征

1. 追求时髦,注重时尚

无论是青年还是中老年女性旅游者,她们都愿意将自己打扮得美丽一些,充分展现自己的女性魅力。尽管不同年龄层次的女性具有不同的消费心理,但是她们在购买某种商品时,首先想到的就是这种商品能否展现自己的美,能否使自己显得更加年轻和富有魅力。例如,她们往往喜欢造型别致新颖、包装华丽、气味芬芳的商品。

2. 追求美观,注重品味

男性和女性在购买商品时,对外观形象的注重程度有明显的差别。男性较多地注重商品的基本功能和实际效用,受很强的理性支配。而女性消费者还非常注重商品的外观,将外观与商品的质量、价格当成同样重要的因素来看待,因此在挑选商品时,她们会非常注重商品的色彩、式样能否提高和体现她们的品位。

3. 感情强烈,喜欢从众

女性一般具有比较强烈的情感特征,这种心理特征体现在购买动机和购买行为上,就经常表现出情绪化和冲动性。同时她们经常受到同伴的影响,喜欢购买和同伴一样的东西,也常常是因其外观形象或商品本身能寄托某种情感而购买。

4. 有较强的自我意识和自尊心

女性旅游者在购买心理上,具有较强的自我意识。希望自己的决定是最有价值、最明智的。即使作为旁观者,也愿意发表意见,希望自己的意见为人所采纳。女性的这种自我意识,表现在购买行为上,有以下两点:第一,议论多,女性顾客常常不愿作为旁观者,即使不是自己购买,也愿意花时间进行议论,而这些议论往往会左右着当事人,或同往的伙伴;第二,以我为中心,女性旅游者常常以个人的爱憎标准作为对产品的评价标准,还希望自己周围的小群体也能认同。另外,女性在购物过程中比较敏感,自尊心比较强,不愿意暴露自己的隐私。

(二) 女性顾客的接待技巧

由于女性顾客的心理特征比较明显,女性对整个商品市场具有举足轻重的影响作用。因此生产企业在开发女性用品市场时,要针对女性消费者的购买行为和心理特征,采取适宜的营销策略,流通企业更应讲究接待女性顾客的技巧。

1. 突出商品的外观形象,增强购物现场的气氛

女性顾客注重外观形象,具有求美求新的购买动机。营业员在接待过程中,要特别注意商品外观形象的介绍,如新颖别致的包装、小巧玲珑的款式等。营销企业也可从增强购物现场的气氛入手,以明朗热烈的橱窗布局、富有特色的陈列商品吸引女性顾客观赏,促使她们萌生购买欲望。

2. 提供方便快速的商品,提高购买和使用效率

从商品的实用性和消费者的具体利益出发,营销企业要增加方便快速用品的供应,提供方便食品、免洗食品、防皱服装、一次性用品、小包装盘菜等等。营业员在介绍这些商品时,要突出其方便快速。此外,还应简化购买手续,提供方便的购物车等。

3. 充分展示商品,增强商品的感染力

由于女性自我意识心理较强,一般不会随便请人代购商品,常常要亲自挑选,而且喜欢试穿试用,以此增加对商品的信任和喜欢程度。所以,营业员在接待过程中,要尽可能地运用各种方式,扩大商品的展示,将售货改为开架自选的方式。另外,女性多受暗示和节俭求利的心理影响,对特价商品、换季处理商品、出口转内销商品较感兴趣。

4. 尊重女性自尊心,提高接待艺术

女性敏感且自尊心较强,营销企业在广告宣传、商品介绍、接待服务过程中,要特别注意言行,不能有损于女性的自尊心。对女性的称谓应注意亲切和有礼貌,还可对女性顾客给予适时地恰到好处的赞美,以博得她们的好感。

### 任务拓展

××国际旅行社的导游人员小李带一个境外团赴B城海滨旅游度假,下榻B城的某饭店。一天中午,当游客们兴致勃勃地从海滨浴场回来用餐时,一位女性游客发现餐厅所上菜肴中有一条虫子。顿时一桌游客食欲全无,有的还感到恶心。游客们当即找到小李,气愤地向他投诉,要求换家餐馆用餐。面对愤怒的游客,小李首先代表旅行社和饭店向全体游客表示歉意,然后很快找来该饭店餐饮部经理,向他反映了情况,并提出解决问题的建议。餐饮部经理代表饭店向游客做了诚恳道歉。同时,让服务员迅速撤走了这盘菜,为了表示歉意,还给游客加了一道当地风味特色菜。面对导游人员小李和餐饮部经理真诚、积极的态度,游客们谅解了饭店餐厅的失误,也不再提出换馆的要求。

## 工作任务五　不同年龄段旅游者心理

### 任务导入

地陪王小姐在陪同一对老年夫妇游览故宫时工作认真负责,在两个半小时内向游客详细讲解了午门、三大殿、乾清宫和珍宝馆。老人提出了一些有关故宫的问题,王小姐说:"时间很紧,现在先游览,回饭店后我一定详细回答您的问题。"游客建议她休息,她都谢绝了。虽然很累,但她很高兴,认为自己出色地完成了导游讲解任务。然而,出乎她意料的是那对老年夫妇不仅不表扬她,反而写信给旅行社领导,批评了她,她很委屈,但领导了解情况后说老年游客批评得对。

1. 为什么说老年游客批评得很对?
2. 应该怎样接待老年散客?

### 任务解析

年龄是消费群体划分的一个重要标志。人在不同的年龄段,会有不同的消费心理需求和购买行为。有学者根据我国公民的特点将人的年龄阶段划分为:3岁以前为婴儿期,3—10岁为儿童期,10—17岁为少年期,18—39岁为青年期,40—59岁为中年期,60岁以上为老年期(2000年,世界卫生组织提出另外的年龄划分法:45岁以下为青年;45—59岁为中年;60—74岁为年轻的老人或老年前期;75—89岁为老年;90岁以上为长寿老人。)

按年龄阶段的不同可以将旅游群体分为几个典型的群体,即老年群体、中年群体、青年群体、少年群体和儿童群体。

## 相关知识

### 一 老年旅游者心理及接待技巧

#### （一）老年旅游者心理

老年旅游者主要由城市离退休人员构成。随着生活水平的不断提高，目前我国的老年人普遍显现出平和、轻松、满足的心态，注重舒适和愉快，以怡情养性为主要动机，视旅游为一种有益的身心调节，是休闲旅游的积极参与者，具有丰富的消费经验和较强的评价能力。他们的心理特点是安闲、怀旧，追求健康，喜欢行程舒缓的旅游活动。具体表现如下。

1. 注重方便和实用

老年人体力衰退、心理成熟，更倾向于以教育者的姿态与人沟通，表现为啰嗦，爱"教训"人，十分注重实际，注重舒适和快，对交通工具和游览活动的安排都非常在意，对讲解要求较高，比较节俭。

2. 自尊心强

一般来说，老年游客自尊心强，长者心态，希望得到他人的重视，喜欢别人恭顺服从；因为老年人多年来形成了比较固定的思维方式，不愿改变过去的习惯，环境的改变往往会使老年人不适应。由于有丰富的经验，在旅游购买中十分坚信自己的选择。在旅游过程中，老年人希望得到旅游服务人员的尊重，希望导游人员多与他们交谈，并对旅游服务人员的态度非常敏感。服务人员在工作中稍有不慎或言语不当，都可能伤害老年人的自尊心，引起他们强烈的不满甚至反感情绪。

3. 好思古怀旧

老年人对游览名胜古迹、会见亲朋老友有较大的兴趣，对曾经游览过的景点有特殊的兴趣，偏爱曾经消费过的旅游产品和服务，再次消费时往往心情十分激动。

另外老年人内心常常感到孤独寂寞，爱忘事，心理承受能力也在下降，例如遇事激动，容易发脾气等。

#### （二）接待技巧

接待老年旅游团队时，导游人员穿着应尽量朴素大方，不要穿过于时尚的衣服，讲解介绍时语速要慢，声音要响亮，服务态度要亲切、热情和周到、耐心、劳逸适度，处处注意尊重老人，称呼要恰当，言行有礼，举止文雅，适宜用抒情式欢迎词，即感情充沛，富有感染力，有助于提高老年游客的游兴，同时还要多运用幽默含蓄的讲解方法（借用故事法和虚实结合法等），给老年游客一段快乐、难忘的经历。

1. 耐心

老年人由于年龄大,记忆力减退,一个问题可能要反复问好几遍,导游人员要耐心、不厌其烦地予以解答;老年人人生阅历丰富,知识面广,对一些问题爱刨根问底,导游人员应满足其知识方面的需求,耐心倾听老人的倾诉,千万不可表现出厌烦情绪,不能敷衍应付;老年人行动迟缓,在日程安排和游览过程中要耐心地给予关照。

2. 放慢速度

在为老年人提供服务时,要切记一个"慢"字。

(1) 行走时老年人大多身体不太灵活,游览时一定要放慢速度,照顾到体力较差落在后面的老年人;在上下站的移动过程中,应事先考虑到老年人的特点,适当提前赶往机场、车站。

(2) 讲解时老年人的听力和理解力都不能与年轻人相比,在向他们讲解时导游人员要放慢速度、加大音量、吐字清晰、适当重复。

(3) 在进餐时间、集合时间的把握上,导游人员应细致体贴地关注老年人的特点,适时延长时间。

3. 预防事故

在线路安排上应选择适合老年人特点的景点,如地面较平坦,台阶少,不太拥挤,危险路段少等,防止老年人摔倒或碰伤,游览时要反复提醒老年人集合的时间、地点,大部分景点上、下车不在同一地点,当老年人体力不支时,往往想先回车上休息,有的会自以为是地按原路返回,以为停车点就是上车点,结果走失。为了预防老年人的走失,导游人员最好给每位老年人发放一张卡片,注明所住酒店名称、电话、与导游人员的联系方式等,并嘱咐老年人,万一走失,不要惊慌,不要到处乱走,而应在原地等待,马上与导游人员联系。

4. 注意细节

(1) 安排适合老年人的交通工具。安排旅游车辆时,尽量做到宽松、舒适;乘坐火车时,尽量安排中下铺位;乘坐飞机时,陪同人员需协助客人办理行李托运手续。

(2) 根据老年人的特点安排行程。安排日程时注意节奏宜慢,可根据老年人身体情况,选择游览景点最精彩的部分,对次要景点就不必面面俱到了。

(3) 住宿要求整洁安全。老人不求奢华,但求整洁,因此入住的酒店要确保环境幽雅、房间干净、安全。

(4) 饮食以清淡软烂为主。安排餐食时注意照顾老年人的习惯和生理特点,以清淡软烂为主,咸淡适中;部分老人由于身体原因忌食油腻食品或甜食,导游人员可建议餐厅合理搭配荤素,保证一日三餐营养均衡;尽可能满足客人合理的用餐要求。

（5）门票尽量享受优惠政策。购买门票时，离休证、老年证等证件有优惠的，应按旅行社团队价减去相应优惠价退还旅客差价。

（6）老年游客经验丰富，导游人员要虚心听取游客的意见，及时采纳合理化建议。

## 二 中年旅游者心理及接待技巧

### (一) 中年旅游者心理

中年的年龄一般在 40—59 岁，在旅游活动中最突出的心理和行为表现如下。

**1. 追求健康，乐于享受**

中年人工作疲劳，家庭负担重，生活压力大，为了放松身心，喜欢悠闲轻松的游览项目，不愿参加节奏快、太劳累的游览活动。桑拿、高尔夫、保健按摩等都很受中年人欢迎。

**2. 注重实用**

中年游客思维敏捷，情绪稳定，能独立地进行观察和思考，并能组织和安排好自己的生活，自我意识明确，对事物能做出理智的判断，具有独立解决问题的能力；经验丰富，富有创造力，注意力集中，记忆力较强，能把握和控制情绪，能较好地适应环境；对服务质量和旅游产品有较强的综合评价能力，消费心理较为务实，重视旅游企业的信誉和服务质量。

**3. 关注品质**

这类人群经过多年打拼，工作稳定，收入较高，审美能力强，心理成熟度高，有的已经是有身份、有地位的成功人士。在旅游消费中追求高品质，追求特色，与众不同，借以体现自己的身份和地位。

### (二) 接待技巧

接待中年旅游团队时，导游人员的服饰要简单大方，要注意衣服的品质，化淡妆，以表示对游客的尊重。导游人员讲解语速适中，并应有一定内涵和知识含量，表现出导游稳重的优势。

**1. 精心安排，掌握节奏**

旅游部门精心安排行程与活动项目，有针对性地提供其喜欢的旅游活动项目，导游人员适当掌握旅游节奏，使得旅行游览活动张弛结合、劳逸结合，餐饮安排合理，富于变化，为其提供高品质的导游服务。

**2. 作风稳健，亲切自然**

导游人员充分发挥自己的主导作用，以灵活多变的服务策略，满足中年旅游者的需求，借助于准确规范、生动形象的导游语言,妙趣横生的讲解,使其听着舒服,得到美的享受。

### 三 青年旅游者心理及接待技巧

青年指 18—39 岁的人,他们生理上、心理上逐渐成熟,积累了一定的文化知识,自我意识方面已经成熟,自我控制能力逐步增强,对事物感知敏锐、记忆深刻,情感丰富且倾向性逐渐稳定。

#### (一)青年旅游者心理

他们典型的特征是:精力旺盛、热情奔放、内心丰富、思想活跃、思维敏捷、活泼好动、追新猎奇、敢于冒险、食宿要求不高、乐于参加集活动,具体表现如下。

1. 追求新颖、时尚

新产品、新项目、新风尚等新颖和时尚的东西都能引起他们浓厚的兴趣和购买欲,表现在旅游活动中,就是追求时尚新颖和美的享受,力图表现时代特征。

2. 追求个性,敢于冒险

青年旅游者精力充沛、内心丰富、自我意识强烈、追求个性独立、热情奔放、富于幻想、追新猎奇、敢于冒险。在旅游中不愿受到限制和束缚,带着明显的个人爱好去寻求旅游目的地和旅游方式,希望通过证明自己的能力,展示年轻人的智慧与勇气。

3. 好奇、求知心理

"外面的世界很精彩",但是不"无奈"。改革开放,经济发展,生活改善,吃、穿之外"出去开开眼界",自然成了合理要求。喜欢开玩笑,喜欢提出各种各样、名目繁多的问题和要求。一批知识型的青年旅游者为了探寻艺术的真谛、文化的源泉、物种的奥秘、人类的生存,不惜风餐露宿,日夜兼程,大有"路漫漫其修远兮,吾将上下而求索"的气概。

4. 追求档次,表现享受

青年人家庭负担较少,消费意识强,储蓄意识弱,再加上当今青年文化知识水平高,收入也相对较高,对于有特色的旅游产品和服务有浓厚的兴趣,旅游消费追求享受和高档次。

#### (二)接待技巧

在接待青年旅游团时,导游人员首先要充满朝气活力,衣着符合年轻人的特点,时尚得体;根据青年旅游者热情有余、冷静不足的特点,导游人员要及时引导,冷静对待,避免发生安全事故。

(1)导游人员在接待服务中要注重时尚旅游项目的介绍,并强调项目的新颖性与参与性。

（2）在旅游接待过程中，提供完善的旅游设施，注重旅游项目的刺激性与特色，满足青年旅游者表现自我、敢于探险的需求。

（3）旅游接待中注意对各种景物进行生动有趣的介绍，并机智回答他们提出的各种问题，在旅游过程中，应留多一点自由活动的时间，让青年旅游者多拍些照片，让其充分接触旅游地的风土人情。他们一般是先睹为快，先玩为快，再慢慢听导游人员讲解。

### （四）少年旅游者心理及接待技巧

少年指10—17岁的人，其生理发展进入第二个高峰期，智力、逻辑思维能力等有了较大的提高。从消费需求来看，除生活食品、用品外，他们对文化、科学知识充满好奇，求知欲望强，喜欢参加旅游活动，开始注意社交，思维活跃，虽然比较幼稚，但逐步在形成自己的审美观和价值观。

#### （一）少年旅游者心理

少年的心理和行为特征在旅游活动中的表现是有成人感，旅游购买独立倾向性开始确立，旅游行为趋向稳定，但少年活泼好动，求知欲强，喜欢逆向思维，行程中问题特别多而且刁钻古怪；加上青少年自我约束能力和组织纪律性较差，稍有疏忽，就可能出现旅游安全事故。

#### （二）接待技巧

（1）行程要适合少年的特点。

少年团队的行程要适合他们的特点，突出少年喜闻乐见的项目，否则他们会毫无顾忌地睡觉或嘻哈打闹；游览重要景点应留足时间，让少年细细观赏，尽兴提问。导游人员还应善于从回答问题中纠正孩子的偏激情绪，鼓励孩子创造性思维。

（2）每天的行程不宜过于紧密。

过密的行程容易造成少年走失，耽误整队时间；而且过度劳累还会使孩子身体不适，呕吐甚至感冒、发烧。

（3）旅行前让少年了解景区的知识。

旅行前一定要结合少年所了解的知识（如电影、电视、电子游戏人物或场景）对将造访的景区作综合介绍，达到激起青少年观赏欲望的效果。

（4）尽量安排孩子在空旷安全的地方活动。

途中应尽量安排孩子在一些空旷的地方活动，以舒展筋骨；在山区、水域等危险区旅行，应禁止团员嘻哈打闹，不断提醒团员注意安全；且原则上不安排自由活动。

(5) 让餐厅提供充足的饭菜。

由于少年大都处于生长发育期,每日食量较大,导游人员应注意让餐厅提供充足的饭菜,上菜速度也应比普通团队快,让团员尽量吃饱吃好。

(6) 宜配备随团医生并携带各种应急药物、驱蚊水等。

## 五 儿童旅游者心理及接待技巧

儿童指从出生到10岁的人,其中,0—3岁为婴儿期,3—10岁为儿童期。本阶段儿童在生理和心理上变化较快,在旅游活动中常表现出以下特点:从纯生理性需要逐渐发展为带有社会内容的需要;情绪从不稳定发展到稳定。

### (一) 儿童旅游者心理

(1) 从生理和心理的角度看,0—3岁的婴幼儿身体和大脑尚处于发育未成熟时期,儿童旅游者们心理、身体的平衡性、稳定性、自控能力及感知能力较差,吃喝拉撒都需要人照顾,因此,这一年龄段的婴幼儿一般不可能单独参加旅游活动,特别是远距离的旅游活动。他们在随父母的旅游消费活动中主要是满足生理需要。

(2) 3—10岁的儿童,身体及大脑的发育趋于成熟,热衷于参加旅游活动。他们的心理特点是:好奇心强、容易冲动、自制力差、贪玩,喜欢具体、生动、形象、有趣的玩具和旅游项目。鲜艳的色彩、怪异的形状、有趣的动物等都会深深吸引他们。但是,这一阶段的儿童虽然参与性较强,但是注意力不集中,兴趣容易转移且不注意安全。

另外,本阶段的儿童已经从纯生理性消费需要逐渐发展为带有社会内容的消费需要,他们参与并影响父母的旅游决策,如到什么地方旅游、乘坐何种交通工具、参与哪些活动项目等,他们有一定的发言权。

### (二) 接待技巧

儿童游客不像成年人旅游团那样乐意听导游人员的讲解。在对其接待中,导游人员应根据其生理、心理特点,提供有针对性和选择性的服务。导游人员要保持一颗童心,服饰可简单可爱,适当穿着带有卡通图案的服饰是不错的选择,可自备一些小礼物用来吸引小朋友。

**1. 重视安全**

儿童活泼好动,又没有足够的安全意识和自我约束能力,对儿童应特别注意其安全,尤其是人身安全,防止走失。在游览过程中,遇到地滑、危险的路段,要提醒并协助家长关注儿童安全;在旅游车中,要提醒儿童不要把头、手伸出窗外;行走途中要多次清点人数,防止儿童走失;讲解时,针对儿童特点,选择一些有趣的童话故事来吸引他们,使他们精力集中,不致到处乱跑。适当进行美学教育、道德教育和社会实践。

## 2. 生活关照

儿童有其自身的生理特点,如个子小,对环境的适应力差等。在用餐时导游人员要事先提醒餐厅,准备儿童餐椅和餐具,以减少用餐时的不便。住宿时,按照相应的收费标准督促饭店落实儿童用具。遇到天气变化,要及时提醒家长注意儿童衣服的增减,夏季要让孩子多喝水。

## 3. 区别标准

如交通方面,机票的购买按年龄来区分,而火车票、船票、汽车票、门票大多按身高购买相应的票种;住房和用餐方面,儿童是否单独占一床位或餐位,要按合同的标准来执行。

## 4. 注意细节

对于儿童,导游人员应把握以下细节和原则。

(1) 不宜为了突出儿童,冷落了其他旅游者。

(2) 不宜因某些项目对儿童免费或优惠而视其为负担。

(3) 不要给儿童买食物和玩具。

(4) 导游人员不要单独带儿童外出,即使家长同意也应谨慎行事。

(5) 儿童生病时,不能将自己随身携带的药品给其服用,也不宜建议服什么药,而应请医生诊治。

综上所述,导游人员应充分了解不同旅游者的心理特点。做好相应的接团工作,给游客留下良好的第一印象。要随时观察游客的情绪变化并及时调整,力争使导游服务更具针对性,让游客满意。

### 任务拓展

杭州地陪导游人员李丽接待了一个大连老师旅游团,老中青教师共计23人。在游览过程中他们就经常问到杭州的地方文化,准备买些特色商品带回去送给亲朋好友。李丽针对老师的特点,在游览中有意识地介绍了一些有特色、有知名度的旅游产品,并融入很多人文思想和艺术元素,突出了文化内涵,为后来的购物做好了铺垫:"各位游客,大家一定听说过'杭州三绝'吧!那就是扇子、丝绸和龙井茶。说起扇子,在中国已有三千多年的历史。最早用鸟的羽毛做扇子,故称'羽扇'。大家看,扇子的'扇'不就有个'羽'字吗?汉代后,一种用竹子做圆框,用绫绢做扇面的扇子开始在宫廷兴起,叫'纨扇'。到了明代,折扇开始兴起。后来,又在折扇的基础上,开始用檀香木制作扇子,这是杭扇中的代表品种。杭扇在南宋迁都临安后开始生产,至今已有近千年的历史。其中最著名的是黑纸扇和檀香扇,历来受到国内外游客的喜爱,也是馈赠亲友的佳品。说起丝绸……"游客们专注地倾听,认真地记在脑海中。

游客们专注倾听的原因有哪些?

### 知识链接

**适合女性去的十大国内旅游地,你该去好好看看这外面的世界**

张家界(见图6-1)

张家界有着惊险刺激的自然景观,长长的玻璃栈道令人心惊胆战。但当你突破自己真正走上去之后,那一份勇敢将带给你更加开拓的视野。

图6-1　张家界

丽江(见图6-2)

丽江的柔软就是云南的轻风阵阵吹进人心里,民谣、风俗,甚至是艳遇都带着文艺气息。这里是一个适合做梦的地方,在这里,再暴躁的人都会变得温柔慵懒。

图6-2　丽江

三亚(见图 6-3)

有人说,三亚是被上帝宠坏了的地方,它把最湛蓝的海水、最宜人的气候、最温暖的阳光都给了这里。在这里,你可以尽情放松,所有的烦心事都抵达不到这个海岛最南端的城市。

图 6-3　三亚

桂林(见图 6-4)

桂林山水甲天下,来到了桂林才懂了什么叫作鬼斧神工。桂林的美最能唤起人柔情和美,是一种对自然的向往和发自内心的爱。

图 6-4　桂林

西塘(见图6-5)

在白墙、墨瓦、阳光、水波的共同渲染下,西塘美得宛若一幅水墨画。古朴的镇子,幽深的弄堂。找一家邻水客栈,在落日时分泡一壶热茶,最本真的才是最好的。

图6-5 西塘

香格里拉(见图6-6)

每个女孩心中都有一个香格里拉。没去过的人在憧憬向往,去过的人在惊叹怎么会有如此梦幻的地方。在草原之上舒畅身心在雪山之下平和内心。什么都不是大事。

图6-6 香格里拉

成都(见图6-7)

美食的天堂,民俗与潮流的融合。不管你是爱美食还是爱帅哥又或是爱时尚,成都可以满足每一个女孩子的梦想。

图 6-7　成都

青海(见图 6-8)

辽阔的青海湖,望不到尽头的草原,还有高海拔的冷冽清净。深处在青海,一份豪气油然而生,心胸也变得无比开阔。

图 6-8　青海

鼓浪屿(见图 6-9)

鼓浪屿的浪漫是所有女孩子内心的一份向往。在清晨微风里摘朵鲜花遛遛弯,洒满阳光的小店沙发上喝着奶茶逗逗猫,慵懒的一天充实又舒服。

图 6-9　鼓浪屿

北京(见图 6-10)

你该见一见夜幕下的北京,人情冷暖,世间百态,或者是欲望或者是坚持,看过别人,你才知道自己想要的到底是什么。

图 6-10　北京

# 模块三

## 旅游工作者心理

# 项目七
# 旅游工作者的人际关系

### ◇ 知识目标

掌握人际关系的基本含义、人际交往的原则以及了解影响人际关系的因素；

理解旅游活动中的客我关系；

了解人际沟通（吸引、合作与冲突）。

### ◇ 能力目标

能在不同的服务场合自如应对不同心境的旅游者；

把握客我交往的范围与限度，并能为旅游者提供令其满意的"双重服务"；

掌握人际沟通的技巧，满足旅游者合理需要，树立良好形象。

### ◇ 素质目标

具备处理人际关系的能力；

具备人际沟通的能力；

具备化解人际冲突、实现人际合作的能力。

# 工作任务一　认识人际关系

### 任务导入

用完早餐后,地陪小胡带领旅行团准备登车外出游览。一个客人过来与小胡商量,说在当地他有两个朋友,能否让他的朋友今天一起随团活动。小胡怕影响全团的活动就没有答应。那位客人解释说,他与那两位朋友已经有好多年没有见面了,昨晚才与他们联系上,现在他的朋友来到了宾馆,希望能同意让其朋友随团参观游览,所发生的一切费用由他承担。小胡还是没有答应,那个客人很生气,认为小胡不通人情,不为客人着想。最后客人只好暂时离开团队与他的朋友单独活动。几天后,旅行社收到了一封对小胡的投诉信,经理对此事情进行调查后,就批评了小胡。小胡感到很委屈,认为自己是为了全团利益的考虑才拒绝客人的朋友随团活动。

旅游服务中的人际交往的主体是旅游服务人员,在旅游服务过程中,人际交往结果如何,直接决定旅游服务的效果。什么是人际交往?旅游服务人员又如何与旅游者建立良好的人际关系呢?

### 任务解析

旅游活动是一种比较复杂的人际交往活动,各种各样的人相处在一起,对旅游工作者来说,要使旅游活动顺利进行就要协调、处理好与不同旅游者之间的关系。旅游服务人员在与客人交往过程中,一定要注意方式、方法,否则很容易导致双方关系的僵化和客人的不满。在交往的过程中,要区分不同类型的客人,采用不同的交往策略。

### 相关知识

## 一　人际关系概述

### (一) 人际关系的含义

人际关系是人们在物质交往与精神交往中发生、发展和建立起来的人与人之间直接的心理关系。人际关系反映了个人或集体寻求满足其社会需要的心理程度。人与人之间心理上的直接关系是人们社会交往的基础,人际关系对于人们的日常生活、各种社会活动都是不可缺少的。不同的发展阶段,会形成不同的人际网络。我们最早产生的、最持久的人际关系是以情感为基础的人际关系。形成这类人际关系需要两大条件——人际吸引和人际交流。

## (二）人际关系的分类

按不同的标准，人际结构可以有不同的分类。

若按所属群体的组织性来划分，可分为正式人际关系与非正式人际关系，前者如单位中的工作关系，后者表现为朋友关系。

若按所属群体的形态来划分，可分为小群体人际关系与群众性场合的人际关系。前者如班级中的同学关系，后者如广场上晨练人们之间的关系。

若按涉及范围来划分，人际关系可分为个体与个体的关系、个体与组织的关系、组织与组织的关系。

美国社会心理学家李维特根据时间的长短、权力的大小、行为规则和社会角色等标准，对人际结构加以分类。有长期与短期的关系，前者如朋友关系，后者如买卖关系。有依赖的与独立的关系，前者如幼儿与父母的关系，后者如同事关系，等等。

在旅游服务中的人际交往主要指包括旅游企业总经理在内的全体工作人员，尤其是接待人员和服务人员与客人之间的交往。旅游过程中对旅游者产生心理影响的人际关系有两个方面：一方面是与共同旅伴之间的关系；另一方面是与旅游接待人员之间的关系。与共同旅伴之间的关系多半带有感情或乐意相互适应的心理，因而较为自然且并不过分计较。而对旅游服务过程中的人际关系具有更明显、更突出的要求。

## 二 旅游过程中人际关系的特点

旅游过程中，旅游者与旅游接待人员之间的关系具有如下特点。

### （一）暂时性和不稳定性

由于旅游过程特有的时间短暂性的特点，客人往往在一个目的地的逗留时间不会很长，并且其中大部分时间在市区或景点观光游览或办理事务。所以，"客我交往"因时间短，而没有办法进行深入的了解和沟通。短时间内双方的接触也是不稳定的，因而想在短时间给客人留下好的印象不太容易。

### （二）不对等性

旅游者与旅游从业人员之间的接触通常是一种不对等的过程。所谓不对等的接触，是指这种接触过程中只有旅游者对旅游从业人员下达指令、提出要求而不存在相反过程的可能。不对等接触也表示主人必须服从和满足客人的意愿。双方关系的不对等，对于一些传统观念较深的服务人员，常常由于不能正确理解和处理这种不对等关系而陷于自卑或产生逆反心理，给旅游企业管理和服务质量造成消极影响。

## （三）营利性

旅游企业与旅游从业人员最终的目标是实现旅游产品的利润最大化。所以，有些旅游从业人员一切从利益出发，这样就很难与旅游者形成良好的人际互动。他们的言论和行为，往往不被旅游者接受，因而，造成双方冲突不断。

## （四）主观性

在一般情况下，旅游从业人员与旅游者的接触只限于旅游者需要服务的时间和地点，否则是一种打扰旅游者的行为。旅游从业人员与旅游者之间的接触有限，不涉及个人关系，更不可能了解对方的个人家事和性格。所以，在旅游者打交道时，难免容易从自己的角度看待事情，不能准确地体察旅游者的需求，导致好心办坏事的情况时有发生。

# 三 人际关系的原则

## （一）相互原则

人际关系的基础是彼此间的相互重视与支持。任何个体都不会无缘无故地接纳他人。喜欢是有前提的，相互性就是前提，我们喜欢那些也喜欢我们的人。人际交往中的接近与疏远、喜欢与不喜欢是相互的。

## （二）交换原则

人际交往是一个社会交换过程。交换的原则是：个体期待人际交往对自己是有价值的，即在交往过程中的得大于失，至少相等。人际交往是双方根据自己的价值观进行选择的结果。

## （三）自我保护原则

自我价值是自我对自身价值的意识与评价；自我价值保护是一种自我支持倾向的心理活动，其目的是防止自我价值受到否定和贬低。由于自我价值是通过他人评价而确立的，个体对他人评价极其敏感。对于肯定自我价值的人，个体对其认同和接纳，并给予肯定与支持；而对否定自我价值的他人则予以疏离；此时可能激活个体的自我价值保护动机。

## （四）平等原则

在人际交往中总要有一定的付出或投入，交往双方的需要和这种需要的满足程度必须是平等的，平等是建立人际关系的前提。人际交往作为人们之间的心理沟通，是主动的、相互的、有来有往的。人都有友爱和受人尊敬的需要，都希望得到别人的平等对待，人的这种需要，就是平等的需要。

### （五）相容原则

相容是指人际交往中的心理相容，即指人与人之间的融洽关系，与人相处时的容纳、包涵、宽容及忍让。要做到心理相容，应注意增加交往频率，寻找共同点，保持谦虚和宽容。为人处世要心胸开阔，宽以待人。要体谅他人，遇事多为别人着想，即使别人犯了错误，或冒犯了自己，也不要斤斤计较，以免因小失大，伤害相互之间的感情。

### （六）信用原则

信用即指一个人诚实、不欺骗、遵守诺言，从而取得他人的信任。人离不开交往，交往离不开信用。要做到说话算数，不轻许诺言。与人交往时要热情友好，以诚相待，不卑不亢，端庄而不过于矜持，谦逊而不矫饰做作，要充分显示自己的自信心。一个有自信心的人，才可能取得别人的信赖。处事果断、富有主见、精神饱满、充满自信的人更容易激发别人的交往动机。博取别人的信任，散发让人乐于与你交往的魅力。

### （七）理解原则

理解主要是指体察、了解别人的需要，体会到他人言行的动机和意义，并帮助和促成他人合理需要的满足，对他人生活和言行的有价值部分给予鼓励、支持和认可。

上述这些人际交往的基本原则，是处理人际关系不可分割的几个方面。运用和掌握这些原则，是处理好人际关系的基本条件。

## 四 影响人际关系的因素

### （一）个人特质

影响人际关系的个人特质包括三个：一是个性的品质；二是能力；三是外表的吸引力。

1. 个性的品质

个性品质常会影响人与人之间的交往。良好的个性品质是人际关系的基础。社会心理学家认为，那些不尊重他人、以自我为中心、过分自卑的个性品质容易阻碍人与人之间的吸引，不利于人们的团结与协作。而在群体中，一个性格开朗、活泼，心胸开阔、坦荡，性情和善、宽厚，富有同情心，能体谅他人的人，易受到其他成员的欢迎，因而也易同他人建立良好的人际关系。相反，一个性格孤僻、古怪、固执、自高自大、目空一切，或敏感多疑、感情贫乏、麻木不仁的人，就难以与人相处，难以形成良好的人际关系。

2. 能力

能力高低是人际吸引的重要因素，因为能力高的人可以给人以聪明能干的感觉，在言谈举止方面也令人赏心悦目。"犯错误效应"认为：能力非凡可以使一个人富有吸引力，人犯错误在所难免，如能从错中找到正确的打开方式，让自己越来越优秀，也可令别人刮目相看。

3. 外表的吸引力

外貌是第一印象的"窗口"，虽然作为人际吸引的因素不太公道，但外貌所引起的微妙作用是无可否认的。因为，爱美是人的天性。所以，人们要根据自己的年龄、身材，进行适度的装扮，以产生积极的晕轮效应。

### (二) 态度的类似性

人与人之间若对某人或某种事物有相似的态度，如有共同的理想、信念、价值观或兴趣爱好等，就容易引起彼此间思想上的共鸣与行为上的同步，形成密切的关系。俗话说："物以类聚，人以群分。"这句话的基础就在于他们对事物是否有相同的态度，"相见恨晚"，就是态度相似性在交往上的表现。

### (三) 需要的互补性

当人意识到自己有某种不足时，会发自内心地羡慕具有这种特点或能力的人，愿意与其接近，以便在彼此的交往中，通过取长补短，使双方的需要都得到满足。

### (四) 交往频率

交往频率是指人们在单位时间内相互接触的次数。一般交往频率越高，越容易形成共同的经验，产生共同的语言和感受，即交往频率与人际关系的密切程度成正比例关系。反之长久不交往，关系就逐渐疏远。

### (五) 物理距离

俗话说："远亲不如近邻。"通常人与人之间在地理位置上越接近，交往机会越多，越容易形成较密切的关系。地理位置越接近，越容易产生人际关系。

### (六) 社会因素

社会因素是影响人际关系的客观外在因素。社会经济发展水平、人们的生活方式及价值观念、社会风气、道德风尚等都直接或间接地影响人际关系。一般来说，社会经济文化繁荣，人民生活富足，社会风气好，人际关系就密切；相反，如果社会动荡，人心不稳，金钱至上，道德沦丧，你争我夺，则人际关系恶化。

总之，影响人际关系的因素有很多，所以我们在现实生活中，应扬长避短，注意人的个性特点的差异性、关注个性倾向的一致性，注意交往的频率和水平，力求需求的一致或互补，以达到建立良好人际关系的目的。

### 任务拓展

某旅游团中的一位天文学家在言谈中颇为傲慢,认为只有英国的天文学、英国的格林尼治天文台才是世界一流的,其他都不足为观。导游人员小陈并不正面与客人发生争执,而是向客人请教,为什么要研究哈雷彗星。客人很高兴,详细地解释了这一研究的科学意义。然后,小陈话题一转,询问客人见过几次哈雷彗星。客人正言说:"我只见过一次,它要76年才出现一次呢,一位天文学家一生能见到一次就是很幸运的了。"小陈再问:"据你所知,世界上关于哈雷彗星的最早记载出于哪个国家的典籍?"客人沉默了一下,然后笑了,说:"你很聪明,你是一个爱国者,我也是。"小陈在这种亲切气氛中适时指出,最早记载为公元前613年,即鲁文公14年,见之于孔子的《春秋》。由此可见,中华民族也是有天文学头脑的。

### 知识链接

人际关系自我测验

## 工作任务二　旅游活动中的客我关系

### 任务导入

小钟的旅游团按照计划在N市游览一天半,但由于长途交通的原因,该团的游览被缩短到只有半天了。

N市是著名的历史文化古城,风景秀丽,人文景观也非常多,游客都把它作为华东旅游的一个重点。小钟心想:与其每个景点都走马观花地看一遍,还不如实实在在地看一个景点。我选一个最著名的景点带客人去游览,其他的景点我就用导游词来好好地作一番介绍,激起他们下次再来的欲望。

在出机场的路上,小钟就把计划的变动、变动的原因以及旅行社补偿的办法等等,都向客人作了简要的解释。随后,小钟就向客人介绍起N市来。

小钟的介绍可谓声情并茂,十分精彩,连来过N市十几次的全陪,都觉得这段导游词极为动人。

然而,问题却出现了。听了小钟如此动人的讲解,N市的美景仿佛就在眼前,一想到要提前离开,客人们禁不住议论纷纷。

"这么好的城市,这么美丽的风景,这么迷人的风土人情,如果不好好地看一看,那真是太可惜了!"

"这不行!我们花了这么多的时间,走了这么多的路,好不容易才来到这里,就这样把我们给打发了?绝对不行!"

住进酒店,客人的议论越来越多,也越来越激烈。吃完晚饭,全团游客集合在大厅,向小钟提出了一个完全出乎他的意料的要求:"我们决定明天不走,我们要按原定的计划在这里游览!"

小钟试图说服团队中的某些人,可是都失败了。让客人回房间休息以后,小钟坐在大厅的沙发上考虑如何解决他所遇到的问题。让他想不通的是:为什么以前都只有一两位客人表示反对,而这一次却是全团的客人集体表示反对呢?

### 任务解析

导游人员是旅游活动的组织者,是旅游团这个大家庭的"家长",他应该使相处在这个大家庭中每个成员都感到温馨、愉快。因此,作为导游人员,在带团过程中应该时刻观察和关心旅游团中每一个成员的言行举止、表情神态,如发现有个别游客有情绪,应及时了解原委,并及时采取措施,以免旅游活动中的客我关系陷入尴尬的局面。

旅游活动中的人际交往有三种:一种是服务人员与客人之间的交往,称之为客我交往,这是旅游人际交往中最典型、最有价值的;第二种是客人之间的相互交往;第三种是服务人员之间的交往。客我交往之所以是最有价值的,因为他们分别代表了旅游服务的两个主体。旅游服务人员在旅游活动中该怎样增进客我交往,进而通过客我交往使客人对旅游服务产生良好的回应呢?

### 相关知识

#### 一 客我关系的概念

客我交往,是指旅游服务人员与客人之间为了沟通思想、交流感情、表达意愿、解决旅游活动中共同关心的某些问题,而相互施加影响的各种过程。客我关系是旅游服务存在的先决条件,也是旅游服务的基础。

客我交往的形式分为直接交往和间接交往两种。直接交往可以理解为运用人类自然交际手段(语言、面部表情、身体语言),面对面地进行接触。间接交往是借助于书面语言、大众传播媒介或通信技术手段所形成的间接接触。直接交往的优点是反馈迅速而清楚,相对而言,间接交往的反馈联系则比较困难。因而心理学家通常把直接交往简称为交往,而把间接交往称为沟通。直接交往必须具备一定条件才有可能进行:交往双方的一方想发出某种信息,另一方想收到这种信息;交往双方期望获得一定的效果;交往双方都有意或无意地力争达到相互了解,双方各自支配着对方的反应。在旅游服务中上述两种交往形式同时存在,并多以直接交往为主,可以说,它是影响服务效果的主要因素。

## 二 旅游服务中客我交往的特点

### (一)短暂性

旅游交通与市场经济的迅猛发展,使注重高效益的旅游者穿梭于各地,形成了旅游服务,有种交往频率高、时间短的活跃局面,短暂性的特点愈加突出。客人在一个目的地的逗留时间不会很长,一般只有 1—3 天,而其中大部分时间在市区或景点观光游览或办理事务,在某一固定地方逗留时间较少,因而客我之间接触的时间也相应短暂,客我之间相互熟悉了解的机会也随之减少。

### (二)公务性

在一般情况下,服务人员与客人的接触只限于客人需要服务的时间和地点,否则是种打扰客人的犯规行为。客我之间的接触只限于公务而不涉及个人关系,更不可能了解对方的全部历史、全部家境和全部性格。客我之间若发生公务以外的往来,可能会导致损害声誉的情况出现,一般说来是不可取的。客我之间的接触通常是一种不对等的过程,即这种接触中主要是客人对服务人员提出要求。

### (三)不对等性

客我之间的接触通常是一种不对等的过程,即这种接触中主要是客人对服务人员提出要求,而服务人员很少对客人提出要求。这种不对等接触表示服务人员必须服从和满足客人的意愿,双方关系是不对等的。对于一些传统观念较深的服务人员,常常由于不能正确理解和处理这种不对等关系而陷入自卑或逆反心理状态,给服务质量造成消极影响。

### (四)个体与群体的兼顾性

在旅游活动中,一般情况下旅游服务人员接待的是一些个性心理相异、具有不同消费动机和消费行为的旅游者个人,因此,在交往中依据每个旅游者个体的个性消费特征向他们提供服务,就成为交往的主要方面。但旅游活动的复杂与特殊现象,使得一些同一社会阶层、同一文化、相同或相似职业的人聚集在一起组成同质旅游团,在消费过程中便出现从众、模仿、暗示、对比等群体消费特征。因此,旅游服务人员在客我交往中必须注意个体与群体的兼顾。

### 三 旅游服务客我交往的沟通方式

沟通是指双方通过一定的信息交流而达到相互了解的过程。在旅游活动中，旅游者与旅游工作者之间经常不断地进行各种各样的信息交流。这种沟通方式主要有两种：言语沟通与非言语沟通。

#### （一）言语沟通

言语沟通是人运用语言进行思考，并用以表达思想和交流信息、影响他人的过程。现代社会中，人们越来越重视交往，而交往能力的高低，与人的表达能力密切相关，正如一名合格的外交官必须拥有过人的口才、能言善辩一样。一个人将自己的见解用明晰的语言、缜密的逻辑，再辅以传情达意的动作来表达，就使口头语言有了综合感染力。

1. 言语沟通的原则

旅游服务人员在与客人进行语言沟通时要遵守以下几个原则。

（1）选择准确表达思想内容的语句。选用合适的语句，准确、恰当地表达自己的思想是与客人进行顺利交往的首要一环。"言不在多，达意则灵"，交谈时要慎重地斟酌措辞，不要造成歧义，使客人误解。导游人员在讲解过程中，语言要讲逻辑顺序，不要颠三倒四，啰唆重复，使客人抓不住要领，听不出所以然。

（2）言语交往要适合特定的交往环境。言语交往都是在特定的交往环境中进行的。一般包括谈话的对象、时间、地点、场合、情绪等。讲话的语言要适应不同对象的特点，首先要弄清客人的年龄、身份、职业、文化修养，针对不同的对象，交谈不同的内容，采用不同的语言形式。比如，在旅游接待中，与外宾讲话，就要讲究分寸，不卑不亢；与年长者讲话，要用尊重的口气；与年轻人讲话，就要真诚、亲切。与一名音乐教师可以谈对交响乐的欣赏，对的农民就不能谈这个话题，而应谈庄稼与收成之类的话题。

2. 旅游交往中语言表达技巧

旅游交往中的语言表达要注意以下几个方面。

（1）使用旅游服务用语。旅游服务交往中的用语是相当丰富的。服务工作的特殊性要求服务人员在服务过程中正确使用礼貌用语。常用的有"对不起"、"别客气"、"谢谢"、"您好"、"再见"、"欢迎再来"等。

"对不起"，包含着道歉、赔礼的意思。服务人员与宾客双方在服务与被服务的过程中不够默契的时候，服务人员就应主动地表示歉意。比如总台、餐厅的客人多时，由于服务人员顾不过来而使一些客人受到冷落，或客人的某一要求得不到及时满足等，服务人员都应该向客人表示歉意，说声"对不起"。

"别客气"，体现了服务人员的虚心和谦逊。优秀的服务人员常常赢得客人的赞誉，面对这样的情况,服务人员要更虚心,以示再接再厉,此时就应说声"别客气"。

"谢谢"一般是客人的常用语,但服务人员也应常常向客人说声"谢谢"。这是因为在服务过程中,如果没有被服务者,没有被服务者的光顾与配合,就没有服务对象,也达不到服务的目的,更谈不上企业的经济效益和社会效益。

在接待客人时,服务人员应向客人说声"您好",表达服务人员真挚的问候和情意。尤其对客人中的长者,服务人员更应主动道声"您好",以示尊重和敬意。

客人临别时,服务人员应向他们说声"再见"、"欢迎再来",这一方面表示服务人员坚持信誉第一,在服务成功后,仍暗示客人服务中有不周到的地方,诸多指正,一定努力改进;另一方面,也是暗示客人"下次再来"。

(2)注意声调的使用。说话声调能直接影响服务交往的效果。比如,当客人进酒店以后,服务人员说的"您好"、"请进"、"请坐"等用语,因为蕴含着"您的光临使我们非常高兴"的意思,这时的声调应当响亮,以表示一种喜悦的心情。如果声音太小,客人就会觉得你不冷不热,态度傲慢。但声调也不宜过高,否则,刚进门的人会觉得你做作,已在店内的客人也会觉得厌烦。客人离店时,服务人员说的"再见"、"欢迎再来"等用语,以亲切、热情为宜,表达依依惜别之情。如果音量过大,声调过高,客人会以为服务人员不耐烦了,反而造成误会。

### (二)非言语沟通

非言语沟通是人们通过使用不同于言语的方式来概括身体动作、面部表情、穿着打扮、交往距离等内容,一般称作身体语言。非言语沟通实质上是既不以口说的字词,又不以书写的字词为沟通手段的沟通。非言语沟通在人际信息沟通的重要作用已越来越明显。身势学派的创始人,美国行为学家雷·L.伯德惠斯戴尔曾推论,在两个人交往的场合中,有65%的"社会含义"是通过非言语沟通方式传递的。美国社会心理学家艾伯特·梅拉比认为,信息的全部表达=55%表情+38%声音+7%言语;权威书籍则表明,当言语交流与非言语交流出现矛盾时,一定要相信非言语交流所传达的意思,这才反映了该人的真实意图。不管这些看法是否完全正确,都说明了身体语言在社会交往中的作用,尤其在某些特定场合,比如在那种不便说话、不愿说话或言语不通的场合,身体语言有直接的表意作用,人的思想、感情等也会从体态语中反映出来,在旅游交往中身体语言的内容主要包括以下几个方面。

1. 面部表情

面部表情是人们思想感情的流露,有时可起到言语所起不到的作用。面部的眼睛、眉毛、鼻子、嘴、脸颊肌肉,都是传达感情的工具。比如,人生气时会拉长了脸,肌肉下沉;人高兴时,"喜笑颜开",肌肉松弛。还比如,人惊异时张嘴、愤怒时闭嘴、蔑视时撇嘴、不高兴时翘嘴等。

人们常说:"眼睛是心灵的窗户。"眼睛与有声言语协调,可以表达千变万化的思想感情。眼睛凝视时间的长短、眼睑睁开时的大小、瞳孔放大的程度和眼睛的其他变化,都能传递微妙的信息。

一般来讲,每一种目光都有其特定含义。比如,视线频繁乱转,给人的印象是心不在焉。视线向上,表示高傲。视线向下,表示害羞、胆怯、悔恨等。在旅游服务中,欲达到最佳的交际效果,就要学会巧妙地使用目光。比如,要给客人一种亲切感,你就应让眼睛闪现热情而诚恳的光芒;要给客人一种稳重感,你就应送出平静而诚挚的目光;要给客人一种幽默感,你就应闪现一种俏皮而亲切的眼光。自然得体的眼神是语言表达的得力助手。

2. 身姿动作

人的动作与姿势是人的思想感情和文化修养的外在体现。导游人员在讲解时,手势可以衬托、强调关键性的话语,可以显示个人风格。当然,手势的运用也不可过多,不能没有目的地指手画脚,故意造作,分散游客的注意力。运用手势要明确、精练和个性化。

坐姿和站相也是不容忽视的。人坐时,要轻、稳,不可响动过大。不论坐椅子还是坐沙发,姿势要自然端正,以坐一半为好。也可靠在沙发上,但忌半躺半坐。另外,站着与客人交谈,身体要正对着客人,腰要挺直,两腿不要抖动。

3. 服饰

人的服饰、发型、化妆、饰物等,可以反映一个人的身份、地位、性格、爱好等。由于旅游服务工作的特殊性,服务人员(特别是宾馆饭店)一般统一穿着工作服装,而不宜穿戴得过于高贵、华丽,这既表明了自己的服务人员的身份,也表明了对客人的尊重。在饰品佩戴上,女服务人员仅限于手表、项链、戒指、耳针,不得佩戴手镯、手链、脚链、大耳环等过分夸张的首饰,且总数不能超过三件;男员工首饰仅限于手表和戒指。

4. 空间距离

人与人之间存在着一条看不见但实际存在的界限,这就是个人领域的意识,每个人都要有属于自己的一定空间,并维护它,使之不受侵犯。在个体空间内,人会产生安全感、舒适感和自由感。当然,个体空间具有伸缩性,不同的人需要的个体空间的范围也不同,这与人们的心理、文化、地位以及人与人之间的关系等因素有关。

### 知识链接

客我交往的技巧

### 任务拓展

**地陪没有准时到达旅游团集合地**

小徐是从××外语学院德语专业的学生,毕业后到旅行社从事导游工作。一天,他作为地陪接待一个德国团。早上 7:30,他就骑上自行车去游客下榻的酒店,因为旅游团 8:00 在酒店大厅集合。小徐想:"从家里到酒店骑车 20 分钟就到了,应该不会迟到。"然而,当经过铁路道口时,开来一列火车,把他挡住了。待列车开过去时,整个道口已挤得密密麻麻,因为大家都急着赶时间去上班,自行车、汽车全然没有了秩序。越是没有秩序,越是混乱,待交通警察赶来把道口疏通,已过 8:00。10 分钟后,小徐才到达酒店。这时,离原定游客出发时间已晚了十多分钟,只见等候在大厅里的那些德国游客个个脸露不悦,领队更是怒气冲冲,走到小徐面前伸出左手,意思是说:"现在几点?"

案例点评:作为导游人员,熟悉各个国家和地区的风俗习惯是很有必要的。知道了各个国家、地区的风俗习惯后,导游人员就能很好地避免这样或那样的差错。德国游客,他们的时间观念也许是世界上最强的,约好 8:00 出发,便会准时在大厅集合。这时,如果导游人员自己迟到了,那么其在他们心目中的形象就会大打折扣,即使其前面的工作非常出色,也将事倍功半。本案例中,小徐应控制好时间,将时间提前,另外,要了解德国人的这种惜时如金的性格特点,更应把赶往酒店的时间提早些,这样,也就不会出现本案例中所述的最后一幕。作为导游人员,不仅是带德国游客,带任何一个旅游团,都要守时,绝不能迟到,这是导游从业人员起码的素养。

# 工作任务三 人际沟通与冲突

### 任务导入

一游客醉酒后致电 12301 投诉其导游人员,表示导游对其辱骂动粗。12301 客服记录此事后立即联系核实。结果是该游客在跟团游途中喝多了,导游人员担心影响行程故前来劝阻,由于导游人员说话嗓门有点大,该游客瞬间暴怒,与其争执,随后拨打 12301 进行投诉。

### 任务解析

在旅途中,游客因年龄、性格、脾气、欲望以及要求等诸多差异,各人有各自的看法和观点。作为旅游服务人员,导游人员经常要和游客打交道,沟通是一门学问、一种艺术。懂得这门艺术的导游人员,能与游客交流感情、增进了解,不懂得沟通艺术的导游人员,游客可能会不理解你,引起不必要的误会不说,还可能不听你的指挥,甚至会吐出一句真言,"话不投机半句多"。这种情况的出现对导游人员带团极为不利,导游人员应该重视这个问题。与游客交谈时,要善于倾听游客的讲话,只有这样才能做到真正的双向交流与沟通。有句俗话说得好,"会说的不如会听的"。导游人员如果不去认真听、善于听,怎么会了解游客的心声呢?

## 相关知识

### 一、人际沟通的含义及特点

#### （一）人际沟通的含义

人际沟通又称人际交往，是指人和人之间的信息传递和情感交流过程。通过人际沟通，人们彼此交流各种思想、观点、情感、态度和意见。人际沟通有利于交流信息、调节情绪、增进理解。

#### （二）人际沟通的特点

人际沟通是一种特殊的信息沟通，是个人与周围人之间的心理沟通，是人与人之间的情感、情绪、态度、兴趣、思想、人格特点相互交流、相互感应的过程。通过人际沟通，个人可以收集到关于他人心理、个性方面的信息，同时也对他人发出关于自己个性、心理特征的某些信息。因此，人际沟通不同于一般的信息沟通，有其自身的特点。

1. 沟通双方不是简单的主客体关系

某种程度上，沟通双方都是积极传播和接收信息的主体。一方在发送信息时，必须对另一方有所判断，分析其动机、目的、定式，而另一方在接收信息时也是如此。人际沟通与大众传播的区别在于：前者的交流是对称、易于反馈、以个人活动为基础的，而后者的交流是不对称、不易反馈、以大众传播媒介为基础的。

2. 沟通的深入度较高

人际沟通容易引起沟通双方思想观念乃至行为深层次上的变化。双方能借助多种形式的符号系统相互施加影响，以达到各自的目的。这种影响常常是通过对对方心理机制的作用来完成的。由于信息交流的双方都是有意识的主体，同时扮演着传播者与接收者的双重角色，所以这一过程不仅能够交换信息，也能够影响或改变对方的心理或行为，并进一步影响二者的关系。

3. 沟通的受制约性

沟通的受制约性是指信息的发出者传递信息的内容、时间、方式等不能随心所欲、自由选择，要根据沟通对象的需要、特点来选择和掌握。换句话说，沟通双方只有处在同一情境中，在掌握了统一的或大体相近的符号系统的情况下才能实现沟通。例如，两个在社会政治地位或宗教信仰或职业上存在较大差别的人，在交谈时就可能无法完全理解对方的意思。

4. 沟通的情感性强

沟通的情感性强是指沟通双方在传递信息时诉诸情感，有人情味，可以使双方首先在情感上产生共鸣,从而影响人际沟通的效果。在组织内部公共关系的运作过程中,人际沟通可以加深组织内部人与人之间的感情,形成一种凝聚力,起到人际沟通的作用。

## 二 人际沟通的作用

沟通存在于管理的每个环节,沟通的目的在于传递和交换信息,而信息传递的真实性、完整性和便捷性决定了沟通的质量。沟通是一个信息交流过程,有效的人际沟通可以实现信息的准确传递,达到与其他人建立良好的人际关系、借助外界的力量和信息解决问题的目的。但是由于沟通主客体和外部环境等因素,沟通过程中会出现各种各样的沟通障碍,如倾听障碍、情绪噪声、信息超载等。

### (一)有效的人际沟通有利于减少人际冲突,营造和谐的人际关系

人际冲突是任何一个组织都不可避免的问题,存在于人与人的一切关系之中。工作关系中人际冲突的影响是多方面的。人际冲突往往会造成组织效率低下,凝聚力下降。一旦出现危难,员工不能同舟共济渡过险关,最终可能会导致组织事业的衰败。有效的人际沟通使个人因思想和情感得以表达而感到心情舒畅,减少人与人之间的冲突和矛盾的激化。沟通是一个互动的过程,实现建设性沟通需要双方共同努力。

### (二)人际沟通有助于客观地认识自我

在与他人沟通的过程中,人在理解他人的同时,也认识了他人眼中的自己。人们常问自己:"我究竟是怎样一个人?"人对自己的认识总是以他人为镜,需要通过与他人比较把自己的形象反射出来。他人是尊重、喜爱、赞扬,还是轻蔑、讨厌、疏远自己,这常常成为认识自我的尺度。每个人从他人对自己的反应、态度和评价中,发现了自己的长处和短处,找到了恰当的社会位置,为自我的设计、发展、完善创造了有利条件。离开人际沟通,人就无法客观地认识他人,也无法真正了解自己。因此,有必要多方位、多层次、与更多的人进行沟通,与他人有更密切的接触,来吸收更多、更可靠的消息,使人们能更清楚地回答"我是谁",更清楚地确定自己的形象,更明确地知道什么样的行为才最符合自身情况、最有利于自身发展。

### (三)人际沟通有助于人的心理健康沟通

沟通与交往是人类基本的社会需要,同时也是人们同外界保持联系的重要途径。沟通与交往保证了个人的安全感,增强了人与人之间的亲密感。根据马斯洛的需求层次理论,每个人都有爱与归属的需要,沟通与交往能够增进成员之间思想、情感的交流,产生依恋之情。人的伤心、孤独、痛苦和烦闷体验必须与人进行沟通才能获得释放,从而避免向抑郁症、精神病等方向发展。而人一旦有了幸福、成功等情感体验,也会导致与人沟通的强烈愿望。所以有人说,当我们快乐时,把我们的快乐告诉自己的朋友,会使快乐加倍;当我们痛苦时,把我们的痛苦告诉自己的朋友,会使我们的痛苦减半。事实表明:"交往的剥夺"同"感觉的剥夺"一样,对人的心理伤害是极其严重的。例如,长期被关押在单人牢房里的囚

犯，由于交往被剥夺从而导致精神失常的事例并不鲜见。

### 三、人际沟通的原则

#### （一）诚信原则

诚信原则，就是要守信，言行一致，说到做到，就是要取信于人，相信别人能够做好本身所期望的事情，还要自信，给人以信任的力量，使对方相信你能在困难环境中克服阻力，不负众望。良性的人际沟通的基础是内外一致，即语言和非语言的交流与所思、所想、所做一致。

#### （二）相互尊重原则

沟通就是要通过语言的、行为的交流而达到相互的理解、思想的融合和信息的互通，最终达到健康而密切的人际关系。在日常沟通中，如果对别人的话总是不愿花时间去听、去理解，常常采用打断、臆测或淡漠来应对，而自己说话又常常是自负、故弄玄虚，不愿让人理解，那么这种自以为是的不尊重他人的沟通，往往会激起他人的消极情绪，否认他人的存在和认识的独特性，特别是以优越感表现出的蔑视、严厉、顽固态度，使别人有被贬低和受侮辱的感觉，这样一来，别人就不会自讨没趣与你沟通了。因此，只有尊重别人，专心与人交谈，虚心征询意见，合理肯定别人的认识，真诚面对分歧，才能使人感到自己被认可、被承认和有价值。

#### （三）准确性原则

信息沟通的目的就是要使发送者的信息被接收者理解。只有遵循准确性原则，才能克服沟通过程中的各种障碍，对表达不当、解释错误或传递错误给予澄清。人的注意力是有限的，这就要求接收者必须集中精力，克服思想不集中、记忆力差等问题。

#### （四）及时性原则

在沟通的过程中，不论是主管人员向下级传递信息，还是下级向上级汇报或者横向传递信息，都应遵守及时性原则。在实际工作中，经常会出现事后得到信息，或从其他渠道了解到信息的情况，使沟通渠道起不到应有的作用。当然，信息的发送者出于某种意图（如宏观调控、涉及员工切身利益时顾虑到员工的心理承受能力）而对信息交流进行控制也是可行的，但是达到控制的目的后就应该及时进行信息的传递。

#### （五）非正式组织策略性原则

只有当主管人员使用非正式组织信息沟通来辅助正式组织的信息沟通时，才会产生最佳的沟通效果。

## 四 人际沟通的基本技巧

### (一)倾听技巧

1. 倾听的含义

国际倾听协会这样对倾听定义:倾听是接收口头及非语言信息,确定其含义和对此做出反应的过程。倾听,就是凭借听觉器官接收信息,进而通过思维活动达到认知、理解的全过程。倾听的规则如下。

第一,要了解自己听的习惯。首先要了解,你在听人讲话方面有哪些不好的习惯?你是否对别人的话匆忙做出判断?是否经常打断别人的话?是否经常制造交往的障碍?了解自己听的习惯是正确运用倾听技巧的前提。

第二,全身心地投入。要面向说话者,同他保持目光接触,要以你的姿势和手势证明你在倾听,表示你的诚意和对对方的尊重。无论你是站着还是坐着,都要与对方保持最适宜的距离。说话者都愿与认真听讲、举止适当的听者交往。

第三,要把注意力集中在对方所说的语言内容上。不仅要努力理解对方言语的含义,而且要努力理解对方的感情和文化含义。要了解对方的文化背景、价值取向和语言特点等,才能保证全面理解对方讲话的全部内容。

第四,要倾听自己的讲话。倾听自己的讲话对培养倾听他人讲话的能力是特别重要的。倾听自己讲话可以使你了解自己,一个不了解自己的人,是很难真正了解别人的。倾听自己对别人讲些什么是了解自己、改变和改善自己倾听习惯与态度的手段,如果你不倾听自己是如何对别人讲话的,你也就不会知道别人如何对你讲话,当然也无法改变和改善自己的习惯和态度。

2. 倾听的过程

理想的倾听过程包括六个环节:预想、感知、注意、解码、评价和反应。

(1)预想。

在沟通开始之前,人们一般会根据以往的经验,预测沟通对象将要传递的信息,同人们对自己将会接收的信息进行预测,并做好沟通的准备。例如,向下属交代一项任务之前根据以往对他的了解,可能知道他习惯于不动脑筋就满口应承,而不了解任务的背景或目标,那么就应在他猛拍胸脯表示一定完成任务时,多问一下他执行的思路,这可能会让该项任务的完成更为可控。准确的预想可以让沟通者提前做好准备,引导沟通向自己期望的方向进展。但由于自身经验和能力的限制,可能导致预想出现偏差,沟通者在沟通过程中需要及时调整心态或策略。

(2) 感知。

当人们听到信息的时候,就称为感知信息。但需要注意的是,感知并不一定只是听觉系统受到刺激的生理过程,还涉及对方身体语言、周围环境等更加复杂的知觉过程,因此,感知信息不仅包含听,还包括通过眼睛观察对方的身体语言和面部表情,了解讲话者没有完全表达的言外之意。很多时候,对非言语信息的感知甚至比说话者话语的感知更重要,因为非言语沟通能够更真实、更直观地表达讲话者的态度和喜好,从而加深对其真实意图的理解。

(3) 注意。

人们每天都要感知到远远超过其所需要或所能处理的数量的信息。倾听时,人们通常要过滤掉一些无关或者不感兴趣的信息,而把注意力集中在自身认为重要或者感兴趣的内容上。把感知集中在某些特定信息上的行为称为选择性注意。例如,当乘客在机场候机时为了打发时间,打开笔记本电脑看喜欢的电影,这时他只关注电影的内容,周围其他的声音,如广播声、脚步声、其他人谈话的声音则都被忽略了。虽然人们能按照某种特定的方式集中注意力,但是注意力集中的程度有限。据统计,大多数人平均每分钟可以说出 125 个词,理解 400—600 个词,那么思考速度与说话速度之间的巨大差异,使得倾听者在听和说的间隙容易感到厌倦而分散注意力。而且,据研究,一般情况下人们每次只能对 20 秒以内的信息完全集中注意力。

(4) 解码。

当注意力集中到一个声音、一个手势或一则信息上时,人们就开始理解自己所感知到的信息的含义,人们会把接收到的信息与已有的知识、经验联系起来,并赋予其意义。因此,倾听者的相关背景、知识、经验,都会影响其对所感知的信息赋予的意义。

(5) 评价。

人们在对自己所关注的信息内容进行理解并赋予其含义之后,会对信息内容进行分析和评价。通常评价是基于个人的信念对信息进行的衡量。研究人员在一份研究报告中指出,倾听者思想封闭、僵化以及存在偏见都会使其失去对信息进行理性、客观评价的能力,由此造成倾听的障碍,影响有效倾听的达成。

(6) 反应。

在持续进行的谈话中,倾听者的反应很重要,它不仅有助于倾听者更准确地理解和评价,还有助于讲话者确认信息是否得到了清晰、完整的传达。积极的反应有利于保证双方注意力的集中,有利于达成有效的倾听和沟通。

3. 倾听的技巧

沟通,是为达到一定的目的,将信息、思想和情感在个人或群体间进行传递、理解与迅速交流的过程。沟通的效果如何,在很大程度上取决于信息的传递,沟通是基本的生活技巧,因此,掌握人际沟通的技巧显得尤其重要。倾听就是通过听觉、视觉等媒介进行信息、思想和情感交流的过程。常见的倾听技巧如下。

（1）努力培养倾听的兴趣。

在倾听时，倾听者既要保持良好的精神状态，又要以开放和积极的心态去倾听，用心感知信息。如果精力分散，或思路较对方慢，就很容易造成少听、漏听。由于人与人之间客观上存在着思维方式的不同，如果一方的思维属于收敛型，而另一方的思维属于发散型，那么由于收敛型的人思维速度较慢，发散型的人思维速度较快，双方就很难做到听与讲的一致，让收敛型思维的人去听思维速度较快的发散型思维的一方的发言时，就会产生思路跟不上对方或思路不同而造成少听或漏听。

（2）注视对方的眼睛。

一位细心、敏感的倾听者会适当注视对方的眼睛，保持与说话者的目光接触，而不是看窗外、天花板，或者看对方肩膀后面。

（3）认真了解对方的看法，不要急于下结论。

倾听时可以不同意对方的看法，但至少要认真接纳对方的话语，点头并不时说"原来如此"，鼓励对方继续说下去。心理学家通过多年的实践得出结论：人们都喜欢对别人的话进行判断、评价，然后决定赞成或不赞成，这是造成不能有效倾听的重要原因之一。人们喜欢判断耳闻目睹的一切，并且总是从自己的立场出发来判断别人的话。而根据个人的信念做出的反应往往是有效倾听的严重障碍。一般说来，你的反应会干扰对方说话，打乱对方的思维过程，反过来迫使对方改变思维过程，这样就不可避免地引起对方采取防御手段。结果使对方难以坚持自己的观点，力争隐藏自己的思想和感情。即使是赞美对方的话，也会造成听的障碍，因为赞美往往使人陶醉于其中，从而使人不能保持原来的思维过程。

（4）使用开放性的动作。

人的身体姿势会显示对谈话的态度和兴趣。自然开放性的姿态代表着接受、容纳、尊重与信任。

（5）及时用动作和表情给予呼应。

有效的倾听者不仅会对听到的信息表现很感兴趣，而且能够利用各种对方能理解的动作与表情及时给予呼应和反馈。

（6）学会复述。

复述指用自己的话来重新表达说话者所说的内容。

（7）适时适度的提问。

作为一个倾听者，尽管其主要任务在于倾听他人所说。但是，如果倾听者能以开放的方式询问所听到的事，成为谈话的主动参与者，就会增进彼此间的沟通。

（8）抑制争论的念头，不要带有偏见。

沟通中难免会出现不同的认识和看法，当自己的意见和看法与别人不一致的时候，倾听者一定要学会控制自己的情绪，尽量抑制内心争论的冲动，要有耐心，放松心情，一定要等待对方把话说完，再来表达自己的看法和见解。如果带有偏见去听，也会大大影响倾听的效果。自己先把别人要说的话做个标准或价值上的估计，再去听别人的话。

（9）不要为了使讲话者高兴而假装自己很注意听。

伪装实际上也是一种偏见。伪装的听者有一个较为共同的特征，就是双眼直愣愣地盯着讲话者，做出一副洗耳恭听的样子。因为他们把注意力都集中在伪装的姿态上，所以根本没有余力去专心倾听讲话内容。还有一种伪装者喜欢试着去记住别人的每一句话，却把话题的主要意义忽视了。这种伪装者常使讲话者以为他们的确是在专心倾听。因此，这种伪装的倾听很容易使双方产生误会，影响沟通。

（10）克服各种环境的干扰。

不同的环境对倾听会造成不同的影响。自然环境的干扰，常常会使人们的注意力分散，而形成效果障碍。客观环境的干扰，会牵引听者的注意力。双方的外表、表情、形象、气质等都会使对方在倾听过程中的注意力受到不同程度的影响。有时听者会被对方的外表和表情等吸引，将注意力过多地放在"看对方"而不是全神贯注地收听对方的话语信息上。有时听者又会因厌恶对方的外表和表情而拒绝接收对方所讲的全部内容。

此外，主观环境也是影响倾听的因素之一。听者自己把注意力放在分析、研究对方讲话的内容以及根据内容而思考自己的对策上，所以不能收听对方的全部讲话内容。在遇到对方的讲话中有出乎意料之事或有隐含意义时就会不知所措而无法继续收听。所以要克服各种环境的干扰，积极倾听。

### （二）说话技巧

所谓说话，就是为了实现沟通目标而运用口头语言进行表情达意的活动。不同的说话方式会产生不同的效果。

#### 1. 说话要看不同对象

不同语言特定的场合、区域，不同的交流对象和场所，就要善于用不同的语言和对方打交道，如南方和北方语言表述习惯、用法有差异，中原和东北语言表述也有各自的特点，不同的行业和不同性质的组织和单位，也有其特定的专业术语和语言习惯，受过不同教育和不同职业培训的个体，其语言表述也各有特色。我们和对方沟通时，要做到因地制宜，善于掌握不同的语言表述习惯和特点，根据不同的对象和场景，选择相应的语言，做到"到什么山，唱什么歌"，同时回避忌讳的话题。

#### 2. 说话要准确

在借助语言符号进行人际沟通时，尽量做到字、词、句的准确，音、义结合得恰到好处，从而降低语言符号的暧昧性,尽量避免产生模糊和歧义。同时注意停顿。说话时的停顿也是一种艺术,不仅使讲话层次分明,突出重点,而且还能吸引注意力。在准确的基础上,可以用一些幽默的语言,增加说话的趣味性。

3. 说话要谦虚

要想和对方进行良好的沟通,让别人从内心深处接纳你,说话便要谦虚,这样才能给别人留下好印象。例如,表述要文雅有礼,忌粗鲁低俗;要简洁明快,说话要围绕主旨,忌拖沓啰唆;要平和内敛,忌尖酸刻薄;要言之有物,说话内容须是真实的,不能胡扯一通,弄虚作假或词不达意;要彬彬有礼,忌咄咄逼人;要热情大方,忌冷漠对人。既要坚持自己的话语权,又要尊重别人说话的权利,切忌沟通中居高临下和话语霸权。

4. 合理运用形体语言

美国传播学家艾伯特·梅热曾提出一个公式来说明形体语言的重要作用:沟通双方互相理解=语调(38%)+形体(55%)+语言(7%)。形体语言在谈话中有加强言语意义、表达情感、实现反馈等作用。由于形体语言不仅能对言语内容做修正补充,而且很多时候还能比言语交流更生动、更直接、更准确地表达所说的内容。因此,说话时应合理运用形体语言。

5. 选择恰当时机

说话一定要把握时机,才能起到预期的作用。

由于信息具有时效性的特点,传递时应把握好时机,反馈信息尤其如此。只有信息反馈及时,才能对管理工作进行及时的调整,达到工作的最佳效果。

6. 态度要诚恳

说话时态度一定要诚恳,要动之以情,晓之以理。

需将事情的前因后果、利害关系说个清清楚楚。要说明为什么自己不办或办不了而去找他人办。你的态度越诚恳,他人就越不可能拒绝你。向别人提出请求,无论请求别人干什么,都应当"请"字当头。同时还要端正态度,注意语气。虽然请求时无须低声下气,但也绝不能居高临下,态度傲慢,非得别人答应不可,而应语气诚恳,平等对待,要用协商的语气,如:"劳驾,让我过一下好吗?""对不起,请别抽烟。好吗?"同时,还要体谅对方的心理:"我知道这事对您来说不利,但我实在没有办法,只好难为你了。"当因为客观原因,别人不能答应请求时,也应当表示理解,而不能强人所难,不要抱怨、愤怒甚至恶语相加,你还得还礼道谢:"谢谢你!""没关系!我可以找别人。"这样对方在有条件的情况下肯定会鼎力相助。如果你不能体谅对方,甚至对他人施以抱怨,这等于堵死了再次向他人提出请求的通路。

7. 多谈对方感兴趣的事情

每个人都有自己感兴趣的事情或话题,我们不妨找到对方的兴趣点,或者共同的话题、爱好，就容易赢得对方的好感和认同，进一步拉近距离。

### 任务拓展

一日傍晚，一个香港旅游团结束了"广州一日游"，回到了下榻的酒店。然而，不到十分钟，旅游团的一位中年女领队就光着脚来到了大堂，怒气冲冲地向前台投诉客房服务员。原来，早晨出发时，这位女领队要求楼层客房服务员为房间加一卷卫生纸，但这位服务员却只将这位客人的要求写在了交班记录本上，并没有与接班服务员特别强调指出。结果，下一班次的服务员看到客房卫生间内还有剩余的半卷卫生纸，就未再加。结果，这位客人回来后，勃然大怒。无论前台的几个服务员如何规劝、解释，她依旧坚持光着脚站在大堂中央大声说："你们的服务简直糟透了。"引来许多客人好奇的目光。值班经理和客务部经理很快赶到了，看到此情此景，他们一边让服务员拿来了一双舒适的拖鞋，一边安慰客人说："我们的服务是有做得不够好的地方，请您消消气，我们到会客室里面坐下来谈，好吗？"这时，客人的态度渐渐缓和下来，值班经理耐心地向客人询问了整个事件的经过和解决问题的具体意见，最后值班经理代表酒店向旅游团的每个房间都派送了一卷卫生纸，并向这位客人赠送了致歉果盘。事后，经向该团导游人员了解，这位领队因对旅行社当天的行程等一些事情安排不满，故心情不好，也是客人发火的原因之一。

请问如何在客人投诉中与客人沟通？

### 知识链接

沟通能力测试

### 知识链接

人际冲突平息能力测验

# 项目八
## 旅行社服务技巧

### 知识目标

了解旅游的感觉、知觉;

了解游客的心理分析及心理策略。

### 能力目标

了解导游人员服务技巧;

了解接待人员服务技巧;

了解计调人员服务技巧。

### 素质目标

具备从事旅行社工作的能力。

# 工作任务一　导游人员服务技巧

### 任务导入

一艘在长江三峡上航行的游轮因航道问题,使计划中的白天经过"神女峰"的行程改成夜间通过,因而游客们无法领略到向往已久的神女峰的雄姿神韵,遭到游客们的非议。导游人员小孔听说旅行团将改变白天欣赏"神女峰"的计划时,立刻找船方交涉。当最终无法改变现状时,就与船方进行谈判,船方终于同意采取一定的补偿措施。

小孔向游客解释说明真实的情况,并向游客承诺:乘坐该游轮的客人都将被无偿赠送包含神女峰风光在内的 VCD 三峡风光片,另外次日的晚餐也变更为丰盛的晚宴。同时小孔进一步安抚客人,说:"送一盘光碟、一顿好饭是无法补偿漏景之憾的,但因长江水域船舶总协调的原因,船方也是迫不得已才改变计划的。好在来日方长,长江三峡四季的美景各有特点,祝愿朋友们再次畅游三峡,我也盼望着再为各位导游,并且我也一定努力提高导游水准,届时为诸位献上更诚挚的服务。"

游客们得到了这样真诚的安慰,就算还有什么不满意,也能够给予一些理解,也就不太好意思再激烈抨击改变计划一事了。游客的情绪稳定了,心态就会比较正常,有些话就能够听进去,就能够愉快地与导游人员配合,这样小孔的安慰工作就成功了。

经济全球化的今天,旅游者的背景更加多元化,旅游者的需求和理念比以往更加高端和现代。旅游服务人员如何做好游客满意的个性化服务?

### 任务解析

在现代旅游服务中,旅行社与饭店、旅游交通一同被称为旅游业的"三大支柱",旅行社能满足吃、住、娱、游、行、购的活动的服务需要。其中,游是旅游活动的中心和关键环节。旅游者来自五湖四海,有着不同的国籍和民族,不同的个性和信仰,不同的心理需求和愿望。在各种旅游服务中,接受旅行社服务的游客和旅行社的导游人员构成了一个互动的整体,对旅行社服务心理的研究需要重点关注旅游者的游览心理和导游心理这两方面的内容,此外,为创建旅行社的品牌效应和为旅游者提供满意的优质服务,对旅行社的服务质量和信誉意识也应加以研究。

随着现代旅游业的快速发展,对旅游行业人员服务水平提出了更多和更高的要求,旅游服务是旅游业的灵魂,服务质量的好与坏影响旅游企业的前途和命运。而提高旅游从业人员的服务心理素质增强其职业的适应性,需要掌握旅游行业服务技巧,其中包括导游人员服务技巧、接待人员服务技巧、外联人员服务技巧、计调人员服务技巧等。

旅游活动的中心和关键是"游",导游人员就是旅行社相随陪同旅游者进行各种活动的向导和顾问,也有人称为"友谊的建筑师"、"交流文化知识的老师"、"旅游交际的大使"。导游人员也是旅行社的代表和旅游服务工作的核心人物。

### 相关知识

## 一 导游人员服务心理与待客技巧

在游客中建立良好的第一印象,对导游人员能否很好地完成导游任务是很关键的。导游人员与游客初次见面时,便是印象形成的关键时期。游客倾向于把注意力集中到他们所见到的服饰、眼神、动作和所听到讲话的内容、速度、声调、音量上面。此时,导游人员应该以良好的形象出现在游客面前,使自己的服饰、举止、面部表情以及谈吐更具有吸引力。

导游人员的接团服务技巧如下。

### (一)做好接团前的心理准备

接待准备,是导游人员接待工作的一个重要环节,是顺利完成接待任务的重要前提。准备得越充分,旅游团的运转就越顺畅。

1. 业务准备

(1)熟悉和研究接待计划。认真阅读接待计划和有关资料,详细、准确地了解该旅游团的项目和接待要求,重要事宜要做好记录。

(2)落实接待事宜。旅游团抵达前一天,再与旅行社的计调或接待部门、司机、旅行团领队联系,进一步落实、检查确认接待事宜。

2. 知识准备

(1)掌握在服务中所涉及的交通、货币、海关、卫生等方面的旅游常识。

(2)接待专业团队要提前了解相关的专业知识。

(3)热门话题、重大新闻和兴趣话题的准备。

(4)熟悉客源地的方言和饮食习惯、生活习惯、兴趣爱好,分析游客的一般心理需求和行为特点等。

(5)着装得体、服饰整洁、精神饱满。

(6)化妆适度,佩戴首饰也要适度。

### 3. 心理准备

（1）准备面临艰苦复杂的工作。

（2）准备应对可能出现的各种突发事件的挑战。

（3）准备承受个别游客的挑剔、抱怨、指责和投诉。

### 4. 物质准备

导游人员在接团前要携带好导游证、胸卡等相关证件，接待计划表、导游旗、接站牌、扩音器、记事本等业务用品，以及防晒霜、雨伞、饮料等个人用品。

## （二）树立良好的第一印象

### 1. 服饰端庄舒适

导游人员的着装要符合本地区、本民族的着装习惯和导游人员的身份，衣着大方、整齐、得体、简洁，要方便导游人员服务工作；佩戴首饰要适度，化妆和发型要适合个人的身体特征和身份，并与之追求的风格和谐统一，不浓妆艳抹，不用味道太浓的香水，也不要衣冠不整而让游客丧失信心；同时还要注意服饰装扮要符合不同特点的团队的喜好，才能让游客产生认同感，便于以后的导游人员工作。

### 2. 谈吐亲切文雅

游客初到异地，人地生疏，会不自觉地把导游人员视为依赖者。导游人员亲切文雅的谈吐，不仅能很好地满足游客自尊心理的需求，而且能有效地消除游客在旅游初期极易出现的陌生感和紧张感，缩短导游人员与游客之间的情感距离，把导游人员视为贴心的"家长"。更能增进导游人员和游客双方的感情共融。

### 3. 态度和蔼热情

初到异地的游客是最缺乏安全感的，接团时导游人员和蔼而热情的态度会大大降低游客初到异地的紧张感，热情的欢迎、谦逊的态度，以及周到的接待服务，会让每一位游客产生温暖和愉快的心理效应。

### 4. 欢迎词精彩独特

精彩的欢迎词是一个良好的开端。一般的游客都可以从导游上车后的前半个小时通过穿着打扮、语速语调以及导游词的精彩程度判断出导游的水平高低。游客初来乍到，如果在这个时候能让客人通过你的欢迎词感受到你的热情、幽默和真诚，就会在客人心中留下美好的第一印象，从而更好地开展后面的工作。所以导游要根据所接团队的特点，有针对性地精心设计欢迎词。欢迎词要亲切自然，独特新颖，引起共鸣，同时注意致欢迎词的方式要适应不同团队的特点，语音语调要恰到好处。

### (三)提供良好的心理服务

**1. 保持微笑服务**

导游人员接团时若想向游客提供成功的心理服务,把友好的信息在第一次接触中传递给游客,开展并保持微笑服务是非常重要的环节。它能使游客消除陌生感,缩短导游人员与游客的距离,传达的是友好、安全和尊重;对于导游人员来说,真诚而愉快的微笑就是最好的欢迎词,是情感沟通的桥梁,是美丽的象征,是信赖之本。

**2. 激发游客的兴趣**

导游人员应善于调整游客的情绪,激发其游览的兴趣。刚到旅游地,游客往往处于既兴奋又紧张、既新奇又陌生的状态中。紧张感和陌生感容易使游客疲劳和拘谨,影响游览兴致;而兴奋感则促使他们随导游人员去探新猎奇、寻觅美好的事物。导游人员此时应学会抓住游客的好奇心,激发兴趣,调动积极性,让游客有所期待。

**3. 调节游客的情绪**

一般来说,游客初到旅游地都会产生积极、高涨的情绪。导游人员应抓住这一契机努力成为游客情绪的组织者和调节者,尽可能地满足旅游者的需要,使每一位游客的情绪都能一直处于积极的状态之中,从而保证旅游活动的顺利进行。

**4. 做好个性化服务**

个性化服务是指导游人员在接待旅游服务的过程中,针对不同旅游者的不同需求而提供的有差异的旅游讲解服务和人性化的旅行生活服务,是一种建立在理解人、体贴人的基础上的富有人情味的服务。

俗话说,"一方水土养一方人",我国各地游客都有着各自不同的心理特征。导游人员在接待前预测游客的心理是非常必要的,也是做好接团服务工作的重要依据,尤其对于不同地区、不同民族、不同年龄、不同职业的游客,心理需求和行为特点都各有不同,应熟练掌握各地相应的礼仪规范、语言习惯、个性特点、饮食习惯等,做好接待服务工作,避免出现不必要的麻烦,争取在第一时间里快速拉近与游客的距离。

### (四)首次沿途导游的心理分析与接待技巧

游客到达目的地,面对的是一个完全陌生的环境,所接触的人(包括导游人员在内)和事都是生平第一次,有举目无亲之感,不仅人地生疏、不懂风土人情,而且还可能有语言不通(尤其是外国游客)及气候、饮食不适等问题,这种情况一方面使其有好奇、惊讶、兴奋之感,另一方面心理上又有一些不可名状的不安和身体上的疲倦感。这时,游客的行为是复杂多样的,但有一点是共同的,即他们会不约而同地把目光和希望寄托在导游人员身上,希望导游人员能理解他们的心情,能帮助他们认识这个陌生的环境,给他们热情周到的服务,使他们有一个愉快顺利和安全的旅游生活。

从机场到下榻酒店的行车途中,是显示导游人员知识、技能、工作能力的大好机会。精彩成功的首次沿途导游会使游客对导游人员产生信任感、安全感,让客人感到踏实和安心,从而使导游人员在游客的心中树立起良好的第一印象。

首次沿途导游要做到以下几个方面。

(1) 导游人员站在车的前部,司机的右后侧。面带微笑,表情自然,态度亲切,热情诚恳,多使用柔声语言。

(2) 正确使用话筒,注意音量不要太大,过大的声音会增加游客的疲劳感,引起心情烦躁或情绪不安。

(3) 在介绍沿途风光时,讲解内容要简明扼要、有选择性,不可过于繁杂;语言节奏要明快清晰;景物取舍得当,见人说人,见物说物,与观赏同步;反应要敏捷,时机要恰当,贵在灵活。

(4) 在介绍车外景观的同时,应见缝插针地介绍本地的风情,不要过多过繁,防止游客产生突兀和疲倦之感;尽量结合沿途风光,有感而发,内容过渡要自然,收放自如,切忌将风光和风情割裂开来。

### 任务拓展

#### 一定让老人登上长城

2017年10月,某旅行社导游人员小李带一个由18人组成的新加坡旅游团,其中有一位81岁的老人偕女儿同行。这位老人是一位下肢瘫痪的残疾人。旅游团到达×城,小李安排好游客住下以后,当晚就到客房去看望老人。老人深情地告诉小李:"41年了,这是第一次我们父女俩一起回国观光,我有一个心愿,在我走之前一定要看看长城,不到长城心不死,可是……"小李听罢,对老人说:"您克服这么大的困难,不远万里来这里观光,我一定设法使您尽量多看看。"

路上,小李不厌其烦地与各城市的机场、酒店联络,要求提供轮椅,并不怕劳累地满足老人的心愿:在西安,她亲自推着轮椅带老人看兵马俑;在北京,当汽车抵达长城脚下时,她先带领全团客人登上长城,然后又跑回来找来了4位解放军战士,向他们说明情况请求帮助,战士们听了深受感动,欣然把老人连同轮椅一起抬上长城第一层敌台楼。老人感激得说不出话来,见他老泪纵横,目击者无不为之感动。

待全团客人到齐,留影并拍摄录像时,老人坐在中间,拉着小李的手,笑着说:"这样好的导游只有在中国才有,此次来祖国真正感受到了人间的爱。"领队将录像带回新加坡,作为宣传中国导游优质服务的见证。

> **知识链接**

**旅游服务**

1.旅游功能服务

旅游功能服务是指旅游工作者为游客安排和解决旅行过程中的食、宿、行、游、购、娱等方面的问题,使他们在旅游过程中感到安全、舒适和方便。

2.旅游心理服务

旅游心理服务是指旅游工作者通过优质的功能性服务使游客在旅程的各个阶段获得轻松愉快的旅游经历,产生心理上的满足感,旅游功能服务质量会受到旅游行业所具备的各种物质条件的制约。但是旅游心理服务主要取决于旅游工作人员是否遵守职业道德,是否具备相应的知识技能水平,是否能够掌握游客的心理需求,以及在对游客的服务过程中是否能够正确处理"客我关系"。

可见,旅游从业人员应在整个对客服务中,通过良好的旅游心理服务,让游客感受到轻松和愉快。

## 二、做好旅游心理服务必备的能力

### (一)具有高效率业务操作能力

高效率业务操作能力是指每一个导游人员在整个旅游过程中能够快速正确地完成每个工作环节,减少游客的等待时间,使每一个旅游环节能够迅速地进行。例如,在住宿阶段,导游人员应该在抵达酒店前根据团队成员的情况合理安排客房,如果要安排相互陌生的团员住在一个房间应该先征询彼此的意见,以便到达酒店能快速合理地安排团队入住。

### (二)具有全流程的服务意识

全流程的服务意识是指整体旅游服务的质量优先于部分,旅游过程的每一个服务细节的好坏都会对整体的旅游活动造成影响。旅游心理服务流程是全面、完整的服务流程,即每一个环节的服务工作都是满足游客需求,每一环节的服务工作都是为了保证下一个旅游活动的良好进行,最终完成旅游活动的全过程。增强全流程服务意识要求导游人员关注每个服务环节的结果,而不是只关注自己可控的那一部分,一旦连接或是最终结果出了问题,首先要考虑如何解决问题,而不是推卸责任,要意识到整体优先于局部,服务优先于职能。例如,对于酒店客房的选择要求安静,能够保证游客良好的睡眠,对于老年游客更应如此。这就是通过住宿这一环节的心理服务,来保证整个旅游活动的质量。

### （三）具有较强的问题处理能力

导游人员在服务过程中难免会遇到各种各样的情况，例如某个旅游环节的突发情况、旅游过程中遇到的紧急事故，这就需要较强的问题处理能力。首先，导游人员要提前细化安排旅游活动的每一个过程，对于可能出现问题的环节，计划好解决的办法，避免问题的发生。其次，在问题出现时要能够控制自己的情绪，做到沉着镇定，有信心把问题处理好，此时导游人员是所有游客的"主心骨"，紧张慌乱会让游客更加慌张不安。

### （四）具有观察和注意能力

具有敏锐的观察和注意能力，能够通过游客的言行举止推测对方的心理活动，以便准确地判断游客的需要和意图，提供使其心满意足的服务；还可以迅速观察到某些游客无益的激情爆发的预兆，及时采取措施防患于未然。提高自身的观察和注意能力还应该善于排除外界干扰。在旅游活动的过程中，导游人员会面对很多的干扰，越是杂乱的环境，越要提高对游客的注意，并且还要保持注意力的稳定性。

### （五）具有礼貌、亲和的沟通能力

旅游服务工作从本质上说是一种"与人打交道"的工作，是通过人际沟通和服务来实现的。旅游心理服务的沟通，不仅仅是将自己所拥有的专业知识及专业能力充分发挥，更要符合环境情境和彼此相互关系的标准或期望，满足沟通者的需要。这就需要导游人员具有礼貌以及较好的沟通能力。

## 三 旅游知觉与导游服务

风景、名胜古迹、旅游中的衣食住行、导游的服务等都是通过旅游者的感觉、知觉来形成印象的。

旅游知觉是旅游者对直接作用于感觉器官的旅游刺激物的整体属性的反映。例如，我们到达某一旅游地，看到的颜色、闻到的气味、听到的声音、品尝到的美味等，以及形成的对该地的整体形象，就是旅游知觉。

旅游活动中对他人的知觉主要是通过知觉他人的外表、语言和体态，获得对其动机、情绪、性格、意向和社会角色等的知觉。对人的正确知觉，是建立正常的人际关系、有效开展各种活动的前提条件。

### （一）对他人面部表情的知觉

透过一个人的面部表情，就可以察觉其内心世界的情绪变化。面部表情是个体情绪状态的显示器，是个体向他人传达信息的工具。

在旅游服务中准确运用面部表情，会给旅游者留下亲切、愉快、舒适的印象，例如对老年人用尊敬的眼神，对小孩用爱护的眼神，对大多数客人用亲切、诚恳的眼神等。平时要情绪稳定,目光平视,面部表情要根据接待对象和说话内容的不同而变化。通过面部表情能准确判断游客的情绪变化,因此,要随时调整服务。

### (二) 对他人体态语言的知觉

体态语言主要表现在一个人的手势、体态和走路的姿势等方面。个人的体态与他的心理状态有关,例如习惯头部上仰的人通常自视甚高、傲慢且唯我独尊;头总是低俯的人通常比较内向;头部侧偏的人通常充满好奇心,但偏于固执。观察人的动作,如果有人常有习惯性摩擦颈背的动作,说明他有负面或排他的倾向;如果有人习惯摩擦前额来承认错误,则多半比较开朗,容易相处。

导游人员在给旅游者做讲解服务时,可以从旅游者的体态上来判断他们的心态。

例如,如果旅游者一只手的5个指头呈自然状贴着脸,表明他对你的讲解产生了兴趣;如果旅游者轻握拳托住自己脸的侧面,表明他对你的讲解渐渐不感兴趣,却又怕失礼而极力想表现出感兴趣的样子;如果旅游者东张西望,脚在地上打拍子,就是在告诉你讲解该结束了。当导游人员与旅游者商量某件事情时,会发现一部分人会不自觉地用一只手抚摸自己的下巴,这意味着他们正在做决定。

### (三) 对他人服饰语言的知觉

衣着服饰反映了一个人对于服饰风格的喜好,也反映了人的内在性格特征和文化修养、社会地位、职业特点、经济收入状况等信息。例如,一个人戴眼镜且衣着款式比较保守,外表给人以文质彬彬的感觉,一般是文化修养较高的学者、教授;而西装笔挺、领带打得很整齐的,多是商人、公司职员,这样的着装给人以精明能干、守信、办事认真的印象。一般来讲,喜欢鲜艳、亮丽服饰的人,性格外向;喜欢素雅、大众化服饰的人,性格内向。

导游人员通过对服饰语言的知觉可以判断不同旅游者的特征,并给予准确的个性化服务。

### (四) 对他人声音的知觉

在人际交往中,人们通过声音就可以比较准确地判断出一个人的职业、籍贯、性格特征、情绪状态和身体状况等。

一个人言语中的"乡音"、说话的内容、表达的方式,可以反映其籍贯、职业及文化修养。在旅游活动中,旅游者是高兴的还是生气的,是冷静的还是激动的,是诚恳的还是虚伪的,都可以从他言语的节奏、语调的高低、音量的大小和抑扬顿挫中表现出来。导游人员可以通过声音来了解旅游者的情绪和态度。

### (五) 对他人社会角色的知觉

每个人在社会上都扮演着不同的角色,如厨师、老师、医生,画家……每一种角色都有一定的行为标准,每个人都根据自己扮演的不同角色调整自己,使自己的气质修养与社会环境相适应，形成了不同角色的特有属性。而人们对社会中各种角色的人也形成了比较固定的认识和判断，这就是社会角色的知觉。

人们普遍认为老师应该举止庄重、学识渊博，服务员应该仪态端庄、面带微笑。我国北方人一般都粗犷、豪放，南方人则细腻、精明。角色知觉可以帮助我们知觉他人在社会生活中所担任的角色。

导游人员在进行导游服务时，要根据旅游者的社会角色调整服务方式和讲解的重点。例如，在游览人文古迹的过程中，对知识分子应偏重于历史文化的深层次讲解，而如果旅游者的文化程度偏低，则讲解时应相对通俗一些。

# 工作任务二　接待人员服务技巧

 任务导入

某天，旅行社门市接待员小江迎来了前来咨询的史女士："您好，欢迎光临，请问我可以为您做点什么？""我们一家三口想趁暑假出去旅游，放松一下。本省我们都已经游遍了，另外还去过北京、上海等多国内的大城市。现在我对都市旅游已经不太感兴趣了。""现在是夏天，天气炎热。亲近山水是个不错的选择，您说呢？就像我们这个门市的布置一样，清凉舒畅。"小江边说边拿起资料和图片，热情地说："您看，我们这里有几条适合夏季旅游的线路，距离较远的有四川九寨沟、内蒙古的草原之旅、江西的庐山等线路，距离较近的有湖南的张家界、福建武夷山等。价格适中，行程也都比较轻松，适合家人一起出游。这里有线路介绍的小册子和精美的图片，您可以具体了解一下这几条线路。"史女士饶有兴致地翻看起来。小江察言观色，揣摩她的需求并一一给予耐心讲解……史女士说："那增城的白水寨怎么样？""非常漂亮，而且是消夏避暑的好选择。这里有我们的旅游团队在白水寨旅游的录像资料，我给您播放一下。"史女士边看边不住地赞叹："真的非常漂亮啊！"脸上露出向往和欣喜的表情。

任务解析

从门市接待情景中可以明显看出接待员小江接待的是一位散客旅游者，接待过程中她能够把握顾客的心理需要，处处从游客的角度考虑问题，想游客所想，急游客所急，每一次提问都有很强的针对性和专业性；充分运用景点图片、录像资料、电脑上网等手段，极大地增强了促销的具体性、可信度。

在资料使用过程中注意使用的顺序与促销的进度相互配合，在游客感兴趣的初始阶段使用文字资料和静态图片，在游客有明显的取舍偏向后，给游客播放录像，最后通过游客自由浏览网页的有关介绍，促使游客最终做出决定；有很强的逻辑性，层层推进。

接待员通过了解游客准备出游的形式、人数，拥有的旅游经验以及旅游线路、旅游偏好等,再进行有针对性的促销。由于接待人员每一步都占据主动地位,大大提高了促销的成功率。

旅行社门市人员在预订服务中,必须掌握以下必要的散客接待技巧。

### 相关知识

## 一 旅行社的品牌形象对游客需求预期的影响

旅行社是旅游供给部门与旅游需求者的中介机构,以"人"为经营对象的特殊性质决定了旅行社企业形象的重大意义。它不仅是适应目前市场的必要手段,还是旅行社自身发展的长远大计。

游客在购买旅游产品之前,既看不到产品又无法对产品进行检验,为了降低购买风险,游客理性选择的结果是越来越重视旅行社的品牌形象。

旅行社门市接待员应深刻了解游客的这种心理,努力提高业务水平和服务质量,促进企业品牌建设,通过有效的品牌经营,树立诚信服务的良好形象,提高企业在游客心目中的知名度,培育稳定并不断增长的客源市场。只有这样才能适应目前激烈的市场竞争环境。

### (一)产品或服务的质量是构成旅行社形象的实质要素

绝大多数游客视质量为他们进行旅游消费的首要因素。旅行社所提供的服务是否细致和全面,是否真正满足游客的旅游需求,都会使游客感知旅行社的企业形象。因此,旅行社人员的"质量意识"不可缺少,时刻把握质量,提高客人的满意程度,既能赢得客人,又能维护旅行社的形象。

### (二)信誉度是旅行社形象的关键因素

信誉度是企业形象的支点之一,良好的信誉是保持老客人、吸引新客人、刺激潜在旅游者的经营法宝。信誉良好的旅行社容易提高知名度和得到客人的信赖,也易于与交通、酒店等部门建立融洽的业务关系,顺畅合作。一些急功近利的做法会使旅行社的信誉受到极大的破坏。一旦在客人中失去信誉,将很难再挽回其企业形象。

### (三)人才是旅行社形象的动力因素

离开了人的创造与开拓,企业形象将无从谈及。旅行社员工是旅游产品或服务的直接生产者和组织者,员工的知识水平、业务能力、言谈举止、时间观念、办事效率等都会影响旅行社在客人心目中的形象。这就要求旅行社的管理者和员工自觉提高自身素质,培养"企业形象意识",维护和改善本旅行社的接待服务工作,做一名优秀的旅游从业者。

### （四）企业精神和经营风格是旅行社形象的重要因素

企业精神是企业思想作风、道德情操、群体意识、行为规范的总和，主要起凝聚作用，使企业成员共同为企业目标奋斗。经营风格一方面是作为服务原则，另一方面则是让客人了解、接受和传播企业。客人只有从员工服务中感受并体验到这种风格，才能留下难忘的印象。

一个旅行社的美好形象一旦树立起来，并能很好地维护，那么它将得到更多客人的青睐，从而更好地提高经济效益。

## 二、旅行社的接待环境

旅行社的门市布置应该说是旅行社产品有形展示的重要组成部分，它能给企业带来"先入为主"的效应，是旅游服务产品存在的不可缺少的条件。一个功能齐备、高雅、清洁、明亮、和谐的环境，会增强顾客享受服务的信心，对企业产生信赖，产生良好的口碑效应，反之，则会使顾客产生反感，对企业提供的服务采取排斥的态度。

越来越多的顾客从旅行社门市的地点和内外的装饰及布局来判断旅行社的产品质量，并决定是否向旅行社门市人员进一步了解旅游产品的内容和价格。旅行社门市的服务环境设计应考虑地点、外部环境、内部环境、气氛等因素。

1. 地点

关键是要使门市接近于目标顾客集中的地区。旅行社的门市选址，应充分考虑人流量、交通便捷、区域规划等条件，便于顾客上门咨询，了解旅游产品。

2. 外部环境

外部环境主要包括旅行社的实际规模大小、建筑造型、建筑门面、外部照明、使用的建筑材料、其所在地点位置以及与邻近建筑物的比较，大门进入式样、标记、车辆等。

3. 内部环境

内部环境主要包括招牌整齐清洁、宣传文字字迹清楚、盆景修剪整齐、会客洽谈一角桌椅摆放整齐清洁。各种服务设施如开放式柜台、洽谈室、多媒体大厅、触摸式计算机等布局合理，资料架上摆放各种旅游图片、文字资料供顾客阅读。

4. 气氛

主要指设计、装饰、布局、视觉（照明、陈设布局、颜色，服务人员的外观和着装）、气味（可使用芳香气味来烘托氛围）、声音（可根据其细分市场确定目标顾客最喜欢的音乐，音量要适中，不要影响顾客与旅行社服务人员的沟通）、触觉等方面都赏心悦目。

### （三）门市接待人员的仪表仪态

随着旅游业的进一步发展，旅行社和酒店一样，也可以分为前区和后区。处于旅行社前区最主要的是门市（服务网点）和导游人员这两个部门的工作人员。而门市工作人员则又处在"前沿的前沿"。他们最早和旅游者接触，是他们把产品的信息详细地传递给了旅游者，取得了旅游者的信任，才把产品销售给了旅游者。

对旅行社门市（服务网点）而言，在许多情况下，尤其是散客旅游，旅游者与旅行社的第一次亲密的面对面接触以及旅游信息的获得往往都是在门市完成的。门市是旅行社给旅游者留下美好"第一印象"的地方，是产生"关键时刻"、"关键效益"的地方。所以，门市接待人员的仪表仪态十分重要。

在岗位上必须按规定着装、佩戴胸牌。要保持个人清洁卫生，保持仪表仪容端庄。接待客人要讲文明礼貌，做到不敷衍、不推诿、不顶撞、不争吵。与客人说话时，目光应向着对方脸部，提供微笑服务。对客人提出的涉及旅游和机票等问题，必须立即做出正确回答，并伴以介绍和报价，直至帮助游客挑选旅游产品。如果在接待客人的过程中需接听电话，应该先向客人打招呼。电话结束后再向客人表示歉意。对客人提出的需求，无论营业部有无能力解决，接待人员都需要从帮助的角度答复对方，并伴有行动上的表示。客人随意浏览旅游宣传时，接待人员应保持观察，揣摩其需求和特点，寻找接近的时机和方式，以便进入交谈过程。电话铃响应立即接听。对于客人的电话咨询，耐心解答，不厌其烦。

### （四）接待散客旅游者的服务技巧

门市是旅行社的窗口，旅游者通过门市来感知旅行社的更多信息。门市接待人员的良好素质以及他们的微笑、礼仪礼貌、产品介绍、信息沟通等无形服务都将成为旅游者购买旅游产品的最好的依据。旅游者从跨进门市的那一刻起，所受到的接待、所享受到的服务、所产生的情绪，都成为评价旅行社最充分的"佐证"。因此，接待人员的服务技能直接影响旅行社的产品销售和经营业绩，并最终影响旅行社的企业形象。接待人员的服务技巧包括以下几个方面。

#### （一）精通散客旅游产品知识

门市接待人员首先应具备的业务素质是精通散客旅游产品知识，熟悉产品的内容及什么时候、以什么价格能够获得散客旅游的机会。另外，门市接待人员还应该能够准确地判断各种旅游产品的质量，并十分了解产品的特色。

#### （二）掌握散客的心理需求

门市接待人员必须全面了解散客旅游者的需求。为此，旅行社的门市接待人员必须具备旅游心理学方面的知识，同时具备良好的提问能力和倾听能力，能够从旅游者的回答中抓住问题的实质,发现散客真正的旅游动机和需要,有的放矢地提供有效的产品信息。

### (三) 善于推销散客旅游产品

门市接待人员必须具备较强的产品推销能力,在旅游者的咨询过程中,积极主动地向旅游者介绍本旅行社的旅游产品,激发旅游动机,并善于抓住稍纵即逝的机会引导旅游者购买相应产品。

### (四) 具有较高的文字水平

在旅行社门市接待过程中,接待人员除了回答旅游者提出的各种问题并提供咨询意见和建议外,还要填写各种表格和起草各种业务文件。因此,门市接待人员应具有较高的文字水平。

## 五 团队预订服务心理与待客技巧

### (一) 建立良好的第一印象

第一印象是人们交往中一种正常且有趣的心理效应。团队预订人员恰当地表现自己,让准客户对自己形成良好的第一印象,才会使以后的团队预订成为可能。如何形成良好的第一印象,应遵循下列原则。

1. 衣着整洁大方

衣着既要与自己的身份相符,又要照顾到约见的准客户的习惯。整洁大方的衣着,是各种角色或职业的人们所共同认可的一种标准。

2. 见面之前先拟订营销的重点

初次见面,因为准客户对团队预订人员没有任何印象,所以必须在创造第一印象上下功夫。向一个完全陌生的人推销自己,必须选择好推销的重点。如果推销的重点选择错了,就会给准客户留下一种首尾不连贯,甚至虚伪做作的第一印象,必然会落得前功尽弃的下场。总之,创造良好的第一印象,就应先拟订一套推销自己的计划,然后按部就班地实施,才能有好的效果。

### (二) 言谈举止得体

"得体",也就是要审时度势,掌握分寸。具体地说,要特别注意以下几点。

(1) 为人要真诚,与准客户谈话,要实事求是,讲心里话,既不要言不由衷,也不要信口开河、口是心非。

(2) 待人要不卑不亢,不论与哪一个准客户面谈,不论对方地位高低,资历深浅,条件优劣都要不卑不亢,既要热情又要谦虚。

（3）不要不懂装懂。知之为知之,不知为不知。团队预订人员对准客户的提问,切忌不懂装懂,如果确实不知,如实相告,回去深入查找相关资料再告知对方,如果不懂装懂,反而会留下不诚实的印象。

（4）不要问自己不需要知道的事。初次见面便多嘴多舌,常会引起准客户的不满和反感或使别人尴尬,因而不愿和你继续合作下去。

### （三）语言诚挚平实

团队预订人员在与准客户初期交往阶段,给准客户留下信任的第一印象至关重要。然而,初次见面,只有谈话并没有实际行为,要使准客户产生信任感并非易事。因此,团队预订人员一定要充分抓住谈话这个契机,用诚挚和平实的话取得对方的信任。

### （四）巧妙提出反论或驳论

在必须给准客户留下良好印象的初次见面中,团队预订人员一般都不好意思否定准客户的言论。有时对方的认识或观点明明不正确,想提出反驳又怕得罪或惹恼了对方,导致生意失败;若不反驳,又觉得憋着难受,左右为难。然而,如果提出反论的人不在眼前,而是社会上的某一个普通人,那么客户的反感就不会那么深,也不会直接对你产生怨气。因此,在反驳前可说明："有一些人认为",然后提出反论,就不会刺激对方了。

### （五）不露痕迹地夸赞

一个能干的团队预订人员除了善于营销之外,还要掌握沟通技巧,看出对方的情绪和愿望。人们都比较喜欢被赞美和表扬,要懂得投其所好。但你的赞美要基本符合事实,无端的吹捧也会惹人生厌。

### （六）倾听准客户说话

若准客户在说话时,团队预订人员给予点头,或发出"嗯！嗯！"的声音等积极的反应,对方会觉得你确实在用心聆听,适时的提问、称赞等都会令对方感到高兴,就会对你留下极好的第一印象。

### （七）准客户的小错误应视而不见

团队预订人员在与准客户会谈时,如果你中断彼此的谈话,专门指出对方微不足道的错误,实在不是一件让人愉快的事。因此,倘若诸如此类与团队预订本身没有关系,或是与谈话主题无关的小错误发生在初次见面的场合中时,最好是视而不见,听而不闻。这样,不仅能避免对方的尴尬,自己还会有很大的收获——让对方记住你。

### （八）注意自己的表情

人的心理特别是人的情绪是藏不住的,七情六欲都由表情传达给对方。所以,要想给初次见面的准客户一个良好的印象,就应该注意调理自己的心境和表情,愉悦和亲切的表情会让人赏心悦目。

### (九)重视分手时的良好表现

在分手时给准客户留下一个好印象,既可以使对方的印象更加深刻,也可以补救先前不利的表现。团队预订人员在与准客户初会时,若有某些言行不得体或是表现平平,可以在分手时获得较好的补救。如果原本别人对你的印象很好,分手时更要特别注意,否则,最后的一分钟也可能会功亏一篑。

### (十)营造和谐的交谈氛围

所谓谈话气氛,主要是指一种谈话的软环境或景象。在团队预订过程中,洽谈的气氛是相当重要的,只有当团队预订人员与客户之间感情融洽时,才可以在和谐的洽谈气氛中沟通,从而达成共识。

## 工作任务三 计调人员服务技巧

### 任务导入

金华 A 旅行社组织了一个旅游团赴庐山三日游,这是某保险公司给员工的奖励,共 3 辆车,142 名游客。

该行程安排不合理,主要表现为第一天,原定 7:00 在金华某处集合,7:30 出发;12:00 在江西九江某饭店用中餐;14:00 游庐山西线景区(游玩时间约 2 小时)。

实际运作下来,由于该团队的 142 人是从金华地区各县市汇聚到金华市区集合的。因此难免出现原定时间被延误。最终 8:15 才得以出发。而旅行社计调员预估的从金华市区到江西九江 4.5 个小时的车程,也是有错误的,因为金华至九江,大约有 460 公里,而该团又是大团,免不了要上服务区休息 2 次,所以本来应该预估近 5.5 个小时左右。由此推断,原定到九江用中餐,这个安排不合理。另外,到达庐山脚下已经 15:30 了,经过三百九十道弯到景区大门口,时间已是 16:00。舟车劳顿,加上部分游客晕车,原行程中安排 2 小时的游览也无奈被延长,显然第一天行程安排得实在太紧。游客们个个怨声载道,也就不足为奇。

相反地,B 旅行社为一个旅游团安排了上海世博二日游、两进两出世博园,第一天的行程却又松散得过了头。

该行程是这样的:第一天 8:00 从金华出发,当天只是夜游世博;第二天白天再游世博。第一天 8:00 出发,到达世博园停车场时约 12:30。夜游门票 16:00 才开卖,17:00 才能入园游览。在这约 3.5 小时的时间里,旅行社事先未做任何安排。

而当时为 7 月份,天气异常炎热,世博园附近也没有合适的地方可以休息或者游玩,在车上等3.5小时,客人和司机都不愿意。由此可见,计调员安排的行程欠妥当。一方面,客人们起得比较早,8点出发,可是在等入园前又得荒废3至4个小时。另一方面,在约3.5小时中,旅行社的计调员未做活动安排。最后旅游团的导游后经游客和旅行社的同意,带他们到上海外滩游览了一番,然后及时回到车上,按时入世博园夜游。

### 任务解析

一些旅行社的计调员,由于对旅游线路不够熟悉、工作经验不足、编制行程想当然等原因,出现了将有的旅游行程安排得太紧或太松的情况。这样导致游客要么疲于赶路,享受不到旅游放松身心的功能;要么到达目的地后,没有具体的旅游活动安排,无所事事地消耗宝贵的时间。松紧不当的旅游行程安排,必然会引起游客对该旅行社旅游服务质量的质疑甚至投诉。

旅行社提升计调服务质量的对策如下。

### 相关知识

#### 一 旅行社应提升计调员的业务能力

目前不少旅行社的计调员工作经验不足,又缺乏必要而有效的培训,因此有相当一批计调员的业务能力尚且不能完全适应工作的需要。如何提升计调员的业务能力?

可以从两个方面入手。其一,旅行社加强对计调员的培训。通过社内外经验丰富的计调工作人员的培训,推荐计调员参加计调员培训班以提高计调员的业务水平。旅行社还可以组织计调员开展线路设计比赛等活动,在日常管理中,就加强计调员对旅游线路的了解和掌握。其二,计调员应加强自我修养,以提升自己的业务能力。计调员应不断地进行"自我充电",善于学习,肯于钻研,充分掌握业界动态,广泛而深入地了解各旅游要素的真实、详细信息。

#### 二 旅行社应建立健全对合作单位的筛选机制

旅行社要保证旅游团出行的一路顺利,就要选择好地接社、选择好合作单位。协调好酒店、餐厅、景点、车队、地接社、组团社等合作单位的关系,一个环节协调不好,就会影响到整个服务质量。旅行社在采购时,须为计调员定好规则,旅行社应建立健全对合作单位的筛选机制。

尽量避免经验不足、资历不够深的计调员工作上的低级错误和偏颇。首先,旅行社应制定旅行社《同业合作商管理办法》、《供应商管理办法》等相关的规章制度。在这些制度中,明确对旅游供应商、同业合作商筛选的基本条件和优先选择的条件,并明确与这些单位合作需履行哪些考察、筛选程序,计调员、计调经理以至总经理的责任、权利如何。这样可以使计调员有章可循,规范操作,然后对合作商加强了解、沟通和监管。第一,对于打算初次合作的合作商,旅行社计调员一定要有效地了解其能提供的服务品质和管理品质。可以通过与对方直接交流、业界打听,甚至可能的情况下实地考察等方式,来尽可能地掌握其质量状况。第二,在旅游过程中,如果出现了合作商的质量问题,计调员应及时、有效地维护游客及本社的利益,要求对方给予弥补,否则扣团款作为惩罚。第三,在旅游结束后,计调员向导游人员、游客了解服务质量的反馈信息。如果合作商的服务质量好,那么以后可以考虑长期合作;如果服务质量有点瑕疵,那么应提醒对方注意,若服务质量差,那么应该终止与合作商的合作。

### （三）规范并优化计调操作流程并强化考核

旅行社应对计调员的工作绩效有所作为,注重流程化操作,加强考核。对于一些还缺乏计调操作流程的旅行社,应该制定确实可行的操作流程;对于那些已经有流程的旅行社,应考虑优化操作流程。规范化、条理化,可以使工作避免太多的失误。同时,旅行社还可以对计调的工作文件实行统一要求、统一标准、统一格式,计调旅游线路的编制,需经过质监部门、副总经理等多道程序的把关,规范计调工作流程,提高计调工作的效率,减少因工作流漏而造成的服务质量问题,旅行社的管理者应针对计调员操作旅游线路的好差、游客反馈意见满意与否等方面,对计调员的工作进行考核,奖优罚劣。

#### 任务拓展

1. C旅行社接待了一个16人的散客团。旅游活动开始后的第二天,用过晚餐后,有1位旅游者呕吐并伴有腹泻,腹部绞痛难忍。除1位旅游者在外用餐外,另外14位旅游者均出现不同程度的呕吐和腹泻现象,经医院检查确诊为急性肠炎。卫生防疫部门对旅游团就餐的宾馆餐厅进行了检验,将造成旅游者集体呕吐和腹泻的原因确定为:宾馆购买变质肉食所致。因是旅行社所安排的宾馆的饭菜造成旅游者急性肠炎,进而影响了旅游行程,严重影响了旅游服务质量。事实上,在旅游过程中,客人用餐吃到苍蝇、虫子等异物并不罕见,早餐鸡蛋变质时有发生。当然,计调员采购的旅游要素品质欠佳,还表现在采购的车子车况不良,在旅游途中抛锚、空调坏掉;司机态度不好;地接导游服务态度欠佳;服务水平差等等。

2. 某导游人员带团,约定早上7点集合上车,可是,由于计调员在派团单上把世贸大酒店写成世贸中心,导致导游人员接游客时出现了错误。又如,2011年7月一个赴北戴河、北京8日游的旅游团,在结束北戴河旅游,即将转火车到北京这个环节上,出现严重的错误。由于组团社计调员交给全陪导游人员的行程单有误,导致司陪人员把旅游团送错了火车站,最后导致误车,引起了游客的强烈不满。

> 知识链接

## 做好计调工作的"五化法"

1. 人性化

计调员在工作中养成使用"马上办"、"请放心"、"多合作"等"谦词"的习惯。每个电话、每个确认、每个报价、每个说明都要充满感情,以体现合作的诚意,表达工作的信心。书写信函、公文要规范化,字面要干净利落、简明扼要、准确鲜明,以换取对方的信任与合作。

2. 条理化

计调员一定要细致地阅读对方发来的接待计划,重点是人数、用房数、是否有自然单间、小孩是否占房;抵达大交通的准确时间和抵达口岸,核查中发现问题应及时与对方沟通,迅速更改。此外,还要看游客中是否有少数民族或宗教信徒,饮食上有无特殊要求,以便提前通知餐厅。若团队中人数有增减要及时进行车辆调换等。条理化是规范化的核心,是标准化的前奏曲,是程序化的基础。

3. 周到化

"五订"(订房、订票、订车、订导游、订餐)是计调员的主要任务。尽管事物繁杂缭乱,但计调员工作时头脑必须时刻保持清醒,逐项落实。同时,还要特别注意两个字,第一个字是"快",答复对方问题不可以超过 24 小时,能解决的要马上解决,解决问题的速度往往代表旅行社的作业水平。第二个字是"准",即准确无误。回答对方的询问要用肯定词语,行还是不行,"行"怎么办?"不行"怎么办? 不能模棱两可,似是而非。

4. 多样化

组一个旅游团不容易,往往价格要合理、质量要好,计调员在其中发挥着很大的作用。我们经常说"计调员是销售人员的依靠"就是这个道理。因此,计调员要对地接线路多备几套不同的价格方案,以适应不同游客的需求和选择,同时留下取得合理利润的空间。同客户"讨价还价"是计调员的家常便饭。备好多套方案、多种手段,计调员就能在"变数"中求得成功,不能固守"一个打法"、"一个价格",方案要多、要细、要全,才能"兵来将挡,水来土掩",纵然千变万化,仍应有一定之规。

5. 知识化

计调员既要具有正常作业的常规手段,还要善于学习,肯于钻研,及时掌握不断变化的新动态、新信息,以提高作业水平。应肯下功夫学习新的工作方法,不断进行"自我充电",以求更高、更快、更准、更强。例如,要掌握酒店宾馆上下浮动的价位,海陆空大交通的价格调整及航班的变化,本地新景点、新线路的情况,不能靠"听别人说",也不能靠电话问,应注重实地考察,只有掌握详细、准确的第一手材料和信息,才能沉着应战、对答如流,保证作业迅速流畅。

计调员不仅要"埋头拉车",也要"抬头看路",要先学一步、快学一步、早学一步,以丰富自己的知识,以最快的速度从各种渠道获得最新的资讯,并付诸研究和运用,才可以抢占先机。虚心苦学、知识化运作是最大的窍门。

# 项目九
## 旅游其他服务技巧

### ◇ 知识目标

了解在酒店、交通、购物、投诉当中游客的心理需要。

### ◇ 能力目标

能正确认识酒店服务、交通服务、购物服务、投诉服务当中遇到的问题。

### ◇ 素质目标

具备处理酒店、交通、购物、投诉心理问题的能力。

# 工作任务一　旅游酒店服务技巧

### 任务导入

大连海滨旅行社接待一个由 40 位退休老干部组成的豪华团，按照游客预订时的要求，旅行社做了精心的接待准备，其中游客提出要入住四星级酒店、客房要宽敞、餐饮适合老年人口味、突出地方特色等要求。旅行社在为游客预订酒店时，向酒店提出预订客房的要求，既考虑游客所提出的住店要求，又根据老年游客的住店心理预期，选择低楼层、阳光和外景朝向、距电梯近、比较安静的同层宽敞客房。当团队领队得到旅行社的住店安排反馈信息时，连连称赞旅行社的安排周到细致。

考虑到老年游客经过长途旅行比较劳累，导游人员详细研究了酒店精心制定的接待方案，并提出自己的服务想法，无论是接站服务、行李服务、开房服务、送房服务、问讯服务等，均确保服务舒适、快捷。

客人抵达酒店过程中，导游人员一直与酒店交流游客行程等信息，总会把游客的下一步安排提前与酒店沟通好，并向游客通报服务进程和下一步的安排，导游人员服务的专业、精心令游客产生信任感，游客非常愿意听从和配合导游人员的组织和指挥。客人的住店过程异常顺利，酒店服务和导游人员的服务也令游客感觉贴心和满意。游客都说，有这样一位办事稳妥、细致的导游人员，这些天大家一定会过得非常愉快。

### 任务解析

饮食、住宿、交通、游览、购物、娱乐是旅游活动的六个重要环节，也是旅游者评价一地旅游接待水平的重要标准。其中，饮食与住宿是每一位游客都不可或缺的环节，食宿行为是指旅游者怎样吃、怎样住。

旅游业的发展离不开交通业的发展，交通可以说是旅游业的重要组成部分。在旅游过程中，离不开飞机、火车、客车、轮船等交通运输工具，游客在选择和乘坐交通运输工具时表现出来的心理状态会直接影响旅游的效果。旅游购物是旅游者重要的旅游动机之一，旅游者不仅希望看到美丽的风景，而且希望在旅游地能够买到称心如意的旅游商品，特别是旅游目的地的旅游纪念品，制作精美的、质量上乘的旅游商品对旅游者具有很强的吸引力。

## 相关知识

### 一 前厅

住店是游客旅游过程中比较重视又必须经历的环节。如果酒店服务不到位,不仅仅会导致游客对酒店不满意,整个游览过程也会受到影响,这样,游客不仅对酒店服务不满,更会责怪旅行社安排不周。游客住店的需求心理预期较高,一般有寻求礼遇与尊重的心理需求、寻求真诚与友好的心理需求、寻求便捷服务的心理需求、好奇求知的心理需求,需要旅行社和酒店共同协作以满足。为此旅行社的服务人员应准确地把握游客需求心理,运用待客技巧、令游客愉悦住店。

#### (一) 为游客选择喜欢的酒店

大多数游客都有住店的经历,对酒店服务水平高低的评判有较高的水准。对酒店服务的心理预期较高,游客既懂得酒店的常规服务标准,又会欣赏较高的个性化服务。为此旅行社应充分了解游客对服务需求的心理特点,为游客选择他们喜欢的酒店。依据游客住店要求,游客的年龄、职业、地域等不同因素,重点考虑酒店的等级、声望、位置、舒适度、服务品质等要素,做好入住酒店的选择。及时向游客通报预订酒店的相关信息,取得游客的认可后方可确定酒店。

#### (二) 客人抵达前与酒店有效沟通

旅行社一般通过电话、传真等方式与酒店沟通,为游客做好住店预订服务。在游客抵达前一周、一天,两个时间点与酒店确认接待准备情况,确保住店服务万无一失。

#### (三) 做好接站服务

游客来到异地既有兴奋、新鲜之感,又有陌生和略不安的心理,特别需要导游人员热情迎宾,以有序的组织安排来维护游客良好的心情,打消游客内心的陌生感,安慰游客不安的心理。其中游客非常关心住店安排是否到位,导游人员应善解人意,通过电话及时与酒店沟通游客抵达的信息,把酒店入住安排的落实情况及时告知游客,倾听游客意见,直到游客满意为止,这样游客才能安心。

#### (四) 与酒店协作,快捷办理好入住手续

前厅流畅快捷的服务可以解除游客心理上的焦虑感,使游客在前台服务环节留下美好的印象,为接下来的旅游活动打下良好的基础。导游人员既要与前台有效沟通,又要组织好游客。

一般情况下,导游人员应迅速安顿游客在大堂休息处等候,陪同领队办理入住手续,交接房卡安排游客进房休息。

### （五）听取游客对住房安排的意见

游客初入客房，会表现出不同的情绪，如果客房环境能够让游客满意或是超出游客的美好预期，客人会非常愉悦，兴致颇高；反之，会情绪低落，甚至投诉。导游人员及时获取游客对客房是否满意的信息，了解游客入房后的情绪十分必要，若游客对客房有意见，导游人员应及时沟通，会同酒店一同改善，立即进行服务补救，直到游客满意为止。

## 二 客房

游客入住客房，希望能在这个空间中得到舒适的休息和放松。此刻的游客已经把导游人员当做"百事通"和"自己人"，导游人员提供的服务既专业又用心，赢得游客信任的同时，也令游客产生对旅行社所提供更好服务的心理预期。

游客在客房的心理需求与待客技巧如下。

### （一）保障生活，达到标准

客人满意所下榻的客房的同时，他们要感受到酒店就是自己的家的预期也随之而来。导游人员务必协调客房服务，确保游客生活舒适，各项服务达标是基础，提供因人而异的个性化服务成为完美服务的关键。

所以导游人员要尽可能地向酒店介绍所掌握的游客需求信息，并准确介绍游客的心理预期，听取酒店的客房服务举措，成为酒店和游客沟通的桥梁。善于通过对游客进行鉴貌辨色，分析游客的个性心理，通过服务人员感觉、知觉辨别游客满意度，不断完善服务。

### （二）有求必应，百问不厌

游客下榻酒店，客房也许不能完全达到游客的要求，即使有很多不便，大都选择自己克服，一般提出的要求，说明需要尽快解决，所以导游人员和客房服务人员必做到"有求必应，百问不厌"，是游客所希望的。

当导游人员和客房服务人员提供真心诚意的服务时，游客才会打消疑虑，愿意说出在酒店生活的诸多不便，也帮助导游人员与客房人员提高服务水准。导游人员应立即协调客房服务人员予以满足，直到客人满意为止。

### （三）恰当建议，尊重选择

游客的生活安排往往仅从自身出发，没有考虑团队因素和酒店的服务能力，导游人员应做好协调工作，若游客坚持自己的意见，应尊重游客的选择。如果游客安排晚上在房内打扑克、打麻将，导游人员应提醒早点休息，避免过于疲劳，影响大家第二天的出行；有的游客把房内的浴巾带出，这是酒店不允许的，导游人员应做好游客工作，使其遵守酒店规定。

## 三 餐饮

随着人们生活水平的提升,游客对餐饮服务的要求也越来越高。由于生活背景、文化层次、经济地位、饮食文化的差异,游客在菜品品质、就餐环境、就餐氛围、服务方式等方面的需求千差万别,因此导游人员应该依据游客的个性化心理需求,会同酒店餐厅,有针对性地安排好游客的一日三餐,不仅满足游客的饮食习惯、符合就餐口味,还可以从中领略当地的饮食文化,并运用待客技巧,力争使团队吃得好、吃得饱、吃出味道的同时也品出真情实意的服务。

### (一) 随机应变,合理安排就餐时间

就餐时间的确定应尊重游客的决定,尤其应与领队有效沟通。导游人员应根据游客的身体状况、游览时间长短、游览时游客的体力消耗、景点之间衔接是否便利、天气变化等因素合理安排用餐时间。

### (二) 熟知就餐酒店,保障游客就餐需求

导游人员应与口碑好、有特色的多家餐厅建立良好的合作关系,并熟知所要就餐酒店的餐饮等级、特色、联络电话,做到可以向游客推荐几个特色不同的餐品供其选择。

### (三) 积极协助,满意就餐

导游人员是游客与旅行社、协作单位的桥梁,尽管应按合同要求照章办事,但导游人员对于游客细节的要求与餐厅的协调还是必要的。根据游客的年龄、地域、职业、饮食喜好、游览体力消耗等细节,依据导游人员对菜品的了解,恰当建议,尊重游客选择,发挥沟通协调的作用。例如,为老年游客应安排软的、炖的、清淡的菜品等,也可以为游客推荐突出地方特色的菜品。

### (四) 关注游客用餐过程,及时出面处理突发事件

导游人员始终关注游客的用餐过程,力争把可能出现的不愉快事件消灭在萌芽中,一旦出现不愉快的情况,应立即出面控制,避免游客扫兴。

### 任务拓展

40位老年豪华团在旅行社的精心安排下,顺利入住三亚某酒店客房。所提供的客房,既考虑游客所提出的住店要求,又根据老年游客的住店心理预期,选择低楼层、阳光和外景朝向、距电梯近又比较安静的同层宽敞客房,游客一进入客房便连连称赞。

即便这样,导游人员还是诚恳地征求游客对住房的意见,其中2个房间的游客提出要房内灯光再亮些,3个房间的客人提出再加一个枕头,导游人员立即协调客房服务——满足。

由于下午游览活动的内容过于丰富,游客们游兴未尽。导游人员安排回酒店时,大家才觉得肚子饿了。17:30左右,40名老年豪华团队的游客到达国际酒店宴会厅,落座后边环视高雅的宴会厅,边期待丰盛的晚宴。导游人员非常理解游客迫切用餐的心情,早在返回酒店的路上,就和领队一起通过电话与酒店点菜订餐,所以游客落座时桌面已经上好了各种样式的冷菜,导游人员获取领队马上开餐的指令后,及时上桌。看到大家愉快地进餐,周围的服务也有条不紊,忙而不乱,领队端起酒杯高兴地对大家说:"为今天大家的好心情干杯。"

## 知识链接

1. 注意

注意是人们的心理活动对一定对象的指向和集中。一个人在同一时间不可能感知周围的一切对象,而只是有选择地指向于一定对象,其余对象则离开感知范围。注意是顺利完成各种活动的重要条件。

心理学表明,注意有选择功能、保持功能、调节与监督功能。所谓选择功能是指其选择有意义的、符合需要的、与当前活动一致的事物,避开与之相竞争的各种事物。例如,服务人员在工作中应注意选择的只能是游客,而排除其他干扰。所谓保持功能是指注意对象的映像或内容较长时间在意识中指向并保持在一定方向上,例如,前厅办理入住手续,查验游客证件或游客离店结账过程,都应保持注意,直至服务活动结束。所谓调节与监督功能是指注意使人的心理活动沿着一定的方向和目标进行,并能提高人的意识觉醒水平,使心理活动根据当前的需要进行适当的分配和及时的转移,以适应变化着的周围环境。例如,旅游者走神分心未听导游人员讲解时可以通过调整讲解内容把旅游者的注意力拉回来或者转移到其他对象上。

注意的种类有无意注意、有意注意、有意后注意3种。所谓无意注意是指没有预定目的、不需要意志努力的注意,例如餐厅服务操作时有声响,游客便可能留意哪里发出声响,什么原因?这种注意是一种被动的、本能的刺激后的反应。所谓有意注意是指有预定目的、不需要意志努力的注意,例如服务人员为了服务完美,服务过程中始终注意游客的各种需求就是有意注意。能否产生有意注意与个人的意志品质、对所从事的活动意义的认识有关。所谓有意后注意是指有自觉目的但不经意志努力就能维持的注意,例如服务人员熟练的斟酒、托盘、铺床等服务中的注意属于有意后注意,它是在有意注意基础上产生的。

2. 注意与服务

服务中很好地运用注意有如下表现。

(1) 注意与游客的消费行为。

①游客的无意注意。游客对酒店的设施、服务方式经常产生无意注意,形成消费动机。引起游客无意注意的原因有酒店本身的特点和游客自身的状态两个方面,酒店与众不同的

环境、餐厅独特的菜品陈列,会引起游客的无意注意,产生好感,激起游客消费的欲望;而酒店的嘈杂声响,也会引起游客的无意注意,影响游客情绪,使其失去消费的兴致。游客自身的状态,主要是指游客的需求、情感、兴趣、经验等,凡是符合游客需要的、令游客喜爱的、感兴趣的和美好体验的服务,就会引起游客的无意注意,从而引发游客的消费行为,如游客喜欢游泳,因此酒店的游泳馆就容易引起游客的无意注意。

②游客的有意注意。游客有目的地了解酒店的硬件和软件,并对酒店做出入住的决策,游客认真询问房价、客房特色等信息。游客退房时,核对账单,都是有意注意的表现。

(2) 注意与服务工作。

①酒店服务人员要根据游客的注意特征做好服务工作。游客的注意指向,集中在酒店环境美化、清洁卫生、文明礼貌、价格公平、设施先进等方面,因此酒店要依据游客的审美需求,给予他们听觉美、嗅觉美、形象美、意境美的享受;依据游客的心理需求,给予周到的服务和热情的接待。如有的酒店注重现代建筑风格,运用表现出时尚、富丽的装饰元素,服务人员的服饰中西结合、高雅时尚;游客所见的、触摸的均整洁如新;游客感受到服务的彬彬有礼、无微不至。体验到服务公平、价格公平,对先进便利的设施感到新鲜好奇。这些美好的经历,都会吸引游客的注意,并留下美好的回忆,令游客愿意再一次入住该酒店。

②导游人员要善于引导游客的有意注意。游客带着旅途和游览的疲惫踏进酒店,最希望的就是家的感受。导游人员要有意识地创设一些情境,协同酒店服务人员,主动地向游客提供些周到、细致的服务以引导游客的有意注意,这样做可以使游客由被动地接受变成主动地感受和欣赏,可以激起他们的强烈愿望,同时也可以融洽导游人员与游客的感情。

3. 培养良好的注意品质

每个人的注意力都是有差异的,但经过长期的努力和锻炼,注意力较差的人可以提高注意品质。旅游服务人员在工作中只有具备了良好的注意品质,才会专注工作,做好满意的服务。

(1) 要培养广泛的兴趣。

兴趣和注意有密切关系,它是培养注意力的一个重要的心理条件。例如,服务人员对健身服务感兴趣,那么其工作就会注意力非常集中,从而促进服务人员注意力的形成和培养。

(2) 要努力提高注意的稳定性。

当服务人员明确自己工作职责和所完成服务任务的意义时注意具有较高的稳定性。例如,收银员知道收银工作关系到国家、企业、客人、员工各方的经济利益,注意便会始终集中在工作上,减少收银差错。

(3) 要努力扩大注意的范围。

注意范围的大小和个人知识经验有很大的关系。服务人员经常面临人多、工作繁杂的场面,需要眼观六路、耳听八方的本领,因此,首先要熟悉服务工作,不断积累知识和经验,在工作中磨炼自己,才能不断扩大注意范围。

(4) 要提高注意分配力。

服务工作往往需要同时从事几项活动,例如,游客提出需要房内会晤服务时,要一边与客人沟通,一边记录,同时还要提供询问建议,完成周密的服务计划,这就需要合理的注意分配。

合理注意分配是有条件的,首先,同时进行的活动中有一种或多种是非常熟练的,接近自动化的程度;其次同时进行的活动应是相互联系的,不能排斥。例如,服务人员操作中,相互说笑,甚至嬉闹,就容易出现失误或事故。

## 工作任务二　旅游交通服务技巧

### 任务导入

一天下午,北京的导游人员詹小姐接到了旅行社分配的新任务,让她带领一个11人的韩国旅行团前往世界屋脊西藏旅游,历时11天,欣赏沿途自然风光,依次游览拉萨—布达拉宫—大昭寺—纳木错湖—林芝—雅鲁藏布大峡谷等景区。其间不仅乘坐长途进藏火车(44小时),还要乘坐旅游大巴、飞机等交通工具。

由于路途较远并转换多种交通工具,地理气候环境复杂,詹小姐心想,一定要做好充分的知识准备和一些新颖的活动内容准备,争取搞活旅途上的气氛,避免大家寂寞。

几天后,詹小姐从酒店接了客人,满怀信心地带着大家开始了新的旅程。

### 任务解析

旅游对于旅游者和导游人员来说,都是一个考验。漫长的旅行既考验旅游者的耐心、体力,同时也是对导游人员交通服务质量的挑战。詹小姐面对这么艰巨的旅游交通服务任务,不仅认真做好充分的物质和心理准备,而且勇敢地接受对自己服务技能考验的机会。

为了及时、准确、省时、安全地将旅游者送往目的地,不仅要选择合适的交通工具,更要用高水平的服务技巧转移旅游者的注意力,消除疲倦和乏味,产生快捷、舒适、愉悦的情绪体验。具体的服务心理和待客技巧如下。

### 相关知识

## 一 旅游者旅途心理需求

### （一）安全

马斯洛的需求层次理论认为安全需求是人们生理需求得到满足后最基本的一种心理需求。旅游者对旅游交通服务同样也有"安全"的心理需求，而且是作为一种最为关注的需求。安全是旅游活动的前提和生命，没有安全就没有旅游。

最新的旅游者调查显示，旅游安全已经成为影响旅游信心的最主要因素，但一些敏感的游客由于心理原因仍对出游产生犹豫感。

作为旅游者，因为旅途遥远，对安全的关注就会更加突出。每个人在出发前，无论选择哪种交通工具，都希望能平平安安、快快乐乐地渡过这段有意义的长途旅行生活，能在心理上得到彻底的放松和休息，不希望旅途中因安全因素而影响了心情。所以，只有保证旅途中的"一路平安"，游客的人身和财产安全得到充分的保障，才能使其消除紧张不安的心理状态，充分享受旅游活动的乐趣。

当然，旅游者由于年龄、经历、个性等的不同，对安全需求的程度也有较大差异。有的年轻人血气方刚、喜欢冒险，要创造非凡的经历，对安全就看得相对不那么重要。而对于一些年老体弱，或者经历过交通事故，或比较谨小慎微的旅游者，旅途中稍有动静就会惊慌失措，因此有改变线路或改变交通工具，甚至取消去某地旅游的打算。

### （二）便捷

旅游者往往认为旅游活动中的"旅"是到达旅游地的条件，"游"才是目的，旅游者对旅游时间的知觉是旅途要快、游览要慢，所以在车（船、飞机）上的时间常被认为是无意义的，甚至是枯燥乏味的。尤其旅途中的旅游者更希望选择最快的交通工具，得到方便快捷的旅游交通服务。

例如，旅游者希望能够顺利购买到所需交通工具的票据，简化办理登车（船、飞机）及行李托运的手续，以便减少长时间旅途带来的枯燥乏味和身心疲倦，缩短到达旅游目的地的时间。

旅游者为了尽量缩短旅行时间，飞机是较好的选择。若乘火车旅行，也往往选乘坐直达快车或高速列车，满足其"求快捷"的需求。但当旅游交通不便捷而又没有其他旅游刺激因素时，旅游者常常因此而产生厌烦的情绪体验和疲劳的生理感受。尤其对于胆汁质、多血质或者急于到达目的地的人，他们更觉得途中的时间过得太慢。为此，导游人员则要注意在旅途中安排内容充实、丰富多彩的活动，使游客觉得时间在不知不觉中过去，处于兴高采烈的情绪之中，以适应人们的时间知觉对旅行的需要。

## （三）舒适

旅行过程中，旅游者由于身体长时间保持一种姿势，不能随意地伸展和移动，更容易产生厌倦和烦躁的情绪体验。舒适的交通服务可以缓解长途旅行带来的身心疲惫，改善旅游者的情绪，提高旅游者的兴致。因此，交通设施、乘车环境、文化娱乐、饮食、休息睡眠等服务内容的要求也就相应提高，尤其是在旅途中得到文明礼貌、热情周到、人性化的心理服务，更会增加旅游的舒适感，使旅游者有一个满意的旅行。

## （四）快乐

旅游作为一种娱乐活动，投入的是时间和财力，产出的是精神上多层次、多方位的享受。它所产生的价值很大程度上取决于愉悦和快乐的感受。这种快乐不仅限于旅游目的地，而且贯穿于旅游活动的全过程，也包括旅游交通快乐的需要，尤其对于旅游者，枯燥、难熬的旅途体验一定是他们最忌讳的。

旅行过程中，导游人员应提供更多耐心细致的服务、丰富多彩的活动，运用幽默的语言。同时，一定不要错过了沿途的美丽风光，在导游人员的精彩讲解和引导下，旅游者会产生快乐的情感体验，在兴高采烈的情绪体验中，更会产生"时间很快"的时间知觉，从而消除疲劳和烦躁情绪，圆满完成愉快的旅行。

## （五）静心

旅游者长途旅行，身心疲惫，除了安排一些必要的娱乐活动和沿途风光欣赏外，还要给游客留些安静休息的时间。如果在旅行途中大声喧哗、嘈杂吵闹，甚至导游人员与游客、游客与游客之间发生口角或争吵，更会使人身心疲惫，影响游客旅游的心情。在嘈杂的环境中，尤其是在人较多的候车室和车厢内，尽量保持安静，减少喧哗，动中求静是大多数长途旅客共同的心理需求。

心情宁静与否，在一定程度上取决于人对环境的感受。一个井然有序的环境，可以使人心平气和，心情平静。要保持游客旅行中的安静环境，不仅游客本身要约束自己，不大声说话，喝酒猜拳，来回走动等，也要求导游人员加强环境管理的有序性，这种有序性包括两个方面：事物的有序性（例如行李架上物品摆放）以及人的有序性，上下车有序，坐在车内行为有序，另外，保持交通工具内的环境清洁卫生也是有序性的一种表现。干净、整洁的环境使人心情愉快，心绪平静；脏、乱、异味弥漫的旅行环境，会使人烦躁，心情郁闷，烦乱不安。

### 任务拓展

#### 自燃的旅游车

据成都《华西都市报》2006年3月2日的报道：2006年3月1日，一辆由四川遂宁市射洪县开往深圳的大客车在广西境内自行燃烧。车内既没有消防设备，也没有供逃生砸碎车窗玻璃用的铁锤,导致车辆最终被烧焦报废。更令人痛心的是,全车旅游者有 16 人被活活烧死,侥幸逃生的人也被烧成重伤或轻伤。在遇难的 16 人中,男性 8 人,女性 6 人,还有 2 岁和 6 岁的女童各 1 人。死亡的人中之所以男性多于女性,是因为在灾难面前,这些男人们让妇女、儿童先走,把死亡留给了自己,令人敬佩。据逃生者讲,这辆客车出站后就毛病不断,沿途多次修理,进入广西境内后车底就开始冒烟。这是一辆典型的"病车",却居然能载客上路,令人费解!

## (二) 旅游者的交通心理需求及相应的服务技巧

### (一) 享受型游客的交通心理需求及相应的服务技巧

享受型游客注重整个旅游过程中的生理感受和心理感受,希望旅游全程都能够得到舒适休闲的旅游经历。享受型游客有充裕的时间,只要有足够的交通安全保障,就能够寓娱乐于旅途;享受型游客的主要目的是享受旅途,所以对交通过程中提供的服务项目较为关注,希望能得到较为细致周到的途中服务。

享受型游客的相应交通服务技巧如下。

在享受型游客群体中,夕阳游、新婚游、度假游是典型的代表类型。其中,老年游客所占比重较大,由于受生理条件的限制,加上时间充裕,阅历丰富,他们希望行程缓慢,喜欢悠闲的方式,将旅途本身和旅游目的地视为同样重要的旅游过程。所以选择旅游交通工具时,应注重交通工具的安全性和舒适性,宽敞舒适的旅游专列、游船当为首选。

老年人长途旅行时,最好坐卧铺或飞机,也可以分段前往。老年人旅游多为消除苦闷、打破寂寞、驱散烦恼;同时开阔眼界、丰富知识、增强体质、陶冶情操。在旅途中应多关怀和照顾他们,同时合理安排活动,既不让老人劳累,又能感受到生活的丰富多彩、生命的希望与活力。

新婚游客正处于新婚的甜蜜期,在旅途中希望能够拥有一定的个人私密空间,不愿被别人打扰,情绪比较高涨,精力比较充沛,对于交通工具的快慢并不敏感。他们消费金额大,消费水平高,讲究交通工具的舒适性和安全性。火车卧铺空间能够给游客提供充足的个人空间,所以相对来说,火车是新婚游客不错的选择。

度假游的游客最注重整个旅游经历的安全性和舒适性,他们时间充足,心理处于完全放松的状态,要求交通工具内环境好,乘坐舒适,所以飞机、火车和其他趣味性交通工具就成了度假游客的首选。

### (二) 看重目的地型游客的心理需求及相应的交通服务技巧

看重目的地型游客以休闲度假为目的,他们希望尽快赶往旅游目的地,把更多的时间用于悠闲、安逸的度假。这类游客急于到达目的地，对旅途不感兴趣，旅途中心情易急躁，他们也并不太关注旅途中的各项活动，较难调动起参与活动的积极性；在交通工具方面会选择飞机、特快列车或直达列车，尽可能缩短旅途时间，不让旅途占用太多的度假时间。

看重目的地型游客的相应交通服务技巧如下。

选择与旅途相适应的交通工具，以确保旅途快捷并富有趣味性；在整个旅途过程中，导游人员要关注游客的心理变化，尽可能地调动他们的积极性，转移对时间的注意力。尤其是交通工具延迟到达目的地或者交通工具停在途中时，导游人员更要对这类游客做好心理安抚工作，并采取相应的补救措施。

### （三）走马观花型游客的心理需求及相应的交通服务技巧

走马观花型游客在整个旅游过程中基本上属于"急行军式"的旅游方式。游客以快速观赏游览名胜古迹、风土人情等为主要目的，与购物、娱乐、考察、公务等相结合。走马观花型游客是最传统、最常见、最基本的游客类型，也是我国游客类型的主体。

在走马观花型游客中，中青年游客占据比例较大。他们要应对激烈的社会竞争，要工作、学习和充电，故闲暇时间很少。他们出游大都选择节假日以及与出差有关系的旅游线路。为了能在有限的时间内尽量多走、多看，他们往往会平分旅途和目的地的时间。

走马观花型游客的相应交通服务技巧如下。

走马观光型游客较关注的两个因素是时间因素和经济因素，所以，我们要据此提供相应的旅途服务。如果旅游团队的消费规格较高，可优先选择飞机，提高观光效率；如果是经济型旅游团队，可以以铁路、水路交通为主；如果旅游目的地较远，可以选择直达飞机，返回时再选择火车、轮船、汽车等交通工具，多种交通方式相结合。

### （四）猎奇求新型游客的心理需求及相应的交通服务技巧

猎奇求新型游客喜欢新奇的事物和不同寻常的经历。他们的旅游常常伴随着探险，因此在旅途中往往会舍弃四平八稳的交通工具，而选择其他比较新奇的旅游交通工具。在体验新颖的交通方式中获得全新的刺激和与众不同的感受。

猎奇求新型游客的相应交通服务技巧如下。

应合理安排富有特色、新奇的交通工具，如具有传奇色彩的东方列车，具有民族特色的羊皮筏，具有地方风格的滑竿、竹筏、驴车，具有现代特征的水翼船、马匹、骆驼、人力三轮车等，这些交通工具本身对游客有着极大的吸引力，能够满足游客求新、求奇求异的心理需要。

## 工作任务三 旅游购物服务技巧

### 任务导入

导游人员小周陪同一个欧洲团队在仿古街游览后,就让全体客人自由活动了。有位客人是中国古代字画爱好者,他在地摊上看中了一幅字画,不过他搞不清这幅字画是否是真品,苦于不懂汉语,他只好用手势与摊主进行交流。这时正好小周来到他的跟前,他便向小周征求意见。小周实事求是地告诉他,自己对字画知之甚少,主意还是请客人自己拿。如果客人一定要购买中国字画,他可以陪同去本市的古玩字画商店购买,那里品种齐全、质量可靠。客人听从了他的建议,最后在古玩字画商店买到了自己喜欢的东西。

请问:旅游者购物的心理意义?

### 任务解析

购物是旅游者旅游过程中的主要活动之一,购物甚至可以是旅游者出游的主要动机。旅游商品销售收入是旅游业收入的主要来源,对地区经济发展具有巨大的带动作用。

### 相关知识

#### 一 旅游购物心理分析

##### (一)旅游购物心理的作用

1. 可以唤醒潜在旅游者的旅游欲望

旅游购物作为旅游活动的组成部分,是影响潜在旅游者旅游动机的因素之一。外观精美、质量上乘、经济实用的旅游商品,可以唤醒潜在旅游者的旅游欲望,增加旅游活动的吸引力可以成为激发人们产生和强化旅游动机的积极因素。

2. 可以增加旅游者的愉悦感和满足感

在购买旅游商品的过程中,游客通过挑选、甄别和鉴赏活动可以购买到称心如意的旅游商品,从而增加旅游过程中愉快和满意、享受的体验。选购精美的旅游产品过程为旅游活动增添了丰富多彩的内容,从而使旅游活动的节奏和旅游者的情绪得到积极的调整,有的旅游者会因没有买到满意的旅游商品而抱怨和失望,这证明了旅游商品对旅游者会产生积极的心理效果。

3. 可以唤醒旅游者的美好回忆

愉快的旅游活动终归是要结束的,尽管会使旅游者留下美好的印象、产生积极愉悦的情感体验,但是随着时间的推移,这种激动和美好总会变得模糊,旅游的愉快情景也会被淡忘。然而旅游者购买的旅游产品,尤其是旅游纪念品可以长期保存,每当看到它就会引发对上次旅游活动的美好回忆和向往,这有利于激发旅游者的重游动机,形成重游的旅游行为。

4. 可以激发潜在的旅游动机

旅游者在旅游地购买到具有特色的旅游产品,无论是自用、保存或观赏,还是向亲友展示和馈赠,都会引起别人的羡慕和向往,在某种程度上对旅游地进行了很好的宣传,对于提高旅游地的知名度有积极作用,对潜在旅游者的旅游态度和旅游动机产生积极影响。

### 任务拓展

导游人员朱珊带着某旅游团到了上海,许多游客在游览中都想买些茶叶回去馈赠朋友。所以游客处处留意卖茶叶的店铺,并不断询问价格,查看品质。在参观游览豫园时,朱珊热情地讲解到:"……在桥的中间,有座亭子,始建于清朝,大约在860多年前被改成一个茶馆。老人们喜欢在早晨来此会会朋友,泡上一壶茶,聊聊天。他们喝的都是一种绿茶叫做'龙井'。这个茶馆也是外国首脑常来之地,1986年英国女王伊丽莎白二世来上海时,就曾到这个茶馆喝茶。确实,能在这儿喝上一壶也是一种享受。试想一下,在一个炙热的夏日来到茶馆,临窗而坐,俯视开满荷花的绿池,迎面吹来阵阵凉风,在优雅的江南丝竹声中,慢慢地品上一口微温的龙井茶,是不是有一种飘然若仙的感觉?是不是也想喝一壶?那现在还不能去,我们还要参观豫园呢。"

接着,朱珊又讲解了茶叶等级的区分,并介绍了接下来要去的商场,价格虽然略高于市场,但对游客来说,买得称心、买得放心更重要。几位游客听了朱珊的介绍,都很认可她的观点。

## (二)旅游者的购物心理需要

1. 求纪念的心理

"归心似箭,满载而归",这是游客在离开旅游地返乡时的共同心理。他们都希望把当地有纪念价值的旅游商品带回家,一方面,带回的是一份对家人和亲朋好友的关爱和慰问;另一方面,证明自己的旅游经历,赢得人们的羡慕和尊重。时过境迁后,通过睹物思情也能唤起对旅游历程的美好回忆。例如,在西安买一些兵马俑复制品,到南京的雨花台买雨花石,到江苏宜兴买紫砂壶,到广东肇庆买端砚。

2. 求馈赠的心理

人们旅游归来后都要送给亲戚、朋友和同事一些在旅游地购买的商品。即使有些商品在本地也能买到,但从旅游地带回来的商品肯定别有一番情趣,它表达了对亲朋好友的感情和礼貌,既可以增进彼此的友谊,也可以提高自己的声望。在其他国家,这种现象也是很常见的,例如日本人,他们在外出或旅游归来都有赠送礼品的习俗,如果远游归乡没有礼物赠送,则被认为是没有礼貌的。

3. 求实用的心理

旅游者在购物时特别注意商品的品牌、质量、功能和实用价值,买的东西不管是自用、收藏抑或是馈赠亲友,首先看它是否有实用的价值,能否在生活上派上用场,或作艺术装饰,或作日常生活用品,然后再考虑是否要购买。例如,有些日本和东南亚游客到中国旅游,喜欢买中国的中药,如六神丸、地造丸和人参等;在行程结束返回之前,都会想到购买当地名优土特产带回家,以作孝敬父母、馈赠亲友之用。

这些都是从实用的角度考虑的,好奇之心,人皆有之,追新猎奇是许多旅游者固有的心理需要。

4. 求新求异的心理

在购买旅游商品时,追求新奇和与众不同,特别重视商品的外观、款式、装饰等,买点地方特产是旅游者的普遍心理。地方特色商品,不仅具有纪念意义,而且货真价实,消费者值得购买,例如杭州的龙井茶、云南的民族服饰、西藏的藏饰等。一些游客都喜欢购买有地方特色的竹篮、草帽、草鞋等新奇罕见的物品;对想突出个性的游客来说,一些奇珍异宝、文物古董、名人字画、奇石怪物,则更有趣。

5. 求知识的心理

游客在购买旅游商品时,总希望在得到物质享受的同时,还能得到精神方面的愉悦,即能满足他们求知的愿望。为此,我国现在一些旅游地的大商场都有导购员通过多媒体授课的示范,来介绍该商品的有关知识。例如,北京景泰蓝等工艺品的制作过程,字画的年代、作者以及有关的奇闻轶事,如何鉴别珠宝玉器、珍珠、水晶产品的真假、优劣等,这些均能取得较好的购物效果。还有当游客参观完茶叶研究所、陶瓷工艺品店、丝绸工艺品店、丝绸厂珍珠养殖场之后,知道了某种产品的生产过程,增长了相关知识,一般都有去购买这些货真价实产品的欲望。

6. 求尊重的心理

每个游客都有一种内在的价值感,都有自己的人格和尊严,希望自己受到别人的尊重。这种尊重的需要也表现在游客购物的过程中,例如希望销售人员热情耐心地回答他们的询问,希望销售人员不厌其烦地做好服务,希望销售人员语言有礼貌并尊重他们的爱好、习俗和生活习惯;希望销售人员认同他们对商品的评价、观点及审美情趣等。

## 二 游客购物服务技巧

当然,游客在购物过程中并非只有一种购物需要,常常是几种需要的结合,旅游者在购物中希望旅游商品能满足他们的多种需要。因此,在销售服务中应注意研究旅游者不同的购物需要,以便更好地为旅游者服务。

导游人员要做好购物促销工作,仅仅对游客购物心理的分析是远远不够的,还要掌握更多的购物促销技巧,这就需要导游人员从以下四个方面进行掌握。

### (一)导游人员在进行购物促销前应掌握的技巧

**1. 导游人员要把为游客服务放在第一位**

导游服务让游客感到满意,游客会支持导游人员的购物促销工作。如果导游人员功利性太强,一到购物商店就滔滔不绝,而到了旅游景点却对游客冷漠,讲解也缺乏艺术色彩。那么,游客很容易对导游人员产生反感,游客对导游人员的这种反感直接影响到游客的购物效果。一个优秀的导游人员首先应该端正自己的态度,导游人员的主要职责为为游客导游、讲解、介绍地方文化和旅游资源。其次,导游人员的心态也非常重要。通常在接到旅游团队之前,导游人员都会对旅游团队有一个大体的了解,每一个旅游团队的经济状况、购物消费能力都是参差不齐的。不论游客购物消费能力是好是坏,导游人员的心态都要放平稳,都要为游客提供优质的服务。导游人员的态度和心态摆端正了才能给游客留下好的印象,才能让游客更快地认可导游人员的工作,更好地进行促销。

**2. 导游人员要处理好跟游客的关系**

导游人员购物促销的效果好与坏,与导游人员和该旅游团的游客关系处理得好坏大有关系。一般地说,游客把导游人员视为可信赖者。导游人员如果跟游客建立起良好的关系,就能得到游客的充分信任,游客在购物商店也会配合导游人员的促销工作。导游人员首先要积极争取游客的支持和配合,千万不可有"我的地盘我做主"的错误思想。在得到游客的充分尊重和支持的基础上,建立起良好的正常的感情,尽早记住他们的姓名。导游人员可以利用其特点主动与其进行交流,处理好关系,导游促销工作就会很好地进行展开。

**3. 导游人员要在旅游途中巧妙地做好购物铺垫**

导游人员应在游客进购物商店之前为购物促销埋好伏笔、做好铺垫。这样游客进购物商店前比较容易接受导游人员的观点,也不会在进购物商店时觉得很突然。导游人员可以在沿途风光讲解过程中,巧妙地穿插游客所爱购买的旅游商品,巧妙地点到旅游商品。

也可以在讲解景点的过程中,把即将促销的旅游商品很自然地融入讲解的故事传说中,以此来增加游客对导游促销商品的有关文化知识的了解,并产生较好的印象,从而产生购买兴趣和欲望。比如导游人员促销普陀山的佛教工艺纪念品,就可以从码头接到游客起到普陀山路途中的一个小时当中,巧妙地把佛教工艺纪念品穿插到介绍普陀山的风土人情、佛教信仰当中。游客在对导游人员有了好感的同时,也不知不觉中对普陀山的佛教工艺纪念品有了一定喜爱;再加上导游在景点讲解中把佛教工艺纪念品潜移到所讲的故事传说中,游客就会恨不得一睹为快。

**(二)导游人员在安排购物商店上应掌握的技巧**

1. 导游人员要带游客到正规的购物商店

游客到了一个陌生的旅游目的地,想买具有当地特色的旅游商品,导游人员便成了游客的最好的向导与参谋,导游人员为了能让游客买到货真价实的旅游商品,一定要带游客到旅游主管部门规定的购物店。这样做不仅仅是为了能够让游客买到称心的商品,提升导游人员的购物促销能力,更重要的是不要让游客买到劣质甚至假冒的旅游商品。现在的游客消费意识越来越强,假如上当买了不合格的旅游商品,而向购物商店退货、投诉导游人员等,必然给导游人员带来相当多的麻烦,导游人员促销不能只考虑促销带来的各方面利益,还要注意导游人员自身的职责;导游人员若只在乎个人和旅行社的利益,把游客带到不合格的购物商店,所带来的负面影响是严重的。所以导游人员促销工作顺利展开的前提是要带游客到正规的购物商店。

2. 导游人员要巧妙安排游客进入购物商店的时间以及进购物商店的次数

游客到了一个旅游目的地旅游,主要是游览参观景点,享受游览参观景点所带来的乐趣。频繁地安排购物次数和不妥当地安排购物时间会让游客感到很不愉快。势必影响购物促销的效果。购物促销取得很好的效果,要求导游人员适当地安排购物的时间和购物次数。游客到了一个旅游目的地要先带游客去旅游景点进行游览参观,不能先带游客去购物商店,等到达一个大的景点游览参观结束后或者在吃中饭前后再去购物商店,也可以在一天当中所有活动结束后吃晚饭前去购物商店。导游人员带游客进购物商店也不能过于频繁,若旅游合同中有规定购物次数的,应严格按照旅游合同规定的购物次数进行操作;若旅游合同中没有规定的,也不要一天一个购物商店,这样也会让游客产生不满情绪,可以根据游客的情绪适当地安排购物次数。

3. 导游人员要针对不同的旅游团安排不同的购物商店

在不同的旅游团中,往往有不同年龄、性别、兴趣爱好、职业身份以及来自不同地方的游客,这些不同团队的游客需求层次是各不相同的。老年团队对保健品、中药材比较感兴趣;女性团队到了一个目的地都喜欢买一些珠宝、玉器、首饰。但是如果一个旅游团队来自旅游商品丰富的资源地,就要求导游人员在接到旅游团队时对客源地有一个大致的了解,然后带到客源地相对缺乏的旅游商品购物商店,比如某个旅游团队是来自香港或澳门的,若把旅游团队带到数码电子类购物商店,则旅游团队的购买效果是非常差的,因为香港、澳门的数码电子产品要物美价廉得多。这就要求导游人员要把旅游团队带到除数码电子类购物商店以外的其他特色旅游购物商店。

### （三）导游人员在购物促销词上应掌握的技巧

#### 1. 导游人员要向游客介绍旅游商品的属性

游客对某一件旅游商品的了解最初是从导游人员的促销开始的。导游人员对某件旅游商品的讲述很生动、有趣，能够为游客留下很好的印象，也能为有意向购买这件旅游商品的游客带来极大的购买欲望。比如向游客促销舟山的海鲜，可以向游客介绍舟山有哪些海鲜，舟山海鲜对比其他地方的海鲜独有哪些特色，舟山海鲜的营养价值，舟山海鲜的知名度，在舟山哪里适合品尝海鲜等。导游人员应充分利用讲解的优势向游客生动有趣地介绍旅游商品。

#### 2. 导游人员要适当向游客介绍旅游商品的优缺点

任何一件旅游商品都不是十全十美的，旅游商品的质量也不能是最好而只能是更好的，过多地向游客介绍旅游商品优势有可能让游客对旅游商品产生怀疑心态。导游人员把一件旅游商品的优劣讲述得清清楚楚，也承认旅游商品存在缺陷，能让游客觉得导游人员讲话很诚实，很可靠。游客就会对导游人员所促销的旅游商品有所关注，也很有可能带来好的促销效果，但是向游客讲解过多旅游商品的缺点，又很容易让游客联想到旅游商品是不是有质量上的问题。讲解的不好还会让游客对旅游商品产生抵触心理，因此导游人员适当讲解旅游商品的优劣势也能在一定程度上促进购物促销效果。

#### 3. 导游人员要教游客鉴别旅游商品

导游人员应在购物促销时讲一些关于旅游商品的鉴别知识与方法，游客也会非常乐意用自己学到的方法和知识去辨别旅游商品的质地，达到更好的购买效果。比如，玉器是中国传统的珍贵吉祥物，而玉器的品种却有好多种，形成了"黄金有价玉无价"的局面。游客在购买玉器类饰品挂件的时候，也往往对喜欢的玉器不敢去购买，或者很想购买却害怕购买到质量不好的玉器而最终取消购买的想法。要游客下定决心购买玉器类旅游商品，导游人员要在购物促销讲解的过程中把玉器的常识以及玉器挑选的窍门等告诉游客，然后让游客自己在购买的过程中亲自去分辨购买的玉器。通常来说，教游客一些鉴别珠宝器商品的知识能为导游人员的购物促销起到一定的作用。

#### 4. 导游人员要教游客购物技巧

为了能够让游客更加信服，以便带来更好的促销效果，导游人员还要教游客一些防骗的知识和购物注意事项。导游人员一般都是旅游目的地本地人，比较了解一个地方的情况优势，应该好好发挥自己本地人的优势。很多游客看到旅游商品，尤其是自己很喜欢的旅游商品，马上就表现出爱不释手，张口就问质地、价格、用途等，精明的商家从游客的表情和讲话的内容摸到了游客的心态，咬着价钱不放，结果游客花了高价。导游人员可告知游客讨价还价的技巧，比如少动口多动脑，不轻易暴露自己的心态。

（四）导游人员在购物促销后应掌握的技巧

1. 导游人员要正确处理游客买到不满意的旅游商品的情况

导游人员带游客购物后也可能会碰到类似情况：有些游客买到某件旅游商品后很后悔，产生不愉快的情绪，甚至影响到整个行程的心情。这主要是因为有一部分游客的购物心理不成熟，购买的时候一时冲动，还有一部分游客因为购买某些旅游商品时没有仔细看，买回来后发现商品有点瑕疵。针对这两种不同的情况，导游人员要分别进行处理，如果是前一种情况，导游人员就应该向游客讲解购买此件产品有哪些好处和用处，可以送给什么人等，帮助游客解除心中的顾虑，恢复愉快的心情，如果是后一种情况，若没有必要更换，导游人员可以向游客对这件旅游商品进行合理的赞美，讲出这件旅游商品的优点；如果游客还是一定要更换，导游人员应积极联系购物商店，为游客进行更换商品工作。导游人员如果能够正确处理游客买到不满意的旅游商品的情况，对其进行下站促销也是非常有利的。

2. 导游人员在整个购物结束后还应跟游客进行情感的交流

有时整个旅游购物活动结束后，基本上旅游活动也要结束了，这个时候导游人员也往往觉得没有什么工作可以做，任游客自行安排，给游客虎头蛇尾的感觉。其实整个旅游购物活动结束后，导游人员如果能有效利用的话不仅能给此次的旅游活动划上个圆满的句号，并且能给游客留下很好的印象，导游人员在旅游购物结束后还应继续为游客提供热情周到的服务，更为重要的是要与游客进行感情的交流，不能让游客带着抱怨回家。

## 工作任务四　旅游投诉处理技巧

任务导入

### 豪华团的遭遇

刘某等24名游客在国庆期间参加某旅行社组织的九寨沟—四姑娘山9天豪华游，团费3920元/人。由于旅行社提供的服务存在严重的质量问题，刘某等人向旅行社投诉，在得不到及时解决的情况下，又向省质监所投诉。其投诉内容包括：①旅行社住宿安排严重违约，安排他们到一些无星级及卫生条件差的旅馆入住；②用餐条件差，三个正餐吃冷饭菜；③全陪服务水平不达标；④缩减行程安排；⑤作虚假广告宣传，欺骗游客。

由于双方未能达成一致意见，交省质监所处理。经质监所调查核实，旅行社存在以下服务质量问题：①合同规定该团为豪华团，九寨沟和成都均安排入住三星级或相当于三星级酒店，四姑娘山入住标准间，茂县和汶川入住二星级或相当于二星级标准的酒店。而实际上,旅行社除在茂县和四姑娘山安排入住的酒店符合约定的标准以外,其余安排均未入住相应标准的星级酒店。②旅行社导游人员没有跟团往返,只在目的地陪同游客参观游览,没有提供全陪服务且部分景点没有导游讲解服务。③部分用餐标准不达标。④没有按行程安排参观小熊猫馆等景点。⑤广告宣传有夸大成分,但不存在欺骗游客的问题。根据双方举证和《旅行社质量保证金赔偿试行标准》第六条、第七条、第八条第一款、第十条及第十一条等规定,质监所做出了"旅行社应赔偿游客每人410元"的处理决定。刘某等游客对质监所的处理决定不服,上诉到人民法院,随后法院就此案进行调解,最后双方当事人以旅行社给刘某等游客每人800元经济赔偿,诉讼费各付50%为条件,达成和解。

### 任务解析

著名酒店集团丽兹酒店有一条1∶10∶100的黄金管理定理,就是说,若在客人提出问题当天就加以解决所需成本为1元,拖到第二天解决则需10元,再拖几天则可能需要100元。对于所有住店客人,酒店必须想方设法了解客人的真实感受,要清楚客人对酒店满意的是什么,不满意的又是什么。

只要处理得当,不满的客人也能够变成满意的客人甚至是忠诚的客人。

### 相关知识

## 一 各类主观原因投诉的服务心理与待客技巧

### (一)游客因感到"未受到尊重"而引起投诉的服务心理与待客技巧

如果游客反映如下这些情况,说明游客感到了"未受到尊重":服务人员对游客冷淡,对询问不予理睬或一律回答"不知道",不注意礼节、礼貌,语言不文明,不尊重游客的风俗习惯,未经敲门许可就闯入客房,无端怀疑游客带走酒店物品让游客感到受侮辱,误认为游客未结清账目就离开等。出现这些情况服务人员要做到以下几点。

1. 端正服务态度

服务人员的服务态度直接影响服务效果,服务人员要清楚地认识到,游客是花钱买享受的,理应受到尊重。服务人员是为游客的消费来提供服务的。所以,当接到投诉时首先应摆正自己和游客的角色关系,认真倾听和补偿,树立为游客服务的意识。

2. 提高自身素质

良好的态度要有得当的行为来反映,接到游客投诉时要认真分析自身原因,冷静对待,心平气和,不急于辩解或反驳,做到有理、有礼、有节,体现旅游服务人员良好的素质修养,扭转游客的不良认识。

3. 控制行为

礼与谦指的是服务人员一生的必修课,"如何做"是关键。当游客投诉时,利用各种方式满足游客求尊重的心理,把理解做到位,让游客感受到被尊重,被理解。

**(二)游客因感到"不一视同仁"而引起投诉的心理服务与待客技巧**

如果游客反映服务人员只对团队中一些人热情,或者是分房、乘车等情况优先考虑一些乘客的需求,把朝阳面的房间分给他们,车上的有利座位也是优先考虑部分游客,其他团员明显感觉到似乎这些游客特别尊贵,自己受到冷落,这是游客感受到"不一视同仁"的现象,有些服务人员将游客划分等级,以财取人,以貌取人;有的服务人员还对游客的服饰、打扮评头论足;有的对常客热情有加,但是对不经常来或第一次来的游客不冷不淡,常常是冷热不均。这样势必会使其他游客反感,从而进行投诉。这种情况的心理服务和待客技巧如下。

1. 对游客做到同价同酬

游客的投诉有求平等心理,旅游者认为自己花钱是为了寻求美好的旅游经历和获得应有的服务,如果旅游经历让他们感到不平、烦恼,会让他们选择投诉,这就要求服务中能够正确理解游客需求,掌握客观公正的原则,避免让游客产生不平等、受歧视的感受。同时,投诉后要给予游客补偿,满足他们心理平衡的需要。

2. 适当把握"人情味"服务

"人情味"服务能够得到游客的理解,但要运用得当,过则不益,没有也不益。对待特殊的游客(如老弱病残等),必须做到周到、细致的特殊服务;若游客中有亲朋好友,如果他们没感受到被关注也会引起不满,但得到特殊关注又会引起其他游客的不满。所以既要让他们感受到被关注又能使其他游客不觉得过分,就要把握得当。如果游客因为受到不一样的待遇而投诉,要理解游客,让游客一吐为快,将心中的不满和感受释放出来,游客也就得到了平静。

**(三)语言沟通不畅引起游客投诉的服务心理与待客技巧**

沟通即双方或多方通过充分的交流而达到相互理解。俗话说:"一句话能逗人笑,一句话能惹人跳。"在投诉接待中,会发现游客认为旅游服务人员对自己有成见,但旅游服务人员认为自己不是那个意思,原因是模式语言不灵活,接待宾客或处理问题时语言表达欠艺术,招惹宾客不悦、愤怒……都是因为语言沟通不当而造成"误会"。这类因素引起投诉的服务心理与待客技巧如下。

1. 在接待服务的过程中巧妙地使用礼貌用语

常用的有"对不起"、"别客气"、"谢谢"、"您好"、"再见"、"欢迎再来"、"请"等。在实际工作中，即便有些服务不得当，也会因为这些润滑语言而立刻让游客感受到服务人员的意思并不是自己所想象的那样。

2. 要充分理解游客"求沟通、求理解"的心理需求

遭到游客投诉时要把误会的原因归结到自己服务不周上，通过沟通把"理"让给游客，"错"由服务人员承担，赢得游客满意，并通过进一步的沟通转变游客的不良认知。

### （四）由于食品质量引起投诉的服务心理与待客技巧

游客用餐，对食品的要求越来越严，不仅注重外形的精美，还要求营养的搭配，如果酒店提供给顾客的食品不卫生、饮料变质、过期，甚至有假酒、假冒饮料、菜肴变味变质或烹调不当，使游客无法下咽，都会引起宾客不满，造成投诉。游客投诉是为了能够更好地用餐，但对出现的质量要有个说法，求得补偿。理解游客心理，将利益让给游客，为出现的质量问题承担相应责任。这类投诉的服务心理和待客技巧如下。

（1）立即调整服务工作中的弱点、漏洞和不足。特别是发现一些带倾向性的问题，以便有针对性地采取措施，改进服务工作，提供高质量、高效率的服务。

（2）了解游客求得补偿的方式，判断给予补偿的可能性。并根据游客的心理需求调整游客求得补偿的"合理性"。

（3）给予适当补偿，求得游客心理平衡，挽回过失所引起的不良后果。

## 二 客观原因投诉的服务心理与待客技巧

在旅游活动的过程中，旅游者发生伤害、被盗等自身原因引起的以及旅游设施、旅游价格等原因引起的投诉属于客观原因投诉。因客观原因遭到投诉时，旅游企业接待人员应理解游客由于受到挫折而引起的抱怨并主动承担责任，合理解决纠纷和矛盾。

### （一）由于住宿条件的客观原因引起投诉的服务心理与待客技巧

游客没有得到旅游约定的住宿条件，如约定为三星级酒店，但住进去发现是二星级酒店，旅游者会感觉受到欺骗，甚至想到是旅行社为了挣更多的钱而故意安排。或者是住进了三星级酒店，但不是电视没频道，就是马桶没有水，或者是空调不工作等，引起游客不满。一般投诉的游客是感受到自己该享受的权利没有享受到；和自己预期相差甚远，要求讨回公道，求合理解决。服务人员接到这类投诉，应首先了解游客不满的主要原因；其次，在能够调节和解决的范围内尽可能解决，如调房等；再次，如果的确不能解决则要给予游客因质量降低而补偿相应的差价。一般住宿条件没能满足游客要求时，有所改善的调房都会缓解游客的不满。

### （二）由于交通条件的客观原因引起投诉的服务心理与待客技巧

在交通条件上引起的投诉，多是与旅游者的期待较高而客观设施较差的落差引起的。

在旅游合同约定中的旅游交通条件设施很少约定,如提到车,没有约定是新的、旧的还是快要报废的车。游客在旅游行程中感受到狭小、憋闷等直接影响付费旅游质量,进而引起不满进行投诉。旅游服务人员深知旅行社提供给游客的旅游交通条件设施状况,遭到投诉也完全知道游客反映属实,但在交通条件设施的改善上不能立刻做到。此时,旅游服务人员在待客技巧上应做到以下几点。

(1)接受游客的指责和批评,让游客的抱怨得到发泄。

(2)深表歉意并耐心做好解释,争取游客谅解。

(3)做好缓解措施,如提供更加人性化的个性服务,补偿由于硬件设施差引起的不满。

(4)对于不能调和的游客给予适当的差价补偿。

### (三)由于景点服务设施引起投诉的服务心理与待客技巧

景点服务设施引起的投诉多与意外相联系,是旅游服务人员和游客都无法预期的,如电梯突然不工作、索道出现暂停、旅游项目中绳索断裂将人摔在保护垫上、动物表演中出现异常现象等一些非人为控制的因素;或者是停水、断电、机械故障等原因使游客产生的惊吓、恐慌而引起的不满等。在这类投诉中游客认为自己为了休闲娱乐而进行的旅游活动不该有这样的经历,产生这样的后果应该由安排旅程的旅行社负责,从而对此进行投诉以获得说法和补偿。

一般情况下可以由旅游项目提供者负责,旅行社协助处理。但从心理上导游人员要帮助游客承担起这样的心理负荷,理解游客心理,帮其解决并以安慰为工作核心。游客只是借助旅游服务人员来解决,接待投诉时抓住核心,不能推卸责任,要寻求合理的解决方案,给予补偿。

### (四)由于其他客观原因引起投诉的服务心理与待客技巧

在旅游活动中,游客美好的旅程是建立在相对较好的客观条件基础之上的。在吃、住、行、游、购、娱每一个环节,都有硬件设施的基本条件保障。在各环节中,硬件设施或客观条件不能满足游客最基本的期待和需要时,就会遭到投诉。如在旅游合同中约定了景点或住宿的酒店,但具体旅游中此景点因临时原因不再开放,或酒店正在进行装修等,都有可能引起游客消费质量的下降或预期希冀的破灭而遭到投诉。

在因客观原因引起的投诉中,游客的心理是有准备的,知道许多客观条件不是一时间能够改善的。因此,大多数游客的投诉是为了使问题得到解决,不能得到解决的投诉多数是为了宣泄和得到合理补偿。只要能够得到接待人员的理解和认同,大多数游客能够平息心中的怨气。旅游服务人员在斟酌和协商合理补偿上要与游客沟通交流,调整游客的心态,以便得到和谐解决。由于个人特点,游客在投诉时,有可能反映的不全是客观内容,往往还会加进一些自己的判断、推测和分析。接待投诉的旅游人员,应能够区分出哪些反映的是真实情况,哪些反映的不一定是真实情况,要区别出真实与谎言,更好地解决问题。

## 任务拓展

韩先生等7位游客参加某旅行社组织的"九寨沟—黄龙—四姑娘山10日游"旅行团（该团共16人）。签合同交团费后，旅行社以路况差为由取消部分行程，擅自改为8日游（出发当天旅行社在机场退回团款差额）。2005年9月28日下午，旅行团飞抵成都，成都地接社使用亚星牌旅游车接待，韩先生等7位游客认为该车车速太慢，不安全，不能进九寨沟，要求换车，旅行社工作人员称该车已达标，而且正值黄金周旅游高峰期，不能换车。游客质疑车辆性能，要求出示"三证"（驾驶员驾驶证、车辆行驶证、年检合格证），接待人员更加恼火，不但拒绝游客要求，还恶语相向，态度粗暴。游客提出退回返程飞机票，旅行社则要游客书面承认自动离团，游客不同意。双方矛盾恶化，争执进一步升级，游客投诉到成都市旅游质量监督管理所（以下简称"质监所"）。

质监所要求旅行社出示车辆"三证"，退回游客返程飞机票，旅行社拒不执行。为此，游客没有游览成都市区，也没有跟随团队去九寨沟，其中5人自己购买机票返回广州，另外两人则在回程当天在成都机场与团队会和。之后，游客向省旅游质监所投诉，投诉称该旅行社做虚假广告，欺骗游客，违反合同，缩短行程，不派全陪，威胁恐吓游客，非法扣留游客财物等，要求退回全额团费，赔偿违约金以及10万元精神损失费，并公开赔礼道歉，还要求旅游管理部门吊销该旅行社的经营许可证和相关导游资格证。

省旅游质监所经调查核实，认定该旅行团存在较严重的质量问题，包括旅行社宣传广告过分夸张，行程更改手续不清，没有按照约定提供全程陪同服务，对游客的投诉现场处理不当导致投诉升级等。而游客以车辆不达标准拒绝上车，旅行社也要承担责任。

省旅游质监所收到投诉当天转给旅行社，要求该旅行社在一个月内与游客协商解决。但是，由于双方坚持己见，无法达成一致意见，质监所按照有关程序，在认真调查审理的基础上，召集双方代表进行调解，促使双方达成共识：该旅行社分别向韩先生等7位游客退回2700—4000元不等的未发生费用和机票赔款，达成和解。对于旅行社经营管理上存在的问题，省旅游质监所责成该社对存在的问题进行整改。

这是典型的旅游质量投诉案件，游客是有知情权的，有权对车辆状况提出质疑，要求旅行社出示车辆"三证"，要求换车，这些都是可以理解的，但是游客拒绝上车就要承担相应责任。投诉要求全额退团款，赔偿违约金、精神损失费，要求旅游管理部门吊销旅行社的经营许可证和导游资格证等主张，是过分的维权行为，质监所不予支持。面对旅游者的投诉，作为旅行社应该采取什么措施来合理地解决投诉？在处理投诉的过程中应该注意哪些问题？

### 三 处理游客投诉的方法

#### (一)高度重视游客

高度重视游客,需要你对他表现出关心与关切,而不是不理不睬或应付。游客希望自己受到重视或善待,希望接待他们的人是真正关心他们的要求或能替他们解决问题的人。

#### (二)仔细倾听

仔细倾听是一门艺术,从中可以发现客户的真正需求,从而获得处理投诉的重要信息。在面对顾客的投诉时,无论是面对面的投诉还是电话投诉,都要认真倾听游客的全部意见,弄清事情的原委,任其发泄心中的不满。听取意见时,态度要诚恳,不能打断对方的谈话。如果游客由于激动无法表述清楚时,要用提问的方式引导游客。

#### (三)保持冷静

在面对游客投诉时,无论对方有多么激动,我们都要保持冷静,切勿辩解,更不能冲撞游客,甚至和游客争吵。要采用柔性语言和宽容的态度化解对方的情绪,即使对方出言不逊,我们也要持容忍的态度,尽量满足游客的自尊心和优越感,要时时刻刻牢记"游客总是对的"这句话。

#### (四)给予投诉者理解和关心

处理投诉时要先处理"情感"再处理"事件"。化解游客不良情感的首要因素就是"理解和关心"游客。投诉的游客进行的陈述可能是侮辱性的,可能是不客观的,也可能不那么具体和不太好理解,旅游服务人员应耐心倾听游客的陈述并表示理解和同情,如"您的心情我能理解,如果我碰上这种事,我也会"。

#### (五)要立即向游客认错和表示道歉

不管在什么情况下,当游客投诉时,都应该虚心接受,表示歉意。即便有些投诉是因为游客误解了,服务人员仍然可以表示歉意,不要阻拦对方提出自己的要求,不要指责或暗示游客错了,更不要马上进行自我辩解,更不能与游客争吵。要立即向游客认错,表示歉意,然后对产生问题的原因再作进一步说明。发自内心的道歉不需要成本,又使投诉者觉得你的态度诚恳,能够消除游客的怨恨,当怒气平息时,游客会认识到自己的过失。在表示道歉时,要注意用语,例如可以说"非常抱歉让你遇到这样的麻烦"、"这是我们工作的疏漏,十分感谢您提出的批评"等,要表示出一种诚意。

#### (六)采取积极的行动,找到解决问题的最佳办法

为了不使问题进一步复杂化,不失信于游客,必须认真做好这一环节的工作。接待人员要进行比较和判断,确定最佳方案,在征得游客同意后,做出补偿性处理。如果暂时不能

解决投诉,要耐心向游客解释,取得原谅,并请游客留下地址和姓名,以便告诉游客最终处理的结果。

### (七) 事后检查记录

如果导游人员在成功地解决问题之后再对曾经失望了的游客给予适当的关注,就可以从中了解到自己行动所起的效果,并把投诉情况和解决办法记录在笔记本上,这对于积累经验和改进工作是很有益处的。

### 知识链接

#### 游客投诉的心理需求

无论何种原因导致游客投诉,面对投诉时,首先应该做的就是要了解他们的投诉心理,并对其进行深入的分析。一般情况下,顾客投诉时的心理主要包括以下几个方面。

(1) 求尊重的心理。

求尊重是人的正常心理需要。在旅游服务的客我交往过程中,消费者求尊重的心理一直十分明显,而在进行投诉活动时这种心理更加突出。他们在投诉后,总希望自己的投诉是正确的,希望得到有关部门的重视,要求别人尊重他们的意见,向他们表示歉意,并立即采取相应的处理措施。

(2) 求发泄的心理。

宣泄是指当一个人遇到某种挫折时,把由此而引起的悲伤、懊恼、愤怒和不满等情感痛痛快快地"发泄"出来的心理调节方法。消费者在碰到使他们烦恼的事情或不公正的待遇时,心中充满了怨气、怒火,必然要利用投诉来释放心中的不满,以维持心理平衡。

(3) 求补偿的心理。

当人们寻求满足,而又受种种条件的限制无法得到满足的时候,"求满足"就会变成"求补偿"。在旅游服务过程中,如果由于旅游企业未履行合同,给旅游者带来损失或伤害时,他们就可能利用投诉的方式来要求有关部门给予物质上的补偿。

# 模块四 旅游管理心理

# 项目十
# 旅游管理者心理

◇ **知识目标**

了解旅游企业管理者领导理论；
理解旅游企业管理者在旅游企业中的重要作用；
熟悉领导的心理品质要求和领导管理策略；
掌握旅游管理者应具有的基本素质和管理策略。

◇ **能力目标**

能够在掌握旅游管理者应具有的素质、领导艺术的基础上逐步培养自己的领导能力。

◇ **素质目标**

具备基层管理的能力。

# 工作任务一 旅游企业管理者的心理特质

## 任务导入

某家旅行社的企划部李经理,在外出差时家里失火了。他接到妻子的电话后,连夜火速赶回家。第二天一早去公司向老总请假,说家里失火要请几天假安排一下。按理说,也不过分,但老总却说:"谁让你回来的?你要马上出差,如果你下午还不走,我就免你的职。"这位李经理很有情绪,无可奈何地从老总办公室里出来后又马上出差走了。老总听说李经理已走,马上把各个部门负责人都叫了过来要求他们分头行动,在最短的时间内,不惜一切代价把李经理家里的损失弥补回来,把家属安顿好。

作为管理者,你赞成这位老总的做法吗?何为管理?

## 任务解析

美国著名的成功心理学大师拿破仑·希尔博士有句名言:"真正的领导能力来自让人钦佩的人格。"人格魅力则是指由一个人的信仰、气质、性情、相貌、品行、智能、才学和经验等诸多因素综合体现出来的一种人格凝聚力和感召力。

管理是人类所独有的一种特殊的社会现象,是在社会发展到一定历史阶段才出现的,既是一门科学,又是一门艺术。

## 相关知识

### 一 管理

管理是指通过计划、组织、领导、控制及创新等手段,结合人力、物力、财力、信息、环境、时间这六要素,以期高效地达到组织目标的过程。管理是一门科学,是探索管理者、被管理者、环境三要素如何相互作用的科学。同时,管理是一种艺术,是寻求如何达到管理者、被管理者、环境三要素和谐统一的艺术。其中,管理者是管理三要素中的核心,管理者的素质与管理水平是企业或组织成败的关键。

综上所述,我们可以把管理定义为:是指一种特殊的领导,是指引和影响个人或组织在一定条件下实现组织目标的过程。换句话说,管理的最高目标就是实现组织目标。

管理的职能是管理过程中各项活动的基本功能,又称管理的要素,是管理原则、管理方法的具体体现。管理职能的划分有许多学派,国外普遍将管理职能分为五项:计划、组织、人员管理、指导与领导、控制。

### （一）计划

计划是为实现组织既定目标而对未来的行动进行规划和安排的工作过程。在具体内容上，它包括组织目标的选择和确立、实现组织目标方法的确定和抉择、计划原则的确立、计划的编制，以及计划的实施。计划是全部管理职能中最基本的职能，也是实施其他管理职能的条件。计划是一项科学性极强的管理活动。

### （二）组织

为实现管理目标和计划，就必须设计和维持一种职务结构，在这一结构里，把达到目标所必需的各种业务活动进行组合分类，把管理每一类业务活动所必需的职权授予主管这类工作的人员，并规定上下左右的协调关系，为有效实现目标，还必须不断对这个结构进行调整，这一过程就是组织。组织为管理工作提供了结构保证，它是进行人员管理、指导和领导、控制的前提。

### （三）人员管理

人员管理是对各种人员进行恰当而有效的选择、培训以及考评，其目的是为了配备合适的人员去充实组织机构规定的各项职务，以保证组织活动的正常进行，进而实现组织既定目标。人员配备与管理的其他四个职能——计划、组织、指导与领导以及控制，都有着密切的关系，直接影响到组织目标能否实现。

### （四）指导与领导

指导与领导就是对组织内每名成员和全体成员的行为进行引导和施加影响的活动过程，其目的在于使个体和群体能够自觉自愿而有信心地为实现组织既定目标而努力。指导与领导所涉及的是主管人员与下属之间的相互关系。指导与领导是一种行为活动，目前已形成了专门的领导科学，成为管理科学的一个新分支。

### （五）控制

控制是按既定目标和标准对组织的活动进行监督、检查，发现偏差，采取纠正措施，使工作能按原定计划进行，或适当调整计划以达到预期目的。控制工作是一个延续不断的、反复发生的过程，其目的在于保证组织实际的活动及其成果同预期目标相一致。

管理职能循序完成，并形成周而复始的循环往复，这就是管理的基本过程，其中每项职能之间是相互联系、相互影响的，以构成统一的有机整体。

管理的一般职能源于管理的性质——二重性，即合理组织生产力和维护生产关系的职能。

## （二）管理者工作

组织是一个复杂的社会系统，而管理则是为了使这个系统有效地运转和工作，因此说管理工作是一项艰巨而辛苦的工作。

许多人被管理层的地位和待遇吸引，然而管理工作不仅意味着权力和有空调的办公环境、专用的秘书。传统的观点认为，领导者、经理们都是深思熟虑的思考者、重大决策的定夺者，他们的行为不同凡响。而事实上，如果认真观察一下管理者的日常工作，就会发现这样的观点至少是片面的。那么，管理者每天都做些什么呢？他们是如何工作的呢？

管理工作是忙碌和片段性的。这需要管理者有能力将注意力迅速地从一个问题转移到另一个问题上，从一个人身上转移到另一个人的身上。一项研究表明，一个管理人员在35个工作日中，在办公室里不受干扰的时间满23分钟的有12次。

管理者是在一种典型的刺激-反应的环境中工作，他们要对突发情况做出反应。

信息沟通是管理人员的重要工作方式，而管理者大约有78%的时间都用于口头交流中（会议、电话、巡视等）。他们是信息的传递者。他们要和大量熟悉和不熟悉的人打交道，他们要在许多正式和非正式的场合中获得大量的、生动而有活力的信息，因此，他们更喜欢也更常用口头交流的沟通方式。

管理者可以做出许多活动的最初决策，可以发展自己的信息渠道，可以控制他们的时间使用，可以利用一切机会收集和宣传信息，可以用命令、罚款、解职等手段限制下属的行动。管理者还意味着有更好的办公环境，拥有经营管理股份、高薪和其他待遇，这些都是管理者权力的体现。但管理者不仅意味着权力和地位，理性地看，在其背后隐含着与这一切相应的风险和责任：社会的、组织的、员工的、自己及家人的。

## （三）管理者的心理特质

早期研究领导的心理学一直在寻找能区分领导者与非领导者的种种个性特征，并将领导者的个人品质作为描述和预测领导成效的因素。早期特质理论甚至认为，领导人的品质与生俱来，他们是人生的"伟人"。这些观点，得到一些个案研究的支持。在人们耳熟能详的领袖人物身上，的确能看到他们鲜明独特的性格。但是，如果特质理论能成立，就应该能够找出所有领导者所共有，而非领导者所不具备的特质。结果，寻找这样一组能够区别领导与非领导、成功领导与不成功领导的特质的工作，并没有取得成效。人们在成功领导人身上找到了上百种特征，但是从未找到完全一致的模式，比如某位领导人热情乐观、有影响力，另一位则自律严谨、真诚合作，两个完全不同模式的领导人都是成功的。在这种探寻的过程中，人们发现，领导与被领导者之间的差别只是量上的，而非本质上的。20世纪50年代末，人们得出结论：没有所谓的领导者的特殊个性，更没有什么天生的领导者。

尽管早期的特质理论没有获得既定的成果,但却无法否认这样的事实:个人素质在领导者的造就上起着非常重要的作用。那些成功的组织中,无一不是拥有一个或多个素质较高的优秀领导者。

领导人与非领导人的区别究竟在哪里?斯托蒂尔调查了从1004—1970年发表的关于领导特性的300余篇研究成果,发现10篇或10篇以上的研究出现的共同结论是:领导者在社交性、率先性、持续性以及懂得事情怎样干、自信心、对于情况的警惕性和洞察力、协调性、人缘、适应性、语言表达能力等方面,比其他成员更优秀。斯托蒂尔的另一个的结论是:在某些情境中,必要的领导特性和在另一事态中必要的领导特性可能并不一致,或者说,领导被要求的特性和能力在相当程度上取决于他起作用的状况和情境。

因此,现代特质理论认为:①有效的领导必须具备一定素质,而素质的发挥也取决于领导的情境;②领导者的素质可以在实践中和教育中逐步形成和通过学习而成;③对领导特质的研究结果,可以为领导者的选拔、使用和培训提供具体的标准、方向和内容。

### 四 胜任管理的能力

有效管理者需要三种不同类型的能力:业务能力、人际关系能力和概念形成能力。

#### (一)业务能力

管理者必须学习和掌握自己领域的专门知识和技能,能够胜任特定任务的领导,善于把专业技术应用到管理中去。这是领导和管理现代企业所必须具备的能力,所有的工作都需要一些专门的知识和技能,通过广泛的正规教育,人们掌握了自己领域的专门知识和技能,许多人的业务能力是在工作中形成的。对于管理人员来说,业务能力是三类能力中最具体的。

#### (二)人际关系能力

人际关系能力是指与人共事、理解他人、激励他人的能力。许多人在业务上是出色的,但在处理人际关系上却有所欠缺。例如,他们可能不善于倾听,不善于理解别人的需要,或者在处理人际冲突时有一些困难。管理者只有具备良好的人际关系能力,才能有效地沟通、激励和授权。一般来说,人际交往技能比聪明才智、决策能力、工作能力等更为重要。

#### (三)概念形成能力

它是指管理者必须了解整个组织及自己在该组织中的地位和作用,了解部门之间相互依赖和相互制约的关系,了解社会群体及政治、经济、文化等因素对企业的影响;具备良好的个人品德和素质,有高度的事业心和进取精神,勇于创新和把相关学科知识运用到企业管理中去。

管理者可能在业务和人际关系方面很出色,但若不能理性地加工和解释信息,他们的工作照样不会成功。例如,一名有高超推销技能的销售人员,如果他不能把销售技能转换为概念,形成制度和体系,预测和规划市场前景,是无法成为一名称职的销售经理的。

高层管理者可能不必具有很高的业务能力,他可以依赖下属的业务能力;但概念形成能力在高层管理中更加重要,随着职位的提高,管理人员必须不断提高运用这种能力的技巧。同时要能够将这三种技能相互结合运用,发挥各方面的力量,实现整个组织目标。

## 任务拓展

### 旅行社承包挂靠,承包者携款潜逃

2000年12月至2001年1月间,黎某、杜某等人,以北京中天旅行社接待部的名义,租用北京崇文门饭店203房间作为经营场所,并以北京中天旅行社的名义发布广告,在收取旅客大量旅游款或购票订金后携款潜逃,此案共涉及游客355人,金额99万余元,堪称旅游业大案。此案系中天旅行社内部管理混乱将部门随意承包所造成的,北京市旅游局在认定责任后,依据有关规定对该社进行了停业整顿,并动用了其10万元服务质量保证金对游客进行补偿。

旅游企业管理部门如何进行管理?

## 知识链接

### 制约管理有效性的个人因素

英国管理咨询家 M·伍德科克和 D·弗兰西斯提出了11个制约管理有效性的个人因素。这些因素包括管理人员身上某些不具备或没有得到发展的能力,也包括那些阻碍领导潜能得以实现的个性特点。

1. 自我管理

不善于自我管理的人,不能充分合理地利用自己的时间、精力和技能,不善于应对现代管理甚至个人生活中的突发事件。自我管理差的管理者要努力自我放松,缓和紧张,以保持身体健康和良好的工作状态。

2. 价值取向

现代管理把效率、个人潜能的实现和发展、社会公益等看成是个人积极的价值取向。价值取向不适当的管理者表现为对个人和社会价值观缺乏明确的认识,存在与当前事业或生活条件不相适应的取向,或者表现为缺乏信念和自我意识。

3. 成就需要

成就动机不强的管理者对自己的事业缺乏长远打算,宁愿维持现状而缺乏冒险精神,对新环境、新事物缺乏激情,敏感性较低。

4. 自我发展

自我发展停滞不前,表现为不能克服自己的弱点、战胜自己,对尖锐的矛盾倾向于逃避。

5. 解决问题

解决问题的方式缺乏新意,缺少做出有效决定的魄力;在处理信息、计划商讨具体环节等方面方法单一。

6. 创新性

不善于做出非标准化的决定,没有能力革新和发明。缺乏创新意识的管理者常受思维定式的影响,在工作中不仅自己不能产生新思想、新方法,也不能激发和评价下属的创造发明,他们不愿进行实验和冒险。

7. 影响力

缺乏影响力的管理者,不善于暗示他人,不注意倾听意见,不能使周围的人们追随自己,在争议中常倾向于妥协;与之相处困难,不可信赖,他们也很少能够得到来自每个成员的协助与参与。

8. 管理哲学

管理哲学不顺应潮流,对现代管理思想知之不足,观念陈旧;领导作风不合时宜,武断权威,缺乏人情,体现在不了解下属、不信任他们、不能激励他们。

9. 领导技巧

与下属的人际关系紧张,不能授权他人。在无技巧的领导手下工作,下属通常感到不满足,不能发挥已有的工作水平,也不愿真正配合管理者的工作。集体的心理气氛欠佳,工作效率不高。

10. 教育他人的能力

管理者缺少帮助他人发展的愿望,不具备一个教导者的品质(如宽容真诚、耐心)。不能对下属的工作质量做出及时反馈,即使进行了沟通和评价,多半也是形式和表面上的,因而也难以得到下属对其管理工作优劣的反馈。

11. 组织群体的能力

建设群体、协调关系能力弱的管理人员,不善于统一思想,难以建立和睦、团结、工作高效的团队;不能使群体成员在工作中得到满足,实现自我价值;更不愿营造和改善工作环境。

> 知识链接

测试　你更适合做管理者吗？

# 工作任务二　旅游企业管理者的领导艺术

> 任务导入

**经理没有为下属争取机会**

某旅行公司财务部陈经理结算了一下上个月部门的招待费，发现有一千多元没有用完。按照惯例他会用这笔钱请手下员工吃一顿，于是他走到休息室叫员工小马，让其通知其他人晚上吃饭。快到休息室时，陈经理听到休息室里有人在交谈，他从门缝看过去，原来是小马和业务部员工小李两人在里面。小李对小马说："你们部门陈经理对你们很关心嘛，我看见他经常用招待费请你们吃饭。""得了吧！"小马不屑地说，"他就这么点本事来笼络人心，遇到我们真正需要他关心、帮助的事情，他没一件办成的。你拿上次公司办培训班的事来说吧，谁都知道如果能上这个培训班，工作能力会得到很大提高，升职的机会也会大大增加。我们部门几个人都很想去，但陈经理却一点都没察觉到，也没积极为我们争取，结果让别的部门抢了先。我真的怀疑他有没有真正关心过我们"。"别不高兴了"，小李说，"走，吃饭去吧"。陈经理只好委屈地躲进自己的办公室。

1. 什么是管理者的领导艺术？
2. 如果你是陈经理，你会从这件事情得到什么启示？

> 任务解析

黑格尔说过，"世界上没有完全相同的两片叶子"，同样也没有完全相同的两个人，没有完全相同的领导者和领导模式。钱锦国认为，任何一种管理模式的运用，不可能是要求下属们依葫芦画瓢就可以了，而是需要自上而下使每位负有不同管理职责的人都能对该管理模式融会贯通，在不同环境下为同一个目标而因时制宜、不断改善。

领导艺术实质上就是艺术化的领导方法，是实施领导的一种高超技能。

### 相关知识

## 一 旅游企业领导艺术的基本内容

### (一) 领导决策的艺术

1. 获取、加工和利用信息的艺术

决策的艺术性和各种方案的可行性,在很大程度上取决于信息是否及时准确和完整。因此,是否善于获取、加工和利用信息,需要高超的艺术。

2. 对不同的决策问题采取不同决策方法的艺术

针对不同的决策问题,采取不同的决策方法,本身就需要良好的艺术和技巧。正如管理学家杜拉克所说的:"决策的一条基本原则是在有不同意见的情况下做出决策。"如果人人赞同,你就根本不用讲清楚决策的是什么,也完全没必要决策了,所以要获取不同意见。

3. 尽量实现经营决策的程序化

决策是按照事物发展的客观要求分阶段进行的科学的程序。根据我国旅游企业的实践,经营决策的程序一般也是按提出问题、确定决策目标、设计决策方案、优选一个方案、方案的实施与反馈这样的步骤顺序进行的。

### (二) 合理用人的艺术

1. 科学用人的艺术

领导者要科学用人,需要先识人,即发现人所具有的潜在能力。

首先,要知人善任。

其次,要量才适用。

再次,要用人不疑。

2. 有效激励人的艺术

激励是现代旅游企业管理的一项重要职能,激励理论是现代管理理论的基础理论之一。一个人的工作成绩、能力和动机激发程度三者的关系是:工作成绩=能力×动机激发程度。这一公式表明,对员工的激发程度越高,他的工作成绩就越大。

3. 适度治人的艺术

治人的艺术从某种意义来说,也应当包括科学用人和有效激励人。除此之外还包括批评人、帮助人克服错误行为、做好人的发动工作。表扬奖励员工是管理人的艺术,批评人也同样需要良好的技巧。

### (三)正确处理人际关系的艺术

讲究调适人际关系的艺术,是强化管理和激发员工积极性的重要内容。基于人际关系的复杂性和微妙性,其调适的方法也应当是多种多样的,没有一套能适用于不同素质的员工和不同环境的通用方法,而应当随机制宜、因人而异。

1. 经营目标调适法

企业每位员工都是为了实现具体的目标而组合起来的,如何用企业发展的总目标把所有的员工组织起来,是一种很重要的技巧。目标既是员工共同奋斗的方向,也是有效协调人际关系的出发点。

2. 制度规则调适法

主要是建立健全旅游企业内部各种服务标准、流程和经营管理制度,使领导和员工、员工和员工之间都能依照规章制度进行自我约束、自我调整,减少摩擦和冲突。

3. 心理冲突调适法

尽管目标、制度对调适员工之间的关系有重要的作用,但员工之间的心理冲突对人际关系的影响往往是看不见、摸不着的,潜在性强,又不容易很快消除,因此,必须注意员工心理的调适艺术。

4. 随机处事技巧法

作为企业领导者,如果处理事情既积极又稳妥,就会有利于正确调适领导者与员工之间的关系。这些技巧也很多,诸如转移法、不为法、换位法、缓冲法、糊涂法和模糊法,都是比较好的处事方法。

### (四)科学利用时间的艺术

1. 科学分配时间的方法

对于旅游领导者来说,科学分配时间的艺术,就是要根据企业经营的任务、按制度时间的规定、科学合理地给各个部门单位分配定额,并要求他们在执行中严格按计划进行,做到按期、按质、按量完成。

重点管理法。就是领导者必须从众多的任务中抓住重要的事情,集中时间和精力把它做好,把有限的时间分配给最重要的工作。

最佳时间法。就是领导者应该把最重要的工作安排在一天中效率最高的时间段去完成,而把次要的或零碎的工作放在精力较差的时间段去完成。

可控措施法。就是领导者如何把自己不可控的时间转化为可控时间,以提高管理效率。

2. 合理节约时间的艺术

时间记录分析法。从领导艺术来看,一个旅游企业领导为了获得使用管理效用的反馈,详细记录自己每周、每月或每季度这个时间段的使用情况,再加以分析综合,做出判断,从而了解哪些时间内的工作是必要的、有用的,哪些是不必要的和浪费的,加以改进,就可以提高时间的管理和使用效率。

科学召开会议法。就是旅游企业领导者必须科学地召开会议,计算会议成本,提高会议效率。

## (二) 影响旅游企业领导艺术的因素

### (一) 知识水平

综合起来说,旅游企业领导者应掌握以下几个方面的知识:一是通晓马克思主义理论;二是了解一般的社会科学和自然科学方面的知识;三是精通管理科学各方面的知识;四是熟悉社会生活方面的实际知识。

### (二) 影响力

这里所指的影响力主要是指个人影响力,包括领导者的品德、知识、才干、情感、人际关系、资历、社会地位等。个人影响力发挥得越好,威信就越高,行政效率也就越高;反之,如果单靠法定的权力,而缺乏一种个人影响力,便会失去威信,就会影响领导艺术的有效发挥。

### (三) 应变能力

机会是为有准备者提供的。快速应变能力往往并不表现为一时的灵感,对客观环境和市场形势可能出现的变化,旅游企业的领导管理者必须提前做出预测,并备有应付各种变化的预案。可以说,善于分析、快速应变能力是在竞争日益积累、变化日益迅速的今天有效领导艺术的必要条件。

### (四) 领导效能

1. 领导能力

这是领导者的行为能力。它以领导者的身体、心理、知识、经验等综合素质为基础,是领导者行使领导权力、承担领导责任、胜任领导工作、完成领导任务所必备的基本条件。

#### 2. 领导目标

这是取得领导效能的前提,它和取得领导效能的途径——领导效率结合起来决定领导效能的大小。领导目标是领导效能的中心线,实现领导目标的程度是衡量领导效能的尺子。

#### 3. 领导效率

一般是指领导者从事领导工作的产出同所消耗的人力、物力、财力等要素之间的比率关系。领导效率主要受领导者的能力、工作态度、领导环境以及下属的素质与能力等条件的影响。

#### 4. 领导效果

这是领导活动对象化的直接反映,是通过领导效率所取得的直接结果,是领导效率向领导效益转化的中介体,领导效益要通过领导效果这个中介才能实现。

#### 5. 领导效益

领导效益是指领导活动的最终效果,带有社会性、公益性与长远性,主要表现为政治效益、经济效益、文化效益、人才效益与社会效益等,是一个综合性的指标体系。

旅游企业领导者所具备的领导效能,会直接影响其领导艺术。

## 三 提高领导艺术的途径

### (一) 提高领导者的综合素质

首先,提高思想水平是提高领导艺术的必由之路。一个领导者要有强烈的事业心、高屋建瓴的思想境界、辩证思维的头脑,才会在领导活动中有灵活机动的战略战术和运用自如的技巧。领导者在领导艺术中表现出来的智慧,往往是他思想水平的闪光。

其次,掌握客观规律是提高领导艺术的一条基本线索。不掌握客观事物的发展规律和领导活动的规律,是驾驭不了扬帆远航的领导之舟的,是导演不出有声有色的领导话剧的。提高领导艺术,就要在认识事物客观规律的基础上,充分发挥主观能动作用,使领导活动按照客观规律办事,取得最佳的领导效果。

再次,加强领导者的素质修养是提高领导艺术的条件。领导艺术是知识、智慧和才能的结晶,只有具备一定文化知识素质和修养的领导者,才会表现出一定的领导艺术。领导者运用领导艺术的过程,也是综合表现领导个人知识水平和发挥才能的过程。一个有聪明才智、知识渊博、经验丰富、风格高尚和素质优良的领导者,在领导工作中就会显示非凡的领导艺术。

最后，不断总结经验是提高领导艺术的基础。领导艺术不是人们生来就有的，而是从经验中得来的。因此，领导者要提高领导艺术水平，就要不断总结自己的经验，特别是学习别人的领导经验时要消化运用，以求达到一个新的艺术境界。

### （二）培养社会实战能力

社会实战能力不仅是对旅游企业领导者的素质的基本要求，也是培养领导者的创新能力的重要条件，因为人的创新能力不能仅仅依靠书本知识获得，更需要通过实战学习和获得。

### （三）增强团队意识

所谓团队意识就是通过人际沟通、群体活动、参与管理和智力开发等多种形式和手段，为员工创造良好的工作氛围，使群体产生巨大的凝聚力、向心力进而激发出无限创造力。对企业领导者来说，具有善于培养团队意识的能力十分重要。

首先，要确立一个目标。这既是企业对员工的一种利益吸引，也是对大家行为方向的一种界定。

其次，领导是组织的核心。一个富有魅力和威望的领导，会自然成为团队核心与灵魂，全体成员会自觉不自觉地团结在其周围。反之，则会人心涣散，团队意识更是无从谈起，所有成功的团队无一不是有一个领导核心。要看其领导者的素质状况如何，看其有什么样的品格和思想作风。一个合格的领导必须是：第一，有较高的业务水平；第二，民主的工作作风；第三，无私的人格魅力。

## 任务拓展

小 A 在某旅行社工作，前几年因为工作非常突出被从基层职员提拔为经理。他现在管理着 20 个人的团队。

小 A 认为自己是"富有人情味的人"，但他的手下工作效率并不高。小 A 的手下出现了分化，一部分人有能力而且积极地完成工作，而另一些人则显得对工作漠不关心且难以完成工作。有两个典型：小 B 和小 C。小 B 已经工作四年，是个靠得住的人，平时关心项目，工作有效率。小 A 与小 B 处得很好，而且他相信小 B 能在没有监督的情况下完成工作。

小 C 的情况则完全不同，他在这个岗位上的时间还不到一年。在小 A 看来，小 C 在与同事的交往上花了太多的时间。每天小 C 都是第一个下班的人，他几乎没有完成过规定标准 75% 的工作量。小 A 经常找小 C 谈话，明确告诉他应该达到的目标和标准，但没有什么效果。

在一次沟通技巧培训课程结束后，小 A 决定对每个人要更加友善和坦诚，尤其是对小 C 和其他表现差的人，他要更关心他们的生活、理解他们的感受。因为从前他给了他们太多的压力,要求他们取得更高的绩效并建立有纪律的工作习惯。他希望小C(还有其他人)会逐渐成长并进入良好的工作状态。

两个星期后,小A坐在自己的办公室里,心情沮丧。他在自己领导风格方面所做的改变显然是不成功的,不仅小C的绩效没有提高,而且其他雇员(包括小B在内)的工作业绩与以前相比,都出现了下滑。项目交付正处于重要时刻,小A的老板正不断地向他施加压力,要求他马上进行改进。

小A想知道:到底哪里出了问题呢?

## 知识链接

### 赫塞-布兰查德的情境领导理论

情境领导,由行为学家保罗·赫塞博士提出,认为领导者应随组织环境及个体变换而改变领导风格及管理方式。

赫塞-布兰查德的情境领导理论认为,无论领导者的领导风格如何、领导行为如何,其效果最终是由下属的现实行为决定的,领导者所处的情境是随着下属的成熟度水平而变化的。

成熟度是指员工个体对自己直接行为负责任的能力和意愿,包括工作成熟度和心理成熟度两项要素,也即指员工的工作能力和意愿水平。

赫塞和布兰查德将下属的成熟度划分为由低到高的四种类型(或阶段)(见图10-1):M1至M4。

M1:下属缺乏执行某项任务的技能和能力,不能胜任工作,而且,他们又不情愿去执行任务,缺乏自信心和积极性。

M2:下属目前还缺乏完成工作任务所需的技能和能力,但他们愿意执行必要的工作任务,具有积极性。

M3:下属有较高的工作技能和较强的工作能力,但他们却不愿意干领导希望他们做的工作。

M4:下属既有能力又有很高的工作意愿。

情境理论认为领导的有效性是领导者、被领导者、环境相互作用的函数,它可用下列公式来表达:

$$领导的有效性 = f(领导者、被领导者、环境)$$

这个公式告诉我们,有效的领导,取决于情境、被领导者的状态和领导者的行为三者的相互作用。

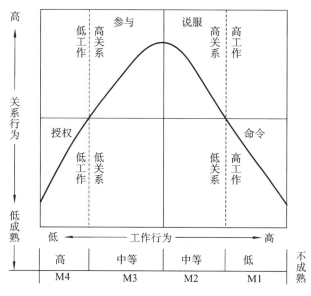

**图 10-1　赫塞-布兰查德的情境理论**

(1) 领导者方面的条件。包括领导者的职位类别、年龄和经验；领导者的价值观念体系；领导者对下属的信任程度；领导者的领导个性(是倾向于专制的,还是倾向于民主的)；对于不确定情况的安全感等。

(2) 被领导者的情况。包括被领导者的文化期望和独立性需要程度；他们的责任感；他们对有关问题的关心程度；他们对不确定情况的安全感；他们对组织目标是否理解；他们在参与决策方面的知识、经验、能力等。

(3) 组织环境方面的条件。包括组织的历史、规模；组织的价值标准和传统；工作要求,作业集体的协作经验；决策所需的时间及可利用的时间；社会环境及社会压力等。

情境理论可有以下两个方面的应用。

一方面,领导者要分析情境要素的不同状况,采取不同的领导行为,才能激励下属,实现有效管理。比如,在军队中,领导者有较高的权力,有严格的组织纪律约束和高涨的士气,有效的领导方式就是层层发布命令使下属明确任务目标。而在一个合作式的组织团体当中,以命令下达工作任务的方式就不一定奏效,领导者应注重与下属的沟通与协商一致,以保持良好的合作气氛。另一方面,组织绩效的提高,不仅有赖于领导者一方的努力,还要力争培育一个使领导能顺利工作的环境,比如,给领导者以相应的职权,进行必要的信息沟通,对决策时间的保证等。

管理学者肯·布兰佳博士说过,没有最好的领导形态,只有最适当的领导形态。情境领导被誉为 20 世纪重大领导理论之一,有别于传统领导的特质理论,不仅只重视领导者行为能力的修炼,情境领导特别强调领导要因人而异,因材施教。

# 工作任务三　旅游企业领导者管理能力

## 任务导入

### 大通旅行社业务骨干的流失

我国南方V市的大通旅行社是一家以国内游客为主要经营业务的旅行社。该旅行社自成立以来，在总经理王某的领导下，企业规模和客源渠道不断扩大。在不到5年的时间里，大通旅行社从最初名不见经传的小旅行社，发展成为V市一家颇具实力和影响的中型旅行社。

王总经理扩大企业规模和客源渠道的主要途径，是利用相对优厚的待遇和职位，从其他旅行社中招聘具有业务能力和客户关系的人员。王总经理分别委以他们重任。其中，孙某和柴某还分别被任命为计调部经理和市场部经理。然而，这种通过挖其他旅行社墙角获得人才的人力资源开发和管理模式，既给大通旅行社带来了短暂的兴旺发达，也为今后人才流失和经营陷入困境埋下了隐患。

2005年3月，大通旅行社市场部经理柴某和该部门的三名业务骨干突然提出辞职，并且在一个星期后出现在竞争对手长虹旅行社。柴某担任长虹旅行社的总经理助理，那三名业务骨干也分别成了长虹旅行社的市场部经理和副经理。不久，曾经长期与大通旅行社合作的华北两家重要的客户不再向其输送客源。后来有人发现在长虹旅行社接待的游客中，许多都来自不再和大通旅行社继续合作的那两家华北地区的客户。2006年1月，计调部经理孙某也因对王总经理工作作风不满离开了大通旅行社。孙某虽然没有从旅行社带走任何客户，却把旅行社的采购协作网络带到了一家新成立的旅行社。

业务骨干的出走，给大通旅行社的经营带来了严重困难。大量业务骨干跳槽到竞争对手那里，也造成大通旅行社在市场竞争中处于极其不利的态势，其市场份额大大缩小。2006年，大通旅行社的接待人数、接待人天数、经营收入和经营利润都出现了大幅度下滑。这种情况，使得大通旅行社内部人心浮动，员工们开始对旅行社的前景悲观失望，纷纷盘算着另寻出路。大通旅行社经历了短暂的兴盛后，终于衰落了。

问题：大通旅行社业务骨干流失的原因有哪些？是否与管理者有关？

## 任务解析

旅游企业的领导者除了要不断提高自身的素质、不断完善自身的领导风格和不断提高自身的领导艺术外，还要在实际的管理工作中不断加强自身管理能力的修炼，从而使自己成为一名优秀的企业领导者。

### 相关知识

#### 一 牢记角色,正确对待贡献、权力和威信

旅游企业的领导者首先要牢记自己在企业中扮演的是管理者的角色,时刻记住自己的职责所在,同时也要正确对待贡献、权力和威信。

##### (一)时刻牢记自己的职责所在

管理工作是一种"让别人去把工作做好"的工作。"别人的工作"做好了,管理工作也就做好了;"别人的工作"没有做好,就说明管理工作没有做好。作为旅游企业的管理者,首先,有责任去激励部下,使部下积极肯干;其次,管理者也有责任去指导部下,让他们能合理而有效地工作;此外,管理者还有责任去协调部下,使他们同心协力地工作。只有这样,管理者才能让部下取得更多、更好的工作成果——当然,这也是领导者的成果。

##### (二)正确对待贡献

旅游企业与其他企业一样,在对工作的业绩进行"归因"时,管理者和员工都有可能只强调自己所作的贡献,而忽视对方所作的贡献:员工认为所有这些业绩都是自己"干"出来的,而管理者则认为这都是自己"管"得好的结果。怎样看待贡献?对旅游企业的领导者来说尤为重要。

对此,领导者要有清醒的认识:其一,自己要能比较客观地进行工作业绩的"归因",避免只强调自己所作的贡献,忽视员工所作的贡献,从而打击员工的积极性;其二,如果员工过多地强调了自己所作的贡献,而没有充分肯定领导者的贡献,则应该抱一种比较宽容、豁达的态度,不要因此就觉得员工不把自己"放在眼里"。

##### (三)正确对待权力

旅游企业的领导者作为管理者,手里有了权,因此也就有了一个如何正确行使权力的问题。作为管理者绝不能以权谋私——既不能用手中的权力谋取物质上的、经济上的"私",也不能用手中的权力谋取精神上的、心理上的"私"。

##### (四)正确对待威信

在员工对管理工作公开或不公开地表示不满时,作为管理者,旅游企业的领导者一定要注意不能把"事"与"人"混为一谈,不能把员工对管理工作的不满当成对"我这个人"的不满,不能把"维护我的威信"看得比实现既定的管理目标更为重要。

#### 二 从依从到认同,从认同到内化

管理工作是一种"让别人去把工作做好"的工作,因此,作为管理者,旅游企业的领导者

势必要对自己的部下提出要求,让部下按自己所提的要求去把工作做好。也正因为如此,管理者有一个无法回避的问题,这就是:部下会不会接受我提出的要求?他们是接受我的要求还是拒绝我的要求?是真的接受还是阳奉阴违?

### (一)依从、认同和内化

旅游企业的领导者在对自己的部下提出要求时,作为下属的员工可能会有不同的行为方式:依从、认同和内化。

所谓"依从"是指一个人因为考虑到提出要求的那个人有权对自己进行赏罚,所以才接受他对自己提出的要求。例如,某酒店客房部的王经理要求所有的客房服务员都必须按规定程序去操作,而不允许各行其是。但是,有许多服务员都认为,按规定的程序去做"太累",尽管王经理已经三令五申,他们还是依然故我,按照已经习惯了的那一套做,能省事就省事,能偷懒就偷懒;于是王经理就宣布:从今以后,能按规定程序去做的,将给予重奖,而不按规定程序去做的,将给予重罚。从此,特别是在重奖和重罚"兑现"以后,有不少本来不愿意按规定程序去做的服务员也能按规定程序去做了。然而,他们真的"想通了"吗?其实,他们并不认为非按规定程序去做不可,不过,他们为了避免惩罚,或为了得到奖赏,还是"依"了王经理——这就叫"依从"。

所谓"认同"是指一个人因为对提出要求的那个人有好感,愿意与他保持一致,所以接受他对自己提出的要求。还拿前面的例子来说,有一些服务员也接受了王经理所提出的要求,但他们既不是为了避免惩罚,也不是为了得到某种奖赏,而是因为他们和王经理有着良好的关系;尽管他们也觉得,按规定程序去做不如按老习惯去做"省事",但是,他们认为:"王经理说的话不会有错的,既然王经理说了应该这么做,那就肯定是应该这么做。""要是别人说的,咱可以不听,王经理说的,咱可不能不听,宁可受点儿累,也不能让王经理为难呀!"他们冲着"王经理这个人"而接受了他所提出的要求——这就是他们对王经理的"认同"。

所谓"内化"是指别人提出的要求已经转化为自己的内在要求。还拿前面的例子来说,有一些服务员与王经理的关系也很好,但他们并不仅仅是因为和王经理"关系好",才按照规定程序去做的,他们真正弄懂了为什么必须按规定程序去做的道理:只有按照规定的程序去做,服务质量才有保证;而且,按照规定程序去做可以避免差错、避免返工,对自己也有好处。所以,他们能够自觉地按规定的程序去做——这就是说,"按规定程序去做"这一要求已经"内化"为他们对自己的要求了。

### (二)创造条件,使员工从依从上升到认同,从认同上升到内化

前面所说的依从、认同和内化,虽然在员工的行动上表现为对管理者所提要求的"接受",但却显然是三种不同程度、不同水平或不同性质的接受。依从是一种很勉强的接受,而且很可能是"阳奉阴违"的接受;认同实际上并不是对管理者所提出的那些要求的接受,而只是对提出要求的"人"的接受(同样的要求,如果是由另一个人提出来的,员工很可能就不会接受了);只有内化才真正是对管理者所提出的那些要求的心悦诚服的接受。

员工的依从、认同和内化都是有条件的。依从的条件是管理者必须手握"赏罚大权";认同的条件是管理者与员工有良好的关系,员工对上司有好感,愿意与上司保持一致;内化的条件则是员工对上司所提要求的正确性深信不疑。由此可见,虽然"靠赏罚"是一种低水平的管理,"靠关系"也只是一种中等水平的管理,只有"靠自觉"才是高水平的管理,但是,从"靠赏罚"到"靠关系",从"靠关系"到"靠自觉",往往是需要一个台阶、一个台阶地上的。也就是说,旅游企业的管理者只有逐步提高自己的管理水平,才能使员工从依从上升到认同,从认同上升到内化。

## 三 实行"严"与"爱"相结合的管理

实行"严"与"爱"相结合的管理,这是适用于所有企业的一项要求,但是对于旅游企业的领导者来说,更要记住"没有富于人情味的管理,就不可能有富于人情味的服务"。

### (一)旅游企业为什么要实行"严"与"爱"相结合的管理

"严格管理才会出效益",这一点毋庸置疑。那么,在"严"的同时,为什么又要强调对员工的"爱"呢?这是因为,作为旅游企业,必须为客人提供优质的服务,也就是必须照顾好自己的客人;那么,客人又是靠谁去照顾呢?当然是要靠企业的员工;所以旅游企业的领导者必须牢记:不照顾好你的员工,就没有人能去照顾好你的客人,而你也就不可能得到市场对你"加倍的照顾"。正因为如此,旅游企业如果没有富于人情味的管理,就不会有富于人情味的服务,旅游企业的领导者如果不能对员工表现出一份爱心,又怎么能指望自己的员工去对客人表现出一份爱心呢?

### (二)如何理解"严"与"爱"

在旅游企业的管理中,"严"是不可缺少的,"爱"也是不可缺少的。如何理解这种管理方式中的"严"与"爱",是旅游企业的领导者正确运用这种管理方式进行管理的前提条件。

1. 对"严"的理解

"严"要在对员工的要求、评价和赏罚这三个环节中坚持到底。

(1)对员工的要求必须严格。这有两层意思:一是员工对领导者所提出的要求必须遵行,而不是可以遵行也可以不遵行;二是领导者所提出的要求必须明确,只能有一种理解,而不是可以这样理解也可以那样理解。

(2)对员工的评价必须严肃。这也有两层意思:一是要坚持按照原来所提出的那些要求去衡量和评价员工的表现,而不能在对他们提出要求的时候是一套,在对他们的表现做出评价的时候又是另一套;二是在检查和评价员工的工作时,一定要坚持"对就是对,不对就是不对;好就是好,不好就是不好",绝不能含含糊糊,模棱两可。

(3)对员工的赏罚必须严明。赏罚必须严明的意思是实施奖惩一定要公正,一定要按规章制度办事。

2. 对"爱"的理解

"爱"要通过对员工的尊重、理解和关心来体现。

(1) 爱的第一个要素是尊重。没有尊重的爱绝不是真正的爱。尊重一个人就是不仅在口头上,而且在行动上承认他是一个有价值的、独立的,而且是独特的人。

(2) 爱的另一个要素是理解。理解兼有了解和谅解的含义。爱你的人能够进入你的内心世界,能够被你心中的宝藏深深地吸引;而不爱你的人所看到的只是你的外形。爱你的人在你做得不周到、不完美、不尽如人意的时候,能够想到你有你的难处和苦衷,你和别人一样也有自己的弱点及自己的局限性;不爱你的人却多半只会从他自己的角度来考虑问题,而不会设身处地为你着想。

(3) 爱的第三个要素是关心。没有一个人能完全"自给自足"地生活,没有一个人不需要别人的关心、支持和帮助。但是,体现出爱的这种关心是一种"有责任感"的关心,它与那种为了利用别人而表现出来的虚情假意有本质的不同。我们相信,人只有在深切地感受到自己被尊重、被理解、被关心的条件下,才会觉得幸福,也才会充分地表现出"人性"的种种优点。所以我们说,作为管理者,要在管理工作中体现出对员工的"爱",就是要让员工深切地感受到,自己绝不仅仅是上司要求、评价和赏罚的对象,而首先是上司尊重、理解和关心的对象。

(三) 如何实施"严"与"爱"相结合的管理

对于"严"和"爱",对于这两者的结合,我们要有一个正确的理解。不能说"严"就是"严厉",也不能说"爱"就是"温和";更不能说"严"与"爱"相结合就是在"严厉"与"温和"之间来一个"折中"。

旅游企业管理中的"严"与"爱"相结合,要通过三个"相结合"来体现:一是严格的要求与对员工的关心相结合,二是严肃的评价与对员工的理解相结合,三是对员工严明的赏罚与对员工的尊重相结合。

### 任务拓展

#### 旅行社的"楚才晋用"现象

韩梅从旅游专科学校毕业以后,应聘到 A 旅行社工作。她先做了两年的导游人员,并在接待部门做了一年的内勤工作。韩梅工作认真负责,待人热情友好,博得了旅游者的多次表扬。她所制定的接待活动日程,严谨周密,可操作性强,受到接待部门经理的好评。然而,就在一周前,韩梅向旅行社提交了辞职报告。

她的举动令许多人不解。旅行社的总经理更是感到十分意外。他立即约韩梅谈话,试图弄清楚韩梅辞职的真实原因,并尽力挽留她。原来 A 旅行社是一家国有企业,总经理只有经营权,却没有用人权。旅行社的一些重要部门负责人多由上级领导推荐。

在年初,旅行社的上级单位——省旅游集团的一名副总推荐其外甥马某到旅行社担任计调部经理。此人不学无术,嫉妒心强。马某的偏狭行径,令韩梅感到十分压抑。

恰巧,一家民营旅行社B旅行社的董事长十分看重韩梅的业务能力和敬业精神,多次诚恳地邀请她加盟。想到马某等人的偏狭行径,经过权衡利弊之后,她还是拒绝了A旅行社总经理的诚恳挽留,来到了B旅行社。韩梅一到B旅行社,董事长立即召开全社的欢迎大会,当场宣布任命她为总经理助理兼计调部经理。韩梅非常感谢该民营旅行社董事长对她的知遇之恩,工作非常努力,她除了主持计调部的日常业务和管理工作外,还针对本部门新员工多、业务能力有待提高的现状,经常组织多种形式的业务培训。

韩梅一直想进修深造,但是,由于刚刚进入B旅行社,觉得不好意思马上提出这个要求。然而,出乎她的意料,在一个大型会议团的计调及接待任务完成后,B旅行社的人事部经理王某主动通知她,说董事长已决定派她去国内一家著名的旅游学府进修一年,由旅行社承担全部的学费、住宿费、往返交通费,并提供一笔生活补贴。总经理还承诺,韩梅在学习期间家里出现任何困难,旅行社一定全力以赴地帮助解决。

韩梅学成后,回到B旅行社。她现在已经担任了该旅行社的副总经理,负责计调业务和员工培训,韩梅在这家旅行社一直工作得十分出色,在当地旅行社也享有较高的知名度。一些旅行社不惜重金聘请她,都被婉言谢绝了。韩梅觉得,B旅行社为她提供了温馨的工作环境和良好的个人发展空间,使她的才能得到了充分的发挥。她要用更出色的工作业绩来回报企业。

问题:请对A旅行社的业务骨干韩梅跳槽到B旅行社的管理者的作法进行分析。

## 知识链接

### 新修订的《导游管理办法》于2018年1月1日起施行

旅游主管部门在导游管理方面运用互联网思维,注重积累导游工作大数据,为导游管理进入"算法"时代做好准备,同时,需强调的是,管理不是冰冷的数据,加强对导游的"人文关怀",就是在导游管理方面,让科技更有"温度",让关怀更有"智慧"。

"互联网+"时代,导游管理迈向平台化、数据化、精准化是大势所趋。《导游管理办法》(以下简称《办法》)集中体现了近年来在导游管理方面利用互联网技术的探索。《办法》明确提出,"导游证采用电子证件形式,由国家旅游局(更名为文化和旅游部)制定格式标准,由各级旅游主管部门通过全国旅游监管服务信息系统实施管理。电子导游证以电子数据形式保存于导游个人移动电话等移动终端设备中""导游在执业过程中应当携带电子导游证、佩戴导游身份标识,并开启导游执业相关应用软件"。这意味着,导游工作的大数据将着手采集、积累、沉淀,在数据达到一定量级时,导游管理将迎来"算法"时代:导游的点赞数据、投诉数据、年度出团数据、年度工作日数据等都将逐一呈现,让行业对导游工作有更精准的认知,从而进一步指导完善导游带团工作流程和导游服务规范。与此同时,根据大数据对导游进行"画像",也让导游更清楚地认识自我,更好地从事导游工作。

当然,导游管理绝不能仅仅停留在"器物"层面,在中国文化中注重"一枝一叶总关情"。《办法》也突出人文关怀,汇聚了近些年国家旅游局在导游管理服务工作中的好方法,并加以强调落实。例如,旅行社应当提供设置"导游专座"的旅游客运车辆;导游应当在旅游车辆"导游专座"就座,避免在高速公路或者危险路段站立讲解;旅行社等用人单位应当维护导游执业安全、提供必要的职业安全卫生条件,并为女性导游提供执业便利、实行特殊劳动保护等等。同时,《办法》明确表示,支持和鼓励各类社会机构积极弘扬导游行业先进典型,优化导游执业环境,以此为导游成长、成才营造一个良好的社会氛围,让社会尊重导游、理解导游、认同导游,让导游从事工作时更自信,更自豪,这对导游而言是一种非常人性化的关怀。

《办法》对维护导游的合法权益也非常清楚、明确且细致。《办法》规定,旅行社不依法与聘用的导游订立劳动合同,不依法向聘用的导游支付劳动报酬、导游服务费用或者缴纳社会保险费用的,要求导游缴纳自身社会保险费用的,支付导游的报酬低于当地最低工资标准的,导游有权向劳动行政部门投诉举报、申请仲裁或者向人民法院提起诉讼。这些问题现实中在导游身上都发生过,是导游工作的痛点。《办法》直面痛点,为导游合法权益保驾护航。

# 项目十一
# 旅游企业员工管理心理

### ◇知识目标

了解员工从业诉求及企业的满足渠道；

了解员工心理压力产生的原因及缓解途径；

了解导游人员常见的心理问题和心理保健方法。

### ◇能力目标

能通过合法途径满足员工合理的从业诉求；

能采取合适的方法缓解员工的心理压力；

能对员工进行合理激励；

能维护导游人员的心理健康。

### ◇素质目标

具备心理保健能力。

# 工作任务一　旅游职业压力与心理倦怠

### 任务导入

#### 我承受不了这个压力了

2010年7月,香港导游人员阿珍谩骂内地旅行团片段在全国电视台转载热播后,同行斥责她是业界之耻,有舆论甚至称她"魔鬼导游"。事后阿珍一直"失踪"。几日后,香港媒体终于联络上她,她首度对此事件发言:"我的精神已经崩溃了,我现在无法解脱,我也不能说什么,因为我的情绪一直不稳定……这样的事件发生后,所有传媒报道我,我只是一个……因为这件事,我已变成公众人物,我承受不了这个压力,我已经办不到了。"

试析:1. 阿珍面临的职业压力有哪些?

2. 试猜测阿珍未来会否继续从事导游行业?

### 任务解析

导游人员阿珍在工作中的事件被大肆报道,导致她面临了来自公众的舆论压力,无法解脱,对其工作和生活造成了严重的影响。如何排解工作的压力成为亟待解决的问题。

### 相关知识

## 一　压力

压力不是某个国家独有的现象,全世界都一样。2001年,日本工业协会对5万家大企业进行调查,发现有96%的员工因精神高度紧张而患有胃溃疡、背部及胸口疼、高血压、神经衰弱等疾病。许多员工由于无法承受巨大的压力,精神处于崩溃的边缘。据《朝日新闻》所载的令人心寒的报道称,越来越多的日本高层领导被压力夺取了生命。每年有10000以上的日本人死于工作过度或"过劳死"。英国《金融时报》的专栏作家菲斯·科勒尔通过大量调查研究,得出如下结果:在英国有500万人感觉工作压力"非常大"或"极大",与压力有关的多种问题让各机构每年耗资37亿英镑。大约40%的上班族面临着较大的工作压力,60%的人正经历着不同程度的心理疲劳。

在历史上,过去几代人中,没有人像我们一样经历如此多而强烈的压力、冲突和要求。有的甚至会很怀念过去那段"大锅饭"的日子,毕竟过去的生活不像时下充满着变数。然而，不容否认的是，在将来的几十年中，我们不但找不回过去，甚至还会经历更多、更快的变化。

### (一) 压力的定义

压力是个体对某个不能很好应对的、不确定而又重要的情境产生的生理、心理和行为反应。我们可以从以下三个方面来理解压力。

**1. 压力是指个体能够感知、体验到的生理、心理和行为反应**

所谓压力的生理反应即指血压升高、手脚出汗、呼吸加快、口干舌燥、食欲减退、肠道功能紊乱等；压力的心理反应是指神经紧张、思维紊乱、焦虑易怒、郁郁寡欢等情绪体验；压力的行为反应是指沉默寡言、行为古怪、持续失眠、借酒浇愁、无意识的多余动作增多等等。

**2. 压力是个体对不能很好应对的情境的反应**

如果个体能够从容应对，则这一情境不会使人产生压力。例如，对于业务能力强的员工，面对不太复杂的工作能够轻松应对；而对于业务能力差的员工，在面临同样的工作时就会感到力不从心，这时压力就产生了。

**3. 压力是个体对某一不确定而又重要的情境的反应**

也就是说，个体对自己的成功与失败无法确定时，就会感到压力。个体同时还要考虑其结果的重要程度。例如，前台经理如果认为保住职位或得到晋升对自己非常重要，那么当频繁出现客人投诉时他就会感到压力。通常情况下，压力被认为是一个贬义词，其实不然。压力应该是魔鬼与天使的混合体。说它是魔鬼，是因为它的确能带给人心灵的和躯体的双重伤害。说它是天使，是因为它也有很多的好处。好处主要有两点。第一，在心理压力之下，我们能够保持较好的觉醒状态，智力活动处于较高的水平，可以更好地处理生活中的各种事件。生活中的好多事情，只要是做成了的，基本上都与外界的压力有关；没做成的，多半是没有什么压力的缘故。第二，在心理压力不是大到我们不能承受的程度时，它可以是一种享受，而且有可能是最好的精神享受。所有的竞技活动，就是人们在心理压力太小时"无中生有"地制造出的一些心理压力，目的就在于丰富我们的精神生活。

为了更全面地了解压力，我们还需明确压力"不是什么"的问题。①压力不是简单的焦虑。焦虑仅仅是情绪和心理范围的变化，而压力还引起了生理方面的变化。因此，压力可以伴有焦虑，但二者不能等同。②压力不是简单的神经紧张。与焦虑一样，神经紧张可能是由压力引起的，但两者不同。当压力出现时，有的人在无意识的状态下会表现出神经紧张，但有些人能够很好地对其控制，使其不通过神经紧张表现出来。③压力不一定是破坏性的、不良的或需要避免的。在一定限度内，压力是一种非常积极的因素，有言"井无压力不出油，人无压力轻飘飘"。压力可以激发人的潜能，使人的能力发挥到极致，提高人的工作效率。同时，应该认识到压力是不可避免的，关键在于个人如何应对和处理压力。

## （二）压力的来源

对于压力的来源，国内外的许多学者都做过专门研究。比较有代表性的有格拉斯通、雷瑟斯、内维德、卡普兰和斯坦。综合这些研究者的观点，压力的来源主要有以下三方面。

1. 工作压力

环境中的很多事情都会产生压力。例如，工作任务过重、工作环境条件太差、同事间紧张的人际关系、同行间的激烈竞争、长期的努力未得到回报等等都可以成为压力的来源。

2. 生活压力

生活中的变动、小困扰以及意外灾害都会让当事人感到压力。例如亲人去世、牢狱之灾、赶时间碰到塞车、找不到生活的目标、突发疾病、出现地震等等。

3. 社会压力

社会压力主要指长期的社会问题所带来的压力。例如经济衰退、环境污染、拥挤、噪音、公德心缺失等等也是导致人们产生压力的一类不容忽视的重要因素。美国华盛顿大学霍尔姆斯（Holmes）和拉厄（Rahe）等人经调查研究发现，不同程度的工作生活变化会对人们的身体健康带来或多或少的影响。他们把人类社会生活中遭受到的危害事件（life crisis）归纳并划分等级，编制了一张危机事件心理压力评定表（见表11-1）。该评定表列出了43种生活变化事件，按照压力产生的强烈程度由高到低对其进行排序。其中分数越高，表明该项目所引起的压力感越强。

表 11-1　危机事件心理压力评定表

| 序号 | 危机事件 | 分数 | 序号 | 危机事件 | 分数 |
| --- | --- | --- | --- | --- | --- |
| 1 | 配偶死亡 | 100 | 23 | 子女离家 | 29 |
| 2 | 离婚 | 73 | 24 | 婚姻纠纷 | 29 |
| 3 | 婚姻失败（分居） | 65 | 25 | 个人杰出的成就 | 28 |
| 4 | 监禁 | 63 | 26 | 配偶参加或停止工作 | 26 |
| 5 | 家庭亲密成员死亡 | 63 | 27 | 学业的开始或结束 | 26 |
| 6 | 受到伤害或疾病 | 53 | 28 | 生活水平的改变 | 25 |
| 7 | 结婚 | 50 | 29 | 个人习惯的改变 | 24 |
| 8 | 被解雇 | 47 | 30 | 和上司产生矛盾 | 23 |
| 9 | 与配偶重修旧好 | 45 | 31 | 工作时数或条件的改变 | 20 |
| 10 | 退休 | 45 | 32 | 迁居 | 20 |
| 11 | 家庭成员健康状况改变 | 44 | 33 | 转学 | 20 |
| 12 | 怀孕 | 40 | 34 | 消遣娱乐的转变 | 19 |

续表

| 序号 | 危机事件 | 分数 | 序号 | 危机事件 | 分数 |
|---|---|---|---|---|---|
| 13 | 家庭中新成员的增加 | 39 | 35 | 宗教活动的改变 | 18 |
| 14 | 性生活障碍 | 39 | 36 | 社交活动的改变 | 18 |
| 15 | 业务的再调整 | 39 | 37 | 少量负债(少于1万美元) | 17 |
| 16 | 收入状况的改变 | 38 | 38 | 睡眠习惯的改变 | 16 |
| 17 | 亲密朋友死亡 | 37 | 39 | 家庭联欢时人数的改变 | 15 |
| 18 | 改行 | 36 | 40 | 饮食习惯的改变 | 15 |
| 19 | 与配偶争吵次数改变 | 35 | 41 | 度假 | 13 |
| 20 | 中等负债 | 31 | 42 | 过圣诞节 | 12 |
| 21 | 贷款或契据取消 | 30 | 43 | 微小的违法行为 | 11 |
| 22 | 工作中职责变化 | 29 | | | |

霍尔姆斯(Holmes)等人同时提出，如果一年内所经历的危机事件的总分不超过150分，来年一般健康无病；如果总分在150—300分，则来年的患病概率为50%；如果总分超过300分，则来年患病的概率高达70%。一般而言，总分越高，则个体患心脏病猝死、心肌梗死、白血病、糖尿病和高血压等病症的可能性就越大。

### (三)压力的影响

适度的、心甘情愿的压力能成为人们活动的动力，对活动起激励作用。过大的心理压力则引起有机体过度的情绪紧张，从而带来一系列紊乱现象；且长期过大的心理压力，还会引发系列的心身疾病。心理学家汉斯·塞利(Hansselye)做了一个猴子实验。有四对猴子学习如何按压杠杆以避免被电击惩罚。其中一只猴子必须做出回避反应以避免自己被惩罚，同时也可以防止同自己连起的另一只猴子伙伴受到电击，而另一只同自己连在一起的猴子却做不出任何防止电击的反应。伙伴猴的安全与舒适完全依赖于执行猴的机灵程度与决策过程。结果，四只对行为负有责任的执行猴发展成胃溃疡病死亡，而四只不负任何责任的伙伴猴却没有受到疾病的干扰。实验似乎说明，执行任务所带来的对工作的要求和责任感会产生压力，最终导致死亡。

如上所述，适度的压力有益于人们的成长，而当压力超过自身的承受力，就会带来诸多的负面影响，这主要体现在对身体、心理以及行为的影响上。

#### 1. 对身体健康的影响

医学界多年的研究都致力于压力对人体健康的影响。研究表明，人们在承受压力时，机体内部会自觉地分泌出一种荷尔蒙，来激发人体的活力以抵抗压力。但如果压力持续存在，这种荷尔蒙就会使体内器官长时间超负荷运转，引发各类疾病，这就严重威胁到了人们的身体。在高强度的压力作用下，通常人体会出现下列典型病症。

（1）免疫力下降。这使得人体抵抗疾病和外界感染的能力降低，患病的概率大大增加。

（2）心血管疾病。压力过大会引发心血管疾病已经成为不争的事实。诸如高血压和心脏病等，甚至有时会引发突然死亡。

（3）肌肉骨骼系统疾病。诸如有些员工经常感到紧张性的头痛以及腰酸背痛、肌肉乏力等症状。

（4）消化道和肠胃系统疾病。诸如消化不良、消化性溃疡、痢疾和便秘等症状。

（5）呼吸系统疾病。比如有些员工经常会感到胸闷气短、呼吸困难，还有些员工患支气管哮喘和呼吸道感染等疾病。除此之外，压力过大还会给人体带来其他负面影响。如美国的一项研究曾彻底地颠覆了"心宽体胖"的说法，该研究证实压力大恰恰是肥胖的原因之一。还有些医学研究表明压力过大甚至与癌症之间有着一定的联系。

2. 对心理健康的影响

压力对心理健康的影响不亚于其对身体健康的影响。

（1）压力对人的认知活动的影响。包括注意力下降，难以聚精会神，经常会视而不见，听而不闻，常常出现强迫性分心；思维阻塞，突然遗忘正在谈论的话题、线索或资料，或者面对试卷脑子里出现空白；短期或长期的记忆力衰退，信息提取速度减慢，信息再认或再现的错误率加大；思维紊乱，分析能力、判断能力、决策能力全面下降，言语表述缺乏逻辑性等等。

（2）压力对人的情绪情感活动的影响。包括经常出现精神紧张、焦虑或烦恼；出现疑病或幻想，喜欢夸大病痛的感觉；性格发生明显变化、神经过敏，防卫心理增加，原有的良好个性突然一反常态，令人不可思议，而原有的不良性格则变得日趋严重；情感情绪的自控力下降，极端性情绪的发生率增加，经常出现敌意、攻击、愤怒、暴躁不安甚至是歇斯底里；郁郁寡欢，悲观失望，伤神哭泣，死气沉沉，自我评价降低，无助与无能感上升，精神萎靡不振等等。

可见，过度的压力对人心理健康的负面影响是绝对不容忽视的。

3. 对行为的影响

承受过大的心理压力时，还会出现一些消极的行为反应。如工作绩效下降、缺勤怠工、嗜烟嗜酒、睡眠失调、药物成瘾等。例如，有些人感觉到压力来临时，常常通过嗜酒来缓解压力，或通过药物来抵抗失眠，但显然这些都无济于事，甚至会影响到第二天的工作效率，反倒加快了缺勤率和离职率的升高。

关于工作压力与工作绩效之间的关系我们可以用图11-1来表示。

图中纵坐标表示从低到高变化的工作绩效水平，横坐标表示从低到高变化所体验到的压力的大小。从图中可以看出，压力与工作绩效之间呈现倒U形的关系。在低压力的情

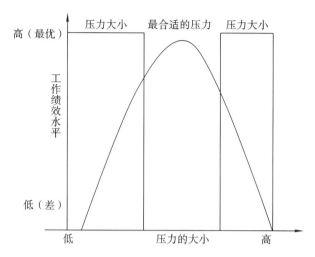

图 11-1　工作压力与工作绩效关系图

况下,员工可能缺乏刺激,没有挑战性或不能发挥他们最好的水平;如图所表示的曲线,压力达到某一点时,就能改善工作绩效水平。对于任何工作,均存在一个最优的压力水平,过这个点后工作绩效开始变差。在超过适当压力的水平情况下,员工可能由于过分的焦虑与过分的激发而使绩效呈下降趋势。另外,图中的曲线还表明了情况的变化,对不同的人和不同的工作任务,变化也是不一样的。压力的大小对做某一特定工作的员工来说可能正合适,而对另一个员工可能就不合适。

## 二　职业倦怠

### (一)职业倦怠的概念

职业倦怠是现代社会中一种最容易在工作中出现的现象,作为一个心理学概念由美国精神病学家费登伯格最早提出,是个体伴随着长期的压力体验而产生的情感、态度和行为的衰竭,往往会导致职业目标、职业生涯的短期化以及职业道德偏离。

职业倦怠一般表现为三个方面,其中情绪衰竭表现为个体情绪和情感处于极度疲劳状态;去人性化表现为个体以一种消极否定的态度对待工作和身边的人;个人成就感降低表现为个体对工作意义和价值的评价下降。

就导游人员来讲,导游工作是一项需要投入大量情绪、持续性强、服务对象期望高的特殊职业。借鉴国内外对职业倦怠概念的界定,我们认为导游人员职业倦怠是指:一方面,导游人员长期从事缺乏变化的导游工作,在服务工作中长期持续付出精力与情感;另一方面,由于各种原因,目前我国很多导游人员不仅在物质上难以获得预期的回报,而且处于各种矛盾冲突的焦点,从而容易产生挫折感,并最终表现出情绪和行为等方面的机能失调的现象。

### (二) 导游人员职业倦怠的表现

导游人员已经成为职业倦怠的高发人群，很多导游人员职业兴趣丧失，职业成就追求淡化，对自己所从事职业的价值和意义感觉钝化，激情消逝。导游人员职业倦怠常常与身心疲劳交织在一起，突出表现为在巨大的内外压力之下，导游人员失去职业自豪感和责任心，服务热情下降，道德弱化，行为规范偏离职业操守，不仅损害了导游人员的形象，降低了服务质量，也不利于旅游业的健康发展。具体来说，职业倦怠对于导游人员的影响主要表现在以下几个方面。

**1. 在生理、心理、行为方面的表现**

在旅游旺季，导游人员经常早出晚归，超负荷地工作，工作强度之大可想而知，这就需要导游人员具有良好的身体和健康的心理。而职业倦怠会给导游人员带来一些不良的影响，不仅影响其身心健康，也会影响他们的生活习惯以及人际交往行为。

(1) 生理上的亚健康状态。

生活中的急性事件应激，可以影响有机体免疫系统功能。带团过程中的各种压力，经常面临的突发事件，导致导游人员应激水平长期偏高，并产生诸多生理上的消极反应，使个体感到异常疲劳、体力透支、失眠、头晕、胃肠功能紊乱和身体某些部位疼痛等症状。由于工作特点的影响，导游人员的就餐时间短又不规律，所以很多导游人员都患有胃肠类疾病。

(2) 心理上的消极情绪。

职业倦怠在导游人员心理上的表现主要有对本职工作不满意，自尊水平下降，出现抑郁、易怒、焦虑、无助感、缺乏安全感等。根据抽样调查显示，仅有46%的导游人员表示满意当前的导游工作，54%的导游人员对当前工作表示不满意；就工作年限来说，工作时间在一年到三年或超过5年的导游人员，70%的调查者表示满意当前工作，而工作时间在三到五年的导游人员，60%的人对当前工作表示不满意。

(3) 不良生活习惯及社交行为。

导游人员职业倦怠在行为上的表现主要有减少与游客的交往，对游客正当合理的要求漠然视之，或是同游客发生矛盾和摩擦，甚至发生"甩团"事件；在家庭关系的处理上，与家人、爱人的矛盾冲突比较多；回避与同事、朋友的交往，孤立自己；暴饮暴食、抽烟喝酒等消极行为增加等。

**2. 导游人员流失率高**

根据2003年国家旅游局人教司全国旅行社人力资源调查得知，旅行社资格导游和特级导游流失率较高，初级、中级及高级导游流失率稍低，至2002年8月底，持有导游人员资格证书等级证书的197375人中，持初级证书者占96.3%，持中级、高级和特级证书者只占3.7%；已不再从事导游工作的有65471人，占总持证人数的33.2%，由于导游人员占到旅行社从业人员的"半壁江山"，导游人员的高离职、高流动率，必然影响旅行社业的健康发展。在其他行业,正常的人员流失一般在5%—10%,而当前旅游企业员工的流失率竟高达20%以上,其中导游人员的流失占据绝大比重。

3. 导游人员本职工作满意度低

由于当前我国旅行社人力资源管理观念滞后,机构设置不完善,招聘培训、绩效管理、薪酬设计、福利待遇等方面的管理体制亟待完善;组织管理很少涉及职业培训、岗位设置,更不用说对导游人员职业生涯做出必要的规划,员工得不到尊重和重视,工作缺乏热情,使众多导游人员在组织管理方面找不到责任感、归属感和价值认同感。不良的职业环境以及黯淡的职业前景,一定程度上也加剧了导游人员的职业倦怠感。

就组织管理方面来说,导游人员职业倦怠的一个重要表现就是满意度降低。满意度下降不仅表现在心理上对导游工作有诸多不满,而且在与旅行社的关系上也日趋紧张。调查显示,约54%的导游人员对于当前的工作不太满意,对导游工作不满意的项目调查中,收入不稳定占55%,缺少社会保障占30%,无法规划职业生涯占23%,这也说明了导游人员的工作满意度并不高。

### (三) 改善导游职业倦怠的对策

改善导游职业倦怠,促进旅游行业可持续发展,亟须建立一个合理的薪酬制度。对当前薪酬制度的改进离不开旅行社、行业协会、旅游管理部门等利益相关主体的共同努力。

首先,旅行社要加强与导游人员沟通,建立以基本工资、带团补贴、绩效工资为主的薪酬制度;积极促进旅行社与旅游资源公对公佣金制度的建立,打破目前存在的"回扣"等不合理的导游薪金结构;加强对导游人才队伍的选拔、考核、监督等,包括培训和晋级升职,激发导游人员的工作热情,帮助导游人员明确个人发展和职业发展规划,提高职业忠诚度。

其次,协会要搭建旅行社信息共享平台和沟通渠道,加强对旅行社的约束和行业监管,特别要保证导游人员的养老、医疗、工伤等社会保险,定期进行导游人员满意度测评,构建导游人员认可的满意度评价指标体系,提升导游人员的职业认同感和职业归属感。

最后,政府部门要制定合理的旅游业发展规划和旅行社管理条例,比如导游人才队伍发展规划、导游岗位定级等,将导游人员的薪酬制度与职称体系挂钩;对于违规收取佣金、导游服务小费的,按有关规定给予处罚。

### 任务拓展

旅游旺季过后的投诉分析会上,导游人员谈到了针对各个地接社导游人员的投诉。

小宋说:"我的全程团两封投诉信所投诉的这两位地陪已经从事了多年的导游工作,经验很丰富,以前客人给他们的表扬信很多,可是这一次却遭到客人的投诉。"

赵先生问小宋:"被投诉的是不是倒数第一站或者倒数第二站的地陪?"

小宋说:"是啊!"

赵先生说:"这就对了!我带的全程团也有三封投诉他们的信。我看他们的工作都很细致,其中有一位还是全国的优秀导游人员。他们的服务工作也没有什么失误。可能是他们工作得非常好,地接社就把他们当作'镇山之宝',让他们一个团接一个团地连轴转。将近两个月了,他们没有休息过一天了,能不疲劳吗?就说那位宋先生吧,在北京十三陵的时候,累得都流鼻血啦!说实在的,我明显地感觉到他精神状态不佳,给人的印象就是没有什么热情。有客人在私下对我说过他态度不好,我当时给客人解释过,可是客人对此并不理解。他们只能根据宋先生当时的表现来判断他的好坏。你看,投诉信并没有说什么具体的事,但是字里行间,对北京这位老兄的服务态度是颇有微词啊!"

小陈说:"这也巧了。我的团里被投诉的那个地陪也是一个老导游,他也是很长时间没有休息了。同上半年我与他合作的时候相比,他也确实是少了点热情。"

接待部经理说:"这次客人的投诉有它的特点,这就是身心的疲劳,严重地影响了导游人员的服务热情。人的精力是有限的呀,连轴转怎么受得了啊?亏得我们这里业余导游人员人的后备力量比较大,不然的话,说不定你们也会背上几个投诉啊!这样吧,我们把这个情况总结一下,告诉各地的地接社,请他们一定要注意导游人员身心疲劳的问题。"

## 知识链接

测试:在压力下成长,你身上的压力到底有多大?

# 工作任务二　旅游企业员工激励心理

## 任务导入

王某是北京一家知名旅行公司的一位优秀的计调员,他的专业水平在公司是最好的,同时他服务的客户满意度最高,公司经理对他的工作非常放心,放手让他自己工作。公司经理根据他优秀的表现,提拔他专门管理一个团队,负责西南片区的旅行工作,基本上也是放手让他自己工作。然而经过一段时间,发现该团队成员之间不是很融洽,并且客户对该团队服务满意度远不如王某原来的满意度,团队成员经常不能周到细致地为客户提供服务。王某也开始抱怨团队成员的专业水平不高,很多细小的工作也经常需要自己亲自去做,感觉没有得力的帮手,非常辛苦,同时也开始抱怨公司。

为什么会出这样的问题呢？

### 任务解析

人是企业最宝贵的资源，对人的激励是企业管理的核心，也是企业竞争力与企业效率的主要动力源。企业首先是人的集合体，企业的生产经营活动是靠人来进行的，企业经营的各种要素是在主动参与经营的人的利用下才发挥作用的，企业管理既是对人的管理，也是通过人的管理。因此，只有使参与企业活动的人始终保持旺盛的士气、高昂的热情，企业经营才能实现较好的绩效。管理人员对下属进行激励，就是管理人员使下属的需求和愿望得到某种程度的满足，并引导下属积极地按组织所需要的方式行动。

### 相关知识

## 一 激励的含义

从心理学角度来讲，激励是指激发人的行动动机的心理过程，是一个不断朝着期望目标前进的循环的动态过程。简而言之，就是在工作中调动人的积极性的过程。

激励是对人的一种刺激，是促进和改变人的行为的一种有效的手段。旅游企业员工的激励过程就是旅游企业的管理者引导并促进企业员工产生有利于企业管理目标行为的过程。每一个人都需要激励，在一般情况下，激励表现为外界所施加的推动力或吸引力，转化为自身的动力，使得企业的目标转变为个人的行为目标。

可以从以下几个方面来理解激励这一概念。

### （一）激励是一个过程

人的很多行为都是在某种动机的推动下完成的。对人的行为的激励，实质上就是通过采用能满足人需要的诱因条件，引起行为动机，从而推动人采取相应的行为，以实现目标，然后再根据人们新的需要设置诱因，如此循环往复。

### （二）激励过程受内外因素的制约

旅游企业的各种管理措施，应与企业员工的需要、理想、价值观和责任感等内在的因素相吻合，才能产生较强的合力，从而激发和强化工作动机，否则不会产生激励作用。

### （三）激励具有时效性

每一种激励手段的作用都有一定的时间限度，超过时限就会失效。因此，激励不能一劳永逸，需要持续进行。

## 二 激励的作用

### (一) 通过激励可以提高旅游企业的知名度,吸引人才

旅游企业可以通过提供有竞争性优势的薪酬制度等方法,把急需的、有才能的人吸引过来,使其长期为组织工作。目前,我国旅游企业中人才流失十分严重,这和很多企业缺乏足够的有效的激励机制有很大的关系。

### (二) 通过激励可以提高企业员工的工作主动性、积极性和创造性

要提高自觉性,主要应解决企业员工对所从事的工作价值的认识问题,认识所从事工作的必要性、重要性和迫切性。人的行为常常带有个人利益的动机,承认和尊重个人利益,让人们看到在实现组织大目标的过程当中,也能实现个人利益和个人目标。个人目标与组织目标的统一程度越高,员工的自觉性乃至主动性、创造性就越能得到充分的发挥。反之,便会出现消极怠工,甚至产生抵触情绪。创造性是取得突破性进展的重要保证,是工作积极性得到发挥的体现,它能够大大提高工作绩效。

### (三) 通过激励可以激发企业员工的工作热情和工作兴趣

激励不仅可以提高员工对自身工作的认识,还能激发员工的工作热情和工作兴趣,解决工作态度和认识倾向问题。通过激励,使之对本职工作产生强烈、深刻、积极的情感,并以此为动力,将自己的全部精力投入实现预定目标中。兴趣是影响动机形成的重要因素,通过激励使员工对工作产生稳定而浓厚的兴趣,使员工对工作产生高度的注意力、敏感性、责任感,形成对自身职业的偏爱。而员工个人的业务知识、技术和能力,一般也是在浓厚的职业兴趣的基础上发展起来的。因此,强烈而稳定的职业兴趣,也是人们提高技能和保证技术、知识、能力充分发挥的心理条件。

## 三 激励的原则与方法

### (一) 激励原则

激励是一门学问,作为旅游企业,学会科学地运用激励理论,可以有效地激发企业员工的潜力,使企业目标和个人目标在现实中达到统一,进而提高企业组织的经营效率。正确的激励应遵循以下原则。

1. 企业目标与个人目标相结合的原则

在激励中设置目标是一个关键环节。目标设置必须以体现本企业目标为要求,否则激励将偏离企业目标的实现方向。目标设置还必须同时满足企业员工个人的需要,否则无法提高员工的目标效价,达不到满意的激励强度。只有将旅游企业的目标与企业员工个人目标结合好,才能收到良好的激励效果。

#### 2. 物质激励与精神激励相结合的原则

旅游企业员工自身存在物质需要和精神需要,因此,相应的激励方式也应该是物质与精神激励相结合。随着我国生产力水平的发展,物质文化生活水平的提高和企业员工本身整体素质的提高,旅游企业应该把激励的重心转移到满足较高层次需要即社交、自尊、自我实现需要的精神激励上去,但也要兼顾好物质激励。物质激励是基础,精神激励是根本,在两者结合的基础上,逐步过渡到以精神激励为主。

#### 3. 外在激励与内在激励相结合的原则

凡是满足企业员工对工资、福利、安全环境、人际关系等方面需要的激励,叫作外在激励;满足员工自尊、成就、晋升等方面需要的激励,叫作内在激励。在我国旅游企业的管理实践中,往往是内在激励可以使员工从工作本身获得很大的满足感。如工作充满了兴趣、挑战性、新鲜感;工作本身具有重大意义;工作中发挥了个人潜力,实现了个人价值等等,对员工的激励较大。所以要注意内在激励的重要意义。

#### 4. 正强化与负强化相结合的原则

在旅游企业管理中,正强化与负强化都是必要而有效的。企业通过树立正面的榜样和反面的典型,形成一种良好的企业风气,从而在整个企业中产生无形的压力,使整个群体和组织行为更积极、更富有生气。但鉴于负强化具有一定的消极作用,容易产生挫折心理和挫折行为,因此,管理人员在激励时应把正强化和负强化巧妙地结合起来,以正强化为主、负强化为辅。

#### 5. 按需激励的原则

激励的起点是满足员工的需要,但员工的需要存在着个体的差异性和动态性,因人而异,因时而异,并且只有满足最迫切需要的措施,其效价才高,激励强度才大。因此,对员工进行激励时不能过分依赖经验及惯例。激励不存在一劳永逸的固定形式,必须用动态的眼光看问题,深入调查研究,不断了解员工变化了的需要,有针对性地采取激励措施。

#### 6. 客观公正的原则

在激励中,如果出现奖不当奖、罚不当罚的现象,就不可能收到真正意义上的激励效果,反而还会产生消极作用,造成不良的后果。因此,在进行激励时,一定要认真、客观、科学地对员工进行业绩考核,做到奖罚分明,不论亲疏,一视同仁,使得受奖者心安理得,受罚者心服口服。

### (二)激励方法

#### 1. 物质利益激励法

物质利益激励法就是以物质利益(如工资、奖金、福利、晋级和各种实物等)为诱因对员工进行激励的方法。最常见的物质利益激励有奖励激励和惩罚激励两种方法。

奖励激励是指企业以奖励作为诱因,驱使员工采取最有效、最合理的行为。物质奖励激励通常是从正面对员工引导,企业首先根据企业工作的需要,规定员工的行为,如果符合一定的行为规范,员工可以获得一定的奖励。员工对奖励追求的欲望,促使他的行为必须符合行为规范,同时给企业带来有益的活动成果。物质惩罚激励,是指企业利用惩罚手段,诱导员工采取符合企业需要的行动的一种激励。在惩罚激励中,企业要制定一系列的员工行为规范,并规定逾越了行为规范的不同的惩罚标准。物质惩罚手段包括扣发工资、奖金,罚款,赔偿等。人们避免惩罚的需求和愿望促使其行为符合特定的规范。

实施物质激励要注意保持各个成员的公平感,充分体现"多劳多得、少劳少得"的分配原则。虽然这种激励是直接满足企业成员的低级需要的,但也能间接地满足企业成员的高级需要,因为物质利益可以看作自己受到尊重,或自己的成就为企业所赏识的标志。

2. 目标激励方法

管理中常说的目标管理,不仅是一种管理活动,也是一种有效的目标方法。所谓目标激励方法就是,给员工确定一定的目标,以目标为诱因驱使员工去努力工作,以实现自己的目标。任何企业的发展都需要自己的目标,任何个人在自己需要的驱使下也会具有个人目标。目标激励必须以企业的目标为基础,要求把企业的目标与员工的个人目标结合起来,使企业目标和员工目标相一致。

目标管理通过广泛的参与来制定企业目标,并将其系统地分解为每一个的具体目标,然后用这些目标来引导和评价每个人的工作。在目标管理中,目标是最重要的,企业目标是企业前进的目的,个人目标则是个人奋斗所实现的愿望。目标管理的特点之一是把企业的目标分解为各个行动者的目标,而分解过程又充分吸收了行动者参与。按照这一特点,只要使个人的目标及奖酬与个人的需要一致起来,就提高了目标的效价。而实现目标信心的增加也就是实现目标的期望值的提高。目标管理充分发挥每个人的最大能力,实行自我控制,更容易发挥每个人的潜能和创造力,增加激励力量。

3. 榜样激励法

榜样激励法是指,通过企业树立的榜样使企业的目标形象化,号召企业内部成员向榜样学习,从而提高激励力量和绩效的方法。运用榜样激励法,首先要树立榜样,榜样不能人为地拔高培养,要自然形成,但不排除必要的引导。选择榜样时要注意榜样的行为确实是企业中的佼佼者,这样才能使人信服。其次,要对榜样的事迹广为宣传,使企业成员都能知晓,这就是使企业成员知道有什么样的行为才能荣登榜样的地位,使学习的目标明确。还有非常重要的一环就是给榜样以明显的使人羡慕的奖酬,这些奖酬中当然包括物质奖励,但更重要的是无形的受人尊敬的奖励和待遇,这样才能提高榜样的效价,使企业成员学习榜样的动力增加。

### 4. 内在激励法

日本著名企业家道山嘉宽在回答"工作的报酬是什么"时指出:"工作的报酬就是工作本身!"这句话深刻地指出了内在激励的重要性。尤其在今天,当企业解决了员工基本的温饱问题之后,员工就更加关注工作本身是否具有乐趣和吸引力;在工作中是否会感受到生活的意义;工作是否具有挑战性和创新性;工作内容是否丰富多彩,引人入胜;在工作中能否取得成就,获得自尊,实现其价值;等等。要满足员工的这些深层次需要,就必须加强内在激励。

### 5. 形象与荣誉激励法

个人通过视觉感受到的信息,占全部信息量的80%,因此,充分利用视觉形象的作用,激发员工的荣誉感、成就感、自豪感,也是一种行之有效的激励方法。常用的方法是照片、资料张榜公布,借以表彰企业的标兵、模范。在有条件的旅游企业,还可以通过企业内部报纸、杂志和闭路电视系统传播企业的经营信息,宣传企业内部涌现的新人、新事、优秀员工、劳动模范、技术能手、模范家庭等。这样可以达到内容丰富、形式多样、喜闻乐见的效果。

### 6. 信任关怀激励法

信任关怀激励法是指,企业的管理者充分信任员工的能力和忠诚,放手、放权,并在下属遇到困难时给予帮助、关怀的一种激励方法。这种激励方法没有什么固定的程序,总的思路是为下属创造一个宽松的工作环境,给员工以充分的信任,使其充分发挥自己的聪明才智;时时关心员工的疾苦,了解员工的具体困难,并帮助其解决,使其产生很强的归属感。这种激励法是通过在工作中满足企业成员的信任感、责任感等需要达到激励作用的。

### 7. 兴趣激励法

兴趣对人的工作态度、钻研程度、创新精神的影响是巨大的,往往与求知、求美、自我实现密切联系。在管理中只要能重视员工的兴趣因素,就能实现预期的精神激励效果。国内外都有一些企业允许甚至鼓励员工在企业内部双向选择,合理流动,包括员工找到自己最感兴趣的工作。兴趣可以导致专注甚至入迷,而这正是员工获得突出成就的重要动力。

业余文化活动是员工兴趣得以施展的另一个舞台。许多企业组织都形成了摄影、戏曲、舞蹈、书画、体育等兴趣小组,满足了员工社交的需要,增进了员工之间的情感交流,使员工的业余爱好得到满足,同时也感受到企业的温暖和生活的丰富多彩,大大增强了员工的归属感,有效地提高了企业的凝聚力。

### 任务拓展

由于客观原因,赵先生带的这个团只能在H市停留一天,原定去某温泉的行程也将被取消。由于地接社操作失误,赵先生事先没有接到任何通知,也就无法把准备工作做在前头。地陪又是一位新手,竟然在赵先生毫无准备的情况下,把计划变动直截了当地告诉了客人,而且对领队的询问做了很粗暴的答复。结果引起了团队的一场"骚动",全团游客坚决要求按原来的计划在该市旅游。

来到下榻酒店,愤怒的游客在大厅里还在坚持他们的要求。赵先生解释道:"由于最近本地遭受自然灾害,许多供电设备还没有修复,燃料供应也时断时续,所以,酒店只有下午四点半到晚上九点才供应洗澡的热水。大家一路上非常疲劳,我想还是请各位先从领队那里领了房间的钥匙,进房间洗个澡,休息一下,然后我们再来解决大家提出的问题。"

等客人分散到各个房间之后,赵先生首先批评了地陪的态度,做通了地陪的思想工作,然后又与地陪一起一个房间、一个房间地去做游客的工作。到晚上十点半,所有游客的工作都做通了,也就没有再把大家集合起来说这件事了。

第二天一早,在车上地陪再次向领队和全体游客作了检讨,对情况变化的缘由作了详细的解释,最后提出了一个补偿性的方案。在游客的宽容之下,团队执行了修改后的旅游计划,于第二天晚上离开 H 市。

作为企业的管理者,针对赵先生的解决方案应予以何种评价?

## 知识链接

### 公平理论

公平理论是美国学者斯达西·亚当斯在 20 世纪 60 年代提出的。亚当斯通过大量的研究发现:员工对自己是否受到公平合理的待遇十分敏感。员工首先思考自己收入与付出的比率,然后将自己的收入与付出比和其他人的收入与付出比进行比较,如果员工感觉到自己的比率与他人的相同,则为处于公平状态;如果感到二者的比率不相同,则产生不公平感,也就是说,他们会认为自己的收入过低或过高。

员工的工作积极性不仅受到其所得报酬的绝对值的影响,更受到相对值的影响。相对值来源于横向比较与纵向比较。横向比较是将自己所做的付出和所得的报酬,与一个和自己条件相当的人的付出和所得的报酬进行比较,从而对此做出相应的反应;纵向比较是指个人对工作的付出和所得与过去进行比较时的比值。

比较的结果有以下三种可能。

1. 感到报酬公平

当企业员工经过比较感到相对值相等时,其心态就容易平衡。有时尽管他人的结果超过了自己的结果,但只要对方的投入也相应,就不会有太大的不满。他会认为激励措施基本公平,积极性和努力程度可能会保持不变。

2. 感到报酬不足

在比较中,当员工发现自己的报酬相对低了,就会感到不公平,他们就会设法去消除不公,并有可能采取以下的措施来求得平衡:一是曲解自己或他人的付出或所得;二是采取某种行为使得他人的付出或所得发生改变;三是采取某种行为改变自己的付出或所得;四是选择另外一个参照对象进行比较;五是辞去工作。员工感到不公平时,工作的积极性往往会下降。

3. 感到报酬多了

当员工感到自己相对于他人而言,报酬高于合理水平时,多数人认为不是什么大问题,他们可能会认为这是自己的能力和经验有了提高的结果。但有关研究也证明,处于这种不公平的情况下,工作积极性不会有多大程度的提高,而有些人也会有意识减少这种不公。例如,通过付出更多的努力来增加自己的投入,有意无意曲解原先的比率,设法使他人减少投入或增加产出。

公平理论表明公平与否是源于个人的感觉。人们在心理上通常会低估他人的工作成绩,高估别人的得益,由于感觉上的错误,就会产生心理不平衡。这种心态对组织和个人都很不利。所以管理人员应有敏锐的洞察力来体察职工的心情,如确有不公,则应尽快解决,如是个人主观的认识偏差,也有必要进行说明解释,做好思想工作。

# 工作任务三　旅游企业员工心理保健

## 任务导入

小高是某旅行社的导游小员,一天早晨,他7点才醒来,发现已经睡过了头,他惊慌地意识到当天要去接团,而且已经来不及了!为了尽快出发,他加快速度,结果刮胡子时脸被刮破,早餐也没吃上,脑子里还不时闪现游客找不到接团导游时的不满表情。在公路上,由于不能变换车道,他们所坐的车只能跟在一辆行驶缓慢的汽车后面。他在心里小声咒骂着前面的司机。到飞机场时,就看见已经等得不耐烦的满脸不高兴的游客。他忙不迭地向游客们解释,心里懊恼极了。小高在车上不断地听到游客的埋怨,致使他的自我介绍和欢迎词乱得一塌糊涂。于是在慌乱中他又不小心把一位游客的旅行水杯碰掉在地上,大家一起盯着他,让他更加窘迫不安。晚上回家又累又紧张,再加上情绪急躁,小高对孩子发了脾气,又惹恼了妻子,两人争吵。整个晚上小高躺在沙发上,盯着天花板直到第二天凌晨。后来终于睡着了,结果他又睡过了头,依旧是急躁不堪。

请问小高健康吗?他的不健康主要体现在什么方面?

## 任务解析

健康是每个人都渴求的,但并非人人对健康都有一个正确的认识。长期以来,人们一直局限于没有疾病就是健康的观念。在传统的观念中,健康仅仅指躯体没有疾病,呈现出肌肉发达、饮食正常的状态。根据现代医学知识来理解,健康既指生物性的健康,同时又指社会心理方面的健康。1948年,世界卫生组织在其《宪章》中提到,健康乃是一种个体在身体上、心理上、社会上完全安好的状态,不仅仅是没有疾病和虚弱的状态。

## 相关知识

### 一 心理健康的含义和标准

#### (一)心理健康的含义

心理健康有两个方面的含义:一是指心理健康状态,个体处于这种状态时,不仅自我情况或感觉良好,而且与社会契合和谐;二是指维持心理健康、减少行为问题和精神疾病的原则和措施。狭隘的心理健康,主要目的在于预防心理障碍或行为问题;广义的心理健康,则是以促进人们心理调节、发展更大的心理效能为目标,使人们在环境中健康生活,保持并不断提高心理健康水平,从而更好地适应社会生活,更有效地为社会和人类做贡献。

人们的心理如果不健康,就是心理垃圾没有得到及时清除,产生了心理垃圾堆积。因为人的心理活动非常复杂,各种心理活动的"沉积物",会像垃圾一样积在心里,心理垃圾会引起负面的心理反应,例如,不明原因的焦虑、抑郁,不明原因的恐惧、烦恼、急躁,对周围的事情不感兴趣,闷闷不乐,想发火等。这是由于心理状态失去平衡,正常的心理活动受到压抑所致。

#### (二)心理健康的标准

怎样才算是心理健康?也就是说,心理健康有什么划分的标准?这个问题目前还是存在争议的。当前,有关心理健康的标准,在学术界众说纷纭,可以说是仁者见仁,智者见智。

鉴别心理健康的方法可以分为自我感觉标准、社会评价标准、心理测量标准三种。我国心理学界一般是在综合国外的观点的基础上来论述心理健康标准的。比较通行的有如下标准。

1. 智力正常

智力是人的注意力、观察力、记忆力、想象力、思维力和实践活动能力的综合,是大脑活动整体功能的表现,而不是某种单一的心理成分。智力正常是一个人生活、学习、工作的最基本的心理条件。虽然目前还没有发明出完善的智力测定和全面衡量大脑功能的科学方法,但已有不少国际公认的智力量表具有相对科学性和实用性。根据世界卫生组织规定,正常人包括青少年和儿童在内,其智商必须在85分以上;70—79分是智力缺陷的范围,已属心理缺陷;70分以下则属于低能,在心理疾病范畴;智商超过130分为智力超常,但亦属心理健康范畴。

### 2. 具有较好的社会适应性

这是指个体能够根据客观环境的需要和变化,通过不断调整自己的心理行为和身心功能,达到与客观环境保持协调的和睦状态。它主要表现在三个方面:一是具备适应各种自然环境的能力;二是具备适应人际关系的适应能力,它是衡量和判断社会适应性的核心和关键因素,是心理健康的重要标准之一,人际关系和谐表现为在人际交往中,心理相容,而不是心理相克,对人真诚善良,而不是冷漠无情,以集体利益为重,而不是私字当头;三是具备适应不同情境的能力。情境一般是指个人行为所发生的现实环境与氛围。

### 3. 具有健全人格

人格是指一个人在社会生活的适应过程中对自己、对他人、对事物在其身心行为上所表示出的独特个性,是一个人具有的稳定的心理特征的总和,又被称为个性(个性心理)。健全的人格是指构成人格的诸要素,如气质、能力、性格、理想、信念、人生观等各方面能平衡、健全地发展。

### 4. 情绪和情感稳定,能够保持良好的心境

过度的情绪反应,如狂喜、暴怒、悲痛欲绝、激动不已,以及持久的消极情绪,如悲、忧、恐、惊、怒等,可使人的整个心理活动失去平衡,不仅左右人的认识和行为,而且也会造成生理机能的紊乱,导致各种躯体疾病。而愉快、喜悦、乐观、通达、恬静、满足、幽默等良性情绪,有益于心身健康和调动心理潜能,有利于进一步发挥人的社会功能。因此,保持情绪、情感稳定协调和良好的心境是心理健康的又一重要标准。

### 5. 有坚强的意志和协调行为

意志是人自觉地确定目标,并支配其行为,努力实现预定目标的心理过程。意志与行为难以分割,没有行为,看不出一个人意志活动的实质,受意志支配和控制的行为称"意志行为"。衡量一个人意志品质的高低、强弱、健全与否,取决于四种心理品质:自觉性、果断性、自控性和坚韧性。正常行为指标为:

(1) 行为大多数是受理智控制而尽量不受情感和非意识支配;

(2) 行为的适应是采取了弹性方式处理问题,而非固执僵化。

### 6. 心理特点符合心理年龄

每个人都有三个层面的年龄,即实际年龄、心理年龄、生理年龄。实际年龄是指人们的年龄;心理年龄是指人的整体心理特征所表露的年龄特征,与实际年龄并不完全一致,如儿童早熟,心理年龄大于实际年龄;生理年龄是指生理发育成长的年龄特点,与实际年龄并不一定完全一致,如营养不良的人生理发育延迟,生理年龄小于实际年龄。所谓心理特点符

合心理年龄指两个方面的标准:一方面是个体的实际年龄必须与心理年龄、生理年龄相符;另一方面是个体的不同心理发育期应表现出与该时期身份、角色相符的心理特征。

## 二 导游人员常见的心理问题

在导游活动中,导游人员除了焦虑之外,通常会表现出以下几种常见的心理问题。

### (一)嫉妒

导游人员的嫉妒具有指向性和对等性,大都是对同事发生的。引发嫉妒的条件有:各方面条件与自己相似或不如自己的人居于优越位置,自己所厌恶而轻视的人居于优越位置;与自己同性别或年龄相差不多的人居于优越位置;比自己高明并有意无意去炫耀的人居于优越位置。嫉妒的中心往往是对方的地位、荣誉、权力和业绩。嫉妒往往使人变得偏激,带有心理紧张和攻击性意欲,甚至做出违反道德规范的事情。

嫉妒既然是一种不健康的心理,就应该注意防范和加以消除。为了摆脱嫉妒这种恶劣情绪,可以首先停止自己和别人的较量,正视自己的缺点,然后扬长避短,去发现和开拓自己的潜能,不断充实和提高自己,改变现状。要有"你强我要通过努力比你更强"的积极心态,切忌"我不强也不能让你强"的消极情绪。同时也应认识到每个人都会"自得其所,各有所归"。

### (二)厌烦

厌烦是心理疲劳的一种情绪表现。心理学认为:厌烦是腐蚀心灵的蛀虫,一个人如果长期地恹恹无生气,没完没了地感到精神疲倦、兴味索然、精疲力竭,最终会导致生命活力的丧失,严重者甚至会轻生。组团外出旅游,一般一辆旅行车配一个导游人员,导游人员要介绍沿途,特别是景点风光,还有游客问这问那,往往口干舌燥,容易产生厌烦情绪。

导游人员若为厌烦所困,就会缺乏工作热情,注意力分散,工作效率降低,虽无全力劳动之负担,却老是感到疲惫不堪,虽悉心休息补养,却总是不见起色。

要消除厌烦,最重要的是树立正确的理想和信念,确立工作目标,充实生活内容,在丰富多彩的心灵世界里,不给厌烦留下存在的空间。还要有正确的思维方法,懂得厌烦本身是无济于事的。法国作家大仲马说得好:"人生是一串无数的小烦恼组成的念珠,达观的人总是笑着数完这串念珠。"

### (三)抑郁

抑郁是一种消极的情绪状态,表现为情绪低落、思维迟钝,感到生活无意、前途无望而闷闷不乐,郁郁寡欢。引起导游人员抑郁的原因比较多,可以归纳为三个方面:一是因生理因素引起。如导游人员身体单薄,因工作累苦,没休息好,常出现感冒、头晕,感到自己身体吃不消,以为自己得了什么大病,对自己生理状况没有把握,没有信心,容易引起情绪低落、闷闷不乐的状态。二是因生活因素引起。如导游人员因工资不高,面对高房价、恋爱结婚,总感到遥遥无期,产生抑郁情绪。三是因工作因素引起。长时间从事某一项工作,会感觉到工作枯燥无味,导游人员也不例外,加上竞争激烈,常常面临失业的危险,容易导致抑郁情绪出现。消除抑郁也不难,主要是患有抑郁症的导游人员,自己要调整好心态。要认识到人生不如意之事十有八九,对生活、工作、身体上出现的问题要正确地对待,用积极、乐观、向上的心态去面对周围的人和事。

### (四)愤怒

目的性的行为反复受到阻挠而产生的情绪体验就是愤怒。愤怒是人的主要情绪问题之一。当游客对导游人员要求购物或安排的食宿不满,谩骂、羞辱导游人员时,导游人员感受到自己尊严受到伤害时,容易表现出愤怒的情绪,有时还伴随攻击、冲动等不可控制的行为反应。当然受到上司不公平的待遇时,也会产生愤怒。导游人员遇到可能产生愤怒的情况时,要控制好自己的情绪,深呼吸一口气,慢慢把气放出来。然后采取合法、合理的途径解决面临的问题。实在难受,对着软的物体打它几拳,出去跑跑等,以缓解自己的情绪。

### (五)恐惧

恐惧是人类和动物共有的原始情绪之一。它是指有机体在面临并企图摆脱某种危险或威胁而又无力抗争时产生的一种情绪体验。恐惧是一种消极的情绪状态,比其他任何种情绪更能感染人。一个旁观的人在看到或听到其他处于恐怖状态的人时,即使他的处境中没有任何能引起他恐慌的因素,也常常感到恐惧。导游人员的恐惧可以分为三类:第一类是社交恐惧。对暴露在他人面前或可能被别人注视的一个或多个社交场合产生持续、显著的畏惧被称为社交恐惧。社交恐惧是恐惧情绪中最常见的一种。刚参加工作,特别是性格内向的导游人员,怕与游客见面,在与游客交流时,脸红、不敢抬头、不敢看游客眼睛,在旅游景点或购物解说时,说话吞吞吐吐,语无伦次。第二类是场所恐惧。场所恐惧是对某些特定环境的恐惧,如导游人员带领游客进入地下迷宫,到达车辆事故多发地段,进入社会治安较差的地区,心里不由自主地产生恐惧。第三类是单一事物恐惧。单一事物恐惧是对某一具体的物件、动物等的恐惧。比如有的导游人员怕毛毛虫、怕蛇、怕老虎等;有的导游人员害怕鲜血或锋利的物品;还有的导游人员怕黑暗、风、雷电等,因为有这种恐惧的心理,导游人员在开展工作时,遇到这些事物,情绪会受到影响。

消除恐惧,一般用刺激情景重现法。如有的导游人员害怕毛毛虫,就不断地让毛毛虫在他(她)面前呈现,时间一长,就可以减少或消除他(她)对毛毛虫的恐惧,也就是常说的见怪不怪。

## 三 导游人员心理保健的方法

### (一)树立正确的人生观

处在人的心理现象的最高层次,对人的心理活动具有重要的指导和调节作用,是个体行为的最高调节者。一个人只有树立了正确的人生观,才能正确对待工作和生活中的各种矛盾、困难和挫折,才能对外界环境产生适当的行为反应,保持良好的心理状态。导游人员树立了正确的人生观,才能始终保持积极、健康向上的情绪状态,避免各种不良心理因素的干扰。

### (二)确定适度的抱负

导游人员应该在充分认识自己的基础上,将自己的抱负理想同自己所从事的工作结合起来,争取在追求组织所确定的工作目标的活动过程中去实现自己的理想抱负。只有这样,能减少工作与生活中出现的挫折,始终保持积极的、健康的心理状况。

### (三)学会克服不良心理的影响

一些不良的心理因素对心理健康的影响是非常大的,如自卑、自大、多疑、嫉妒等都会产生心理挫折、出现人际关系紧张。作为导游人员,既不能自高自大、目中无人,不能一遇困难挫折就转向自暴自弃,产生严重的自卑心理。

导游人员要学会克服这些不良心理因素的影响,在处理人际关系时掌握正确的原则和方法。

### (四)学会调节心理压力

良好的情绪状态的一个突出标志是心情愉快。要保持心情愉快,则应具有积极乐观的生活态度,遇事能容、能忍,能泰然处之。同时,还要培养幽默感。幽默是人机警的一种表现,是一种精神上的放松,它能解除人的精神紧张状态。导游人员应善于调节工作、生活节奏,化解工作中的压力,保持心情的愉快。

### (五)积极参加各种有益的活动

积极参加各种有益的活动,可以避免产生孤独、恐惧等不良的心理反应。导游人员常参加各种有益的活动,既是人际交往的需要,有利于开展自己从事的工作,同时也有利于调节自己的生活,以维护身心健康。如参加一些社交的晚会、舞会、单位或朋友组织的聚会、看演出、看电影等活动,可以广交朋友,联络感情,开阔视野,锻炼交际能力,调节工作与生活,保持良好的情绪状态。

### (六)克服不良嗜好

每个人在生活中都有自己的嗜好,这无可非议。但是,如果这种嗜好影响了工作,危害了健康,就应该注意加以克服了。导游人员要促进自己的心理健康发展,必须克服过量吸烟、酗酒、赌博等不良的生活习惯。

### (七)坚持体育锻炼

体育锻炼不仅能锻炼人的体魄,而且能锻炼人的意志,调节人的心理状态,对促进人的身心健康大有好处。导游人员虽工作繁忙紧张,但也应该想办法挤出时间,坚持体育锻炼。

（八）了解有关心理卫生的知识

导游人员应该学习和了解有关心理卫生的基本常识,对于如何对待工作的紧张和压力、如何对待生活中的挫折、怎样保持良好的心情,都应该有所了解和掌握。如果出现了心理问题,就应该到有关心理咨询服务机构去进行心理咨询和治疗。

某年春天,S市的导游人员谷先生接待了一个香港的旅游团。用过午餐回到车上,游客不让开车,以"罢游"来抗议住A酒店,气氛很紧张。原计划安排这些游客住B酒店,由于在B酒店的预订没有确认,当时预订已满,旅行社不得不将客人安排在A酒店。领队告诉游客,A酒店的星级低于B酒店,因此导致客人不满。

谷先生打电话到旅行社了解清楚后,硬着头皮向游客们解释并承诺:先去A酒店看看,觉得好就入住,不满意保证当晚换房。来到A酒店后,客人们看到豁朗明亮、以红色为主调、布置合理并充满吉祥寓意的前厅大堂;干净、整洁、设施配套齐全、鲜花迎客、色调柔和温馨的客房,服务人员普通话标准、利索又不失稳重,还常带微笑。客人怨气大减,决定入住。

### 知识链接

**如何减压**

(1) 学会说"不"。压力有时来自不好意思拒绝,对自己能力不及的事或时间不足的,不要随便答别人,以免徒增自己的压力。婉转而坚定地说"不",对人对己都有好处。

(2) 转一个念头。山不转,路转;路不转,人转。凡事太执着,太计较得失,容易让自己变得紧张兮兮,反而活得不自在。所谓知足常乐,减少欲念,学习知足,也是减压的重要因素。

(3) 奖励自己。享受一顿丰盛的佳肴、刻意打扮一下、买本好书或看一场热门的电影、做一件自己想做的事,给自己打打气,加加油。

(4) 不要比较。凡事尽己之力,不必和人相比。看开一些,敞开心胸,放轻松地去生活工作。

(5) 放一个短假。人不是工作的奴隶,每年有计划地放几天假,选一些有趣的地方去玩玩,令自己充满期待,也提升了工作效率。

(6) 量力而为。了解自己的能力极限。只要尽了力,心安理得,不要太在乎别人的看法。

(7) 重新计划。停下来,重新修正工作进度。也许目标定得太高,需要调整一下,以务实的态度再次出发。不要烦恼无法掌握的事情,坦然面对现实,修正一些不切实际的想法。

(8) 旷野修行。找一个清静的地方,或散步,或安静,或默想,或坐一坐,让自己和上苍的连线不要中断,你会接收到更清楚的信息。

(9) 睡一个好觉。烦躁和压力,有时来自身体的抗议。过度工作和忙碌,往往忽略了对身体的照顾,好好睡一觉补个眠,甚至赖一下床也不为过。

(10) 学新手艺。学一种外国语言、弹琴、烹饪,找几样自己有兴趣的事情,勇于面对新挑战。

# 参考文献

[1] 傅昭,彭磊义,徐峰.酒店服务心理[M].杭州:浙江大学出版社,2013.
[2] 薛英.旅游心理与服务策略[M].北京:清华大学出版社,2014.
[3] 陈楠,王茹,吴辉球.旅游心理学[M].北京:北京理工大学出版社,2012.
[4] 刘宏申.旅游心理学[M].成都:西南财经大学出版社,2012.
[5] 孙喜林,荣晓华.旅游心理学[M].大连:东北财经大学出版社,2010.
[6] 程春旺.酒店服务心理学心理学[M].北京:国防工业出版社,2012.
[7] 李刚.旅游心理学[M].北京:清华大学出版社,北京交通大学出版社,2012.
[8] 周义龙,龚芸.旅游心理学[M].武汉:武汉理工大学出版社,2010.
[9] 孙喜林,荣晓华.旅游心理学[M].大连:东北财经大学出版社,2010.
[10] 汪红烨,王立新,杜红梅.旅游心理学[M].上海:上海交通大学出版社,2011.
[11] 薛群慧.旅游心理学理论案例[M].天津:南开大学出版社,2008.

# 教学支持说明

一流高职院校旅游大类创新型人才培养"十三五"规划教材系华中科技大学出版社"十三五"规划重点教材。

为了改善教学效果,提高教材的使用效率,满足高校授课教师的教学需求,本套教材备有与纸质教材配套的教学课件(PPT电子教案)和拓展资源(案例库、习题库、视频等)。

为保证本教学课件及相关教学资料仅为教材使用者所得,我们将向使用本套教材的高校授课教师免费赠送教学课件或者相关教学资料,烦请授课教师通过电话、邮件或加入旅游专家俱乐部QQ群等方式与我们联系,获取"教学课件资源申请表"文档并认真准确填写后发给我们,我们的联系方式如下:

地址:湖北省武汉市东湖新技术开发区华工科技园华工园六路

邮编:430223

电话:027-81321911

传真:027-81321917

E-mail:lyzjjlb@163.com

旅游专家俱乐部QQ群号:306110199

旅游专家俱乐部QQ群二维码:

# 教学课件资源申请表

填表时间：_____年___月___日

| 1.以下内容请教师按实际情况填写，★为必填项。 |||||||
|---|---|---|---|---|---|---|
| 2.学生根据个人情况如实填写，相关内容可以酌情调整提交。 |||||||

| ★姓名 | | ★性别 | □男 □女 | 出生年月 | | ★职务 | |
|---|---|---|---|---|---|---|---|
| | | | | | | ★职称 | □教授 □副教授<br>□讲师 □助教 |

| ★学校 | | ★院/系 | |
|---|---|---|---|
| ★教研室 | | ★专业 | |
| ★办公电话 | | 家庭电话 | | ★移动电话 | |
| ★E-mail<br>（请填写清晰） | | | | ★QQ号/微信号 | |
| ★联系地址 | | | | ★邮编 | |

| ★现在主授课程情况 | 学生人数 | 教材所属出版社 | 教材满意度 |
|---|---|---|---|
| 课程一 | | | □满意 □一般 □不满意 |
| 课程二 | | | □满意 □一般 □不满意 |
| 课程三 | | | □满意 □一般 □不满意 |
| 其　他 | | | □满意 □一般 □不满意 |

| 教 材 出 版 信 息 |||
|---|---|---|
| 方向一 | | □准备写 □写作中 □已成稿 □已出版待修订 □有讲义 |
| 方向二 | | □准备写 □写作中 □已成稿 □已出版待修订 □有讲义 |
| 方向三 | | □准备写 □写作中 □已成稿 □已出版待修订 □有讲义 |

　　请教师认真填写表格下列内容，提供索取课件配套教材的相关信息，我社根据每位教师/学生填表信息的完整性、授课情况与索取课件的相关性，以及教材使用的情况赠送教材的配套课件及相关教学资源。

| ISBN（书号） | 书名 | 作者 | 索取课件简要说明 | 学生人数<br>（如选作教材） |
|---|---|---|---|---|
| | | | □教学　□参考 | |
| | | | □教学　□参考 | |

★您对与课件配套的纸质教材的意见和建议，希望提供哪些配套教学资源：